그림 읽는 변호사

그림 읽는 변호사
양지열 변호사의 그림 속 법 이야기

초판 1쇄 발행 | 2016년 12월 26일
초판 2쇄 발행 | 2018년 10월 25일

지은이 | 양지열
펴낸이 | 조미현

편집주간 | 김현림
편집장 | 윤지현
책임편집 | 김희윤
교정교열 | 신혜진
디자인 | 씨오디
펴낸곳 | (주)현암사
등록 | 1951년 12월 24일 제10-126호
주소 | 04029 서울시 마포구 동교로12안길 35
전화 | 365-5051 · 팩스 | 313-2729
전자우편 | law@hyeonamsa.com
홈페이지 | www.hyeonamsa.com

ISBN 978-89-323-1832-5 03360

이 도서의 국립중앙도서관 출판예정도서목록(CIP)은 서지정보유통지원시스템 홈페이지(http://seoji.nl.go.kr)와
국가자료공동목록시스템(http://www.nl.go.kr/kolisnet)에서 이용하실 수 있습니다.
(CIP제어번호: CIP2016030930)

양지열 변호사의 그림 속 법 이야기

그림 읽는 변호사

양지열 지음

ㅎ 현암사

여기 한 척의 배가 있다. 이 배는 부정한 이익을 얻기 위해 사람과 화물을 지나치게 많이 싣고 망망대해를 건너려 했다. 제대로 된 자격조차 없던 선장은 위험한 지역에서 배가 좌초되자 승객들을 버리고 먼저 도망가버렸다. 정부는 상황 파악도 제대로 못 한 채 우왕좌왕하며 오히려 사건의 진상을 은폐하려는 듯 굴었다.

이 이야기를 들으면 누구나 2014년 대한민국에서 벌어진 악몽을 떠올릴 것이다. 그런데 200여 년 전인 1816년 프랑스에서도 판박이 같은 일이 벌어졌었다. 그리고 젊은 화가 제리코Théodore Géricault(1791~1824)는 그 참상을 사람들에게 낱낱이 전하기 위해 사건을 그림으로 옮겼다. 다시는 그런 일이 벌어지지 않기를 바라면서. 하지만 그가 전달한 경고가 21세기 대한민국에는 전달되지 못했던 모양이다.

글자가 만들어지기 훨씬 이전부터 그림은 기록 매체의 중심이었다. 구석기 시대 인간들은 성공적인 사냥을 기원하며 라스코Lascaux 동굴에 들소와 사슴, 말을 그렸다. 이집트의 피라미드, 고구려나 백제의 고분 벽화를 통해 우리는 당시 사람들의 풍습을 이해할 수 있다. 따로 말이 필요 없다. 문자가 만들어진 이후에도 그림의 중요성은 여전했다. 눈으로 보면 쉬운데 말과 글로 풀어 설명하기는 어려운 일도 많다. 오늘날에도 신문이나 잡지의 사진이, TV와 인터넷의 동영상이 마찬가지 역할을 하고 있다. 오죽하면 백번 듣는 것보다 한 번 보는 것이 낫다고 하겠는가. 더구나 그림으로 옮겨지는 것은 있는 그대로의 사실만이 아니다. 화가가 사건을 바라보는 시각, 세상에 전해주고 싶은 이야기가 들어 있다. 그렇기에 오늘날까지 명화로 남아 있는 작품의 상당수는 인류 역사의 생생한 장면에 대한 중요한 기록물이다.

그런데 그렇게 눈으로 보이는 그림 속에 담긴 이야기를 설명하려면 또다시 말과 문자가 필요하다. 왜 그림 속 인물들이 뗏목을 타고 바다 위를 헤매고 있는지, 왜 그토록 비참한 모습을 하고 있는지 그림을 보고 있는 이들에게 풀어서 설명할 수단은 말과 글이다. 그림을 보고 그에 대한 가치를 평가하고 의견을 나누는 데도 언어가 필요하다. 직관적으로 받아들인 사실을 하나의 흐름으로 논리적으로 정리하는 것은 언어의 영역이다. 법학은 그런 논리의 기술을 가장 발달시킨 학문이다. 사실에 생각을 더해 해석하고 가치를 판단하는 것, 그것이 법이다.

1816년 프랑스의 메두사호, 2014년 대한민국의 세월호에서 볼 수 있듯 사람들은 종종 너무나 똑같이 행동한다. 다만 사실이 같아도 그에 대한 판단은 끊임없이 달라져왔다. 오늘날 복수에 대해 말할 때마다 빠지지 않는 '눈에는 눈, 이에는 이'라는 표현이 대표적 예다. 오늘날 '받은 대로 갚아준다'는 뜻으로 자주 쓰이는 이 말은 인류의 가장 오래된 성문법인 함무라비 법전에서 나왔다. 그런데 당시에는 지은 죄에 비해 가혹한 형벌이 이루어지는 일이 많았다. '눈에는 눈, 이에는 이'는 그런 과다한 형벌을 없애고 인권을 보호하기 위해 만들어진 법이었다.

이처럼 법을 안다는 것은 인류가 어떤 모습으로 사회를 이뤄왔는지, 지금 살고 있는 세상은 어떻게 이뤄지고 있는지에 대해 아는 것이다.

지금의 법은 현실의 여러 사건을 어떻게 판단하고 있을까. 이 책에서 소개하는 그림들은 예전이나 오늘이나 다를 바 없는 세상사를 가장 직관적으로 보여준다. 그림에 담긴 이야기는 신기할 정도로 오늘날의 뉴스 중에서도 가장 핵심적인 것들과 겹쳐진다. 그런 여러 사건을 법이 어떻게 판단해왔는지를 안다면 인류의 과거와 현재뿐 아니라 같은 실수를 반복하지 않기 위해 미래를 어떻게 만들어가야 하는지도 파악할 수 있을 것이다.

오늘날 미술과 법은 공통적인 어려움을 겪고 있다. 사진, 영상 기술의 발달로 현대 미술은 '사실 전달'이라는 역할에서 큰 몫을 잃었다. 아무리 섬세한 묘사라 할지라도 하이엔드 디지털 카메라 렌즈를 따라갈 수는 없다. 작가들은 사실 그 자체를 넘어 그 이상을 전달하는 데서 차별성을 찾으려 했다. 그런데 여러 가지 시도가 이뤄지면서 미술품이 무엇을 말하고 있는지조차 알기 어려운 상황이 벌어졌다. 내용이 아니라 어떻게 전달할 것인지 하는 표현 방법 자체에 무게가 실리기도 한다. 미술은 뭔가 어려운 것, 대중이 쉽게 이해하기 힘든 것이라는 인식이 생겨난 것이다.

법이 어렵고 딱딱하게 느껴진다는 사실에 대해서는 부연 설명조차 필요 없다. 전제 왕조 시대라면 모를까 오늘날에는 있어서는 안 될 일이다. 법이 특권계층의 전유물이었던 시대는 이미 오래전에 지났다. 오늘날에는 국민이 뽑은 대표가 법을 만든다. 다시 말해 현대의 법은 '오늘을 사는 우리끼리 어떻게 살 것인지를 정하는 약속'이라고 할 수 있다. 법의 주인은 국민이다. 그런데도 그 국민이 법을 알기 어려워한다면 그건 단단히 잘못된 일이다.

시대를 뛰어넘어 변하지 않는 인간의 본질을 한눈에 보여주는 그림의 본래 기능을 확인하고, 21세기 대한민국의 법은 이를 어떻게 보고 있는지 전하고 싶었다. 가능하면 보기 쉽고 읽기 쉽게. 대한민국을 이루는 틀, 그들이 아니라 우리가 살기 위해 만들었고 만들고 있는 법을 보여주고 싶었다. 그래야 그 법이 잘못되거나 일부에 의해 잘못 쓰이지 않을 수 있다. 무관심이 길어질수록 법과 제도를 마음대로 하는 일이 벌어지고 이는 또 다른 세월호 사건을 부를 수 있다.

소중한 기획을 제안해준 현암사 관계자 분들, 조미현 대표님과 특히 그림 선정부터 글 하나하나의 구성까지 세심하게 도움을 주신 김희윤 팀장께 감사 드린다.

2016년 11월
변호사 양지열

차 례

들어가며

Part 1

법이 시대를 비추다 _예술과 외설을 나누는 선 · 13

프란시스코 고야, 〈옷을 벗은 마하〉 / 산드로 보티첼리, 〈비너스의 탄생〉

Part 2

죄냐 아니냐 그것이 문제로다 _죄형법정주의 원칙 · 29

피터르 브뤼헐, 〈바벨탑〉

Part 3

좋은 판결, 나쁜 판결, 이상한 판결 _재판은 어떻게 이루어지는가 · 47

장 레온 제롬, 〈배심원 앞의 프리네〉 / 니콜라 푸생 〈솔로몬의 심판〉

Part 4

범죄란 무엇인가 _200년 전 프랑스에서 벌어진 세월호 사건 · 67

테오도르 제리코, 〈메두사호의 뗏목〉 / 다니엘 세이터, 〈오리온 시신 옆의 다이아나〉

Part 5

어쩔 수 없는 폭력? _정당방위의 범위 · 85

주세페 세자리, 〈다이아나와 악타이온〉 /
아르테미시아 젠틸레스키, 〈홀로페르네스의 목을 베는 유디트〉 /
미켈란젤로 다 카라바조, 〈홀로페르네스의 목을 치는 유디트〉

Part 6

술이 죄인가 사람이 죄인가 _책임능력과 제한능력 · 103

티치아노 베첼리오, 〈안드로스인들의 주신제〉 / 에두아르 마네, 〈폴리 베르제르의 술집〉

Part 7

범죄의 백지장도 맞들면 나을까? _정범과 공범 · 119

구이도 레니, 〈헬레네의 납치〉 / 페테르 파울 루벤스, 〈파리스의 심판〉

Part 8

폭력은 필요악인가 _다양한 폭력의 모습 · 137

자크 루이 다비드, 〈호라티우스 형제의 맹세〉 / 니콜라 푸생, 〈사비니 여인들의 약탈〉 /
자크 루이 다비드, 〈사비니 여인들의 중재〉

Part 9

삶과 죽음 _살인과 존속살인 · 157

조르조 바사리, 〈아버지 우라노스를 거세하는 크로노스〉 /
프란시스코 고야, 〈자식을 잡아먹는 사투르누스〉

Part 10

육체보다 정신, 몸보다 마음 _성범죄와 인간의 자유의지 · 173

테오도르 샤세리오, 〈아폴로와 다프네〉 /
자크 루이 다비드, 〈비너스와 삼미신에게 무장해제당하는 마르스〉

Part 11

인격을 죽이는 범죄 _명예훼손 · 189

렘브란트 판 레인, 〈수산나의 목욕〉 / 헨드릭 드 클레르크, 〈미다스의 심판〉

Part 12

법은 믿음과 의리다 _속고 속이는 세상, 사기죄 · 207

조르주 드 라투르, 〈사기꾼들〉 / 프랑수아 에두아르 피코, 〈큐피드와 프시케〉

Part 13

네 것과 내 것 _재산 범죄 · 227

크리스티안 그리펜케를, 〈제우스에게서 불을 훔치는 프로메테우스〉,
〈풀려난 프로메테우스〉 / 에드워드 번 존스, 〈헤스페리데스의 정원〉

Part 14

권력을 유혹하는 검은 손 _선물과 뇌물 · 243

헤라르트 다비트, 〈캄비세스 왕의 재판〉 / 오노레 도미에, 〈대화하는 세 변호사〉

Part 15

금지된 것을 소망하는 마음 _성性과 법 · 261

렘브란트 반 레인, 〈목욕하는 밧세바〉 /
야코포 로부스티, 〈비너스와 마르스를 놀라게 하는 불카누스〉

Part 16

법의 언어 _문서 관련 죄 · 279

자크 루이 다비드, 〈마라의 죽음〉 / 폴 자크 에메 보드리, 〈샤를로트 코르데〉 /
장 조제프 비어르츠, 〈마라의 암살〉 / 조제프 보즈, 〈마라의 초상화〉

Part 17

죄와 벌 _형벌론 · 297

샤를 베나제크, 〈단두대로 향하는 루이 16세〉 / 위베르 로베르, 〈바스티유 감옥의 철거〉

Part 18

결혼과 사랑의 필요충분 공식 _혼인이라는 계약관계 · 315

얀 반 에이크, 〈아르놀피니 부부의 초상〉 /
피테르 라스트만, 〈제우스와 이오를 발견한 헤라〉 / 윌리엄 호가스, 〈결혼 계약〉

Part 19

너에게 나를 맡기다 _위임, 의료 행위, 국가 사무 · 335

미켈란젤로 부오나로티, 〈아담의 창조〉 / 장 오귀스트 도미니크 앵그르, 〈그랑 오달리스크〉

Part 20

악법은 법이 아니다 _헌법의 의미 · 351

외젠 들라크루아, 〈민중을 이끄는 자유의 여신〉 / 자크 루이 다비드, 〈소크라테스의 죽음〉

Part 1

법이 시대를 비추다

예술과 외설을 나누는 선

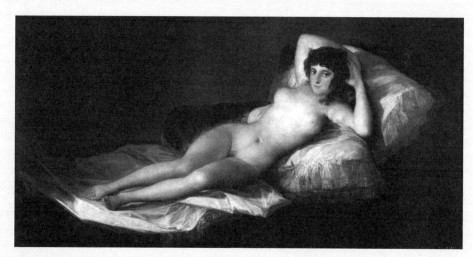

프란시스코 고야, 〈옷을 벗은 마하〉, 1797~1800, 97×190cm, 캔버스에 유채, 스페인 프라도 미술관

살아 있는 여인의 나체를 그린 자를 벌하라

하얀 침대 시트 위에 한 여인이 옷을 벗고 누워 있다. 두 손으로 머리를 받치고 보란 듯 활짝 탐스러운 가슴을 펼쳤다. 입가에 미소까지 띤 모습은 부끄러움과는 거리가 멀다. 도발적인 시선을 마주하자니 오히려 쳐다보는 이쪽에서 먼저 고개를 돌려야 할 판이다. 그나마 가지런한 다리를 살짝 오므리고 있기에 망정이지 조금만 몸을 틀면 금방이라도 아찔한 상황이 펼쳐질 판이다. 보는 눈이 그래서라 탓하지 마시라. 프란시스코 고야Francisco de Goya(1746~1828)가 1800년경 그린 〈옷을 벗은 마하〉는 세상에 공개되는 그 순간부터 스페인 사회에 큰 말썽을 일으켰다.

당시 마드리드를 중심으로 일부 계층에서는 신분이 높지 않은데도 화려하게 차려입고 귀족 흉내를 내며 즐기는 것이 유행했다. 이와 같은 사람들을 가리켜 남자는 마호majo, 여성은 마하maja라고 불렸는데, 이 그림에 등장하는 마하는 바로 그 같은 여성을 일컫는 말이었다. 마하는 편안하게 기대어 누워 있지만 여인의 벗은 몸을 평안한 마음으로 바라보기란 그때나 지금이나 쉽지 않은 일이다. 게다가 종교적 엄숙주의가 사회를 지배하는 도구로 쓰이던 당시 유럽에서 이는 단순한 선정성을 넘어서는 문제였다. 남녀는 철저히 차별됐고, 성적 타락을 경계하는 종교를 차별의 구실로 동원하던 시절이었으니까.

물론 〈옷을 벗은 마하〉 이전에 여성의 나체 그림이 전혀 존재하지 않았던 것은 아니다. 그러나 이전에 그려졌던 여성의 누드화는 어디까지나 신화 속 여신이나 이상적인 아름다움을 표현하기 위한 것뿐이었다. 살아 있는 여성에 대해서는 신이 만든 몸이건만 노출이 금지됐다. 어쩌면 꽁꽁 싸매놓을수록 그 안에 든 것을 더욱 강렬하게 욕망하게 만들 수 있기 때문일지도 모른다. 여성은 남성과 똑같은 인간이 아니라, 남성중심 사회에서 승자가 차지하는 전리품으로 여겨졌다. 세상의 절반을 착취의 대상으로 만들어놓았던 셈이다. 그래놓고 남성들은 욕망의 대상을 차지하기 위한 수컷들끼리의 싸움이라는, 지루하지만 단순한 권력의 역사를 이어갔다. 여성인 이브가 악마의 유혹에 넘어가 남성인 아담까지 타락시켰다는 구약성서의 첫머리는 그래서 어쩌면 서구 역사 전체에서 가장 중요한 부분일 수 있다. '죄 많은 여성'이라는 핑계로 남성의 지배를 정당화해주는 신의 말씀이니 말이다. 그런 시대적 조명으로 비춰보면 벗어젖힌 채 덤벼드는 마하는 당시 사회를 지배하던 종교적 엄숙주의와 남성중심 사상에 대한 중대한 도발이 아닐 수 없었다.

고야도 처음부터 이처럼 노골적인 여성의 누드를 세상에 공개할 생각은 없었던 것 같다. 마하의 실제 모델이 고야와 연인 관계로 알려진 알바 공작부인Cayetana de Silva y Alvarez de Toledo(1762~1802)이라거나, 당시 스페인의 최고 권력자였던 재상 고도이Manuel de Godoy(1767~1851)의 애인인 페피타 투도Pepita Tudo(1779~1869)라는 등의 다양한 이야기가 있지만 정확히 밝혀진 바는 없다. 다만 당시 스페인이 엄격한 가톨릭 국가였던 탓에 그림의 소유자였던 고도이 역시 집 안에 이 그림을 꼭꼭 숨겨두고 혼자 즐겼다고 한다. 그러나 고도이의 실각과 함께 이 노골적인 누드화는 세상에 공개됐고, 이로 인해 고야는 1851년 이단 죄로 종교재판에 회부되었다. 그리고 결국 〈옷을 벗은 마하〉에는 장막이 씌워졌다. 불에 태워 없애지 않고 가리기만 했다. 아예 볼 수 없는 것은 아니고 권력을 가진 특별한 남성들만 볼 수 있었다는 뜻이리라.

법이 윤리, 종교와 뒤섞여 있던 역사 속의 일이다. 당시에는 신의 뜻을 따르기 위한 길과 속세의 사회를 운영하기 위한 규칙에 구별이 없었다. 법의 주인은 신, 정확하게는 신의 이름을 빌린 특정 계층이었고, 법과 제도는 절대적 진리로 받들어졌다. 지금에 와서는 윤리, 도덕적 영역에 한정된 문제도 종교재판을 통해 신의 이름 아래 엄하게 처벌되었다. 인간의 가장 내밀한 영역인 성性에 대한 심판이 대표적인 사례다. 신의 이름 아래서는 별다른 이유도 필요 없었다. 신을 부정하면 영원히 지옥 불에 떨어져 불타는 것으로 믿었던 사람들에게 종교재판소의 영향력은 막강했다. 파문당할까 두려워 왕조차 교회 앞에 무릎을 꿇었다. 일단 마녀로, 신을 부정하는 이단으로 몰리면 영혼을 정화한답시고 화형에 처했다. 정작 그런 발상 자체가 불을 신

프란시스코 고야, 연작 《로스 카프리초스》, 1799, no. 24, 〈아무것도 할 수 있는 게 없다〉
고야는 판화 연작 「로스 카프리초스」를 통해 종교재판을 정면으로 비판했다. 위는 이 판화집에 실린 작품 중 하나로 종교재판에서 유죄 판결을 받은 피고가 죄인을 의미하는 고깔모자를 쓰고 거리를 끌려 다니는 장면을 묘사하고 있다. 그림 밑에는 'Nohubo remedio(아무 것도 할 수 있는 게 없다)'라는 말이 쓰여 있다.

성하게 여겼던 '이단'인 조로아스터교의 영향으로 생겨났다는 사실조차 모른 채 말이다.

벌뿐만 아니라 죄를 밝히는 과정도 가혹했다. 신의 뜻을 밝히기 위해서라면 무슨 짓을 해도 용납됐다. 예를 들어 손발을 꽁꽁 묶어 강물에 던진 다음 마녀가 아니라면 신의 가호로 살아날 거라는 식으로 판결했다. 죽으면 마녀라서 벌을 받았다고 하면 그만이었다. 오늘날 유럽 곳곳에는 그런 시대에 쓰였던 각종 도구를 모아놓은 박물관들이 있다. 몸을 잡아 늘리거나, 신체의 일부를 조금씩 잘라낼 수 있는 그런 도구들 말이다. 심지어 사람을 그 안에 집어넣을 수 있는 날카로운 송곳이 돋은 상자도 있다. 그런데 이러한 고문과 잔혹한 처벌이 단지 이 시기 유럽에만 있었던 것은 아니다. 동서양의 차이, 시대의 차이는 있을지언정 인류의 과거는 비슷하다. 법은 정의를 수호하기보다는 왕이나 귀족 같은 지배자의 체제를 도와주는 수단이었다. 동서양을 막론하고 자백을 받아내기 위해 끔찍한 도구를 이용해 고문을 자행했다. 우리네 사극을 봐도 그렇지 않은가. 주리를 틀거나 불에 달군 인두로 지져대며 '바른 대로 불라'고 다그치는 장면은 사극이라면 웬만해서 한 번쯤은 꼭 등장한다. 사극을 볼 때야 나쁜 짓을 해놓고 뻔뻔하게 구는 범인에 대해 분노하고, 범인의 자백으로 사건이 해결되면 정의가 실현됐다고 환호할 수 있다. 하지만 실제로 두 개의 막대기를 발목 사이에 끼우고 주리를 트는 고문을 받으면 다리뼈가 뒤틀리고 부러져 대부분 불구가 된다고 한다. 진짜 억울하게 고문을 당하고 불구가 된 사람은 어떻게 해야 할까? 고문을 경험해본 사람은 증언한다. 끝까지 고문을 견뎌낼 수 있는 사람은 없다고. 죽거나 거짓으로라도 자백하거나 둘 중의 하나일 뿐이라고.

그래서 인류가 인권에 눈을 뜨고 법의 주인이 국민 전체로 바뀌면서 가장 먼저 일어난 목소리가 고문을 없애야 한다는 것이었다. 권력 입장에서는 일단 잡아다 족치는 것만큼 쉬운 일이 없기 때문이다. 어떤 짓을 범죄로 볼 것이며, 범인을 어떻게 가려낼 것인지, 형벌은 어떤 과정을 거쳐 어떻게 내릴 것인지에 관한 변천사가 법의 가장 큰 역사다. 대표적인 예로 자백배제 법칙을 들 수 있다. 고문을 통해 얻은 진술은 법적으로 아예 그런 말을 한 사실조차 없는 것으로 취급된다. 범죄의 증거가 오직 자백밖에 없다면 처벌하지 못한다. 설령 진짜 죄가 있다 해도 자백만으로 만들어진 서류로는 법정에서 벌을 내릴 수 없다. 꼭 다문 입을 강제로 열지 말라고 법으로 보장해놓은 것이다.[1]

예술과 음란의 경계

세월은 흘렀고 인류는 더 이상 신의 이름으로 재판을 받지 않는다. 남성 중심의 사고는 청산돼야 할 악습의 잔재고 남녀평등은 대한민국 헌법이 특별히 강조하는 이념이 되었다. 그런데 20세기 대한민국 법정에서 마하는 다시금 재판에 처하는 신세가 되고 말았다.

1970년대의 일이다. 당시만 하더라도 불을 붙이는 도구로 일반 가정은 물론이고 가게에서도 성냥을 많이 썼다. 그러다 보니 팔각형 통에 빼곡히 들어찬 성냥은 활활 타오르는 불처럼 집안이 흥하라는 의미를

◇◇◇◇

1 형사소송법 제309조(강제 등 자백의 증거능력)
피고인의 자백이 고문, 폭행, 협박, 신체구속의 부당한 장기화 또는 기망 기타의 방법으로 임의로 진술한 것이 아니라고 의심할 만한 이유가 있는 때에는 이를 유죄의 증거로 하지 못한다.

담은 최고의 집들이 선물이기도 했고, 어느 집이든 없는 집이 없을 정도로 당시 사람들에게 성냥은 생활필수품이었다. 성냥갑에는 장식용으로 으레 이런저런 그림을 인쇄하기 마련인데, 문제는 어떤 제조업자가 성냥갑에 〈옷을 벗은 마하〉를 인쇄하면서 시작됐다. 아무리 지금으로부터 40년 전이라고 해도 중세 시대와는 현저히 다른 세상이고, 〈옷을 벗은 마하〉는 당시 발간된 명화집에도 엄연히 실려 있었다. 그러나 성냥갑에 등장한 마하는 사람들 앞에서 노골적으로 옷을 벗은 여인으로 몰려 법정에 끌려가는 수모를 당하고 말았다. 도대체 마하가 재판에 부쳐진 이유는 무엇일까?

어떤 행동을 범죄로 정해놓고 못하도록 막는 이유는 지켜야 할 법적인 가치가 있기 때문이다. 폭력은 다른 사람의 몸이나 생명에 해를 끼친다. 도둑질은 남의 재산에 손해를 입힌다. 어딘가에 불을 지르면 여러 사람의 생명이나 재산, 사회의 안전과 평화가 위험해진다. 마하가 재판에 부쳐진 것은 그녀가 옷을 벗고 있어서 성적 연상 작용을 일으키고, 결국 사회의 건전한 성 풍속을 해칠 가능성이 있다는 이유에서였다. 다시 말해 음란물이라는 것이다. 그렇다면 우리 법은 무엇을 음란하다고 보는 걸까. 법원은 '그 내용이 성욕을 자극하고 보통 사람의 정상적인 성적 수치심을 자극하는 것으로 선량한 성적 도의관념에 반하는 것을 말한다'라고 정의하였다. 쉽게 말해 남들 보기 부끄럽고 민망하면 음란물이라는 이야기다. 그냥 내버려두면 사회가 성적으로 문란해질 만한 것들 말이다. 대충 알 것 같기도 하다. 하지만 사람을 벌주는 일에 있어서 대충이란 있을 수 없다. 조금 더 구체적인 기준을 찾아보자.

우선 기준은 이 시대에 살고 있는 일반적인 성인, 즉 보통 사람이다.

조선 시대의 마음으로, 그것도 꽤나 엄숙하신 '양반'의 눈으로 보면 21세기 대한민국은 음란물의 바다에 빠져 있을 것이 틀림없기 때문이다. 또, 어느 한 사람의 주관적인 기준이 아니라 객관적으로 볼 때 누구라도 그런 물건이라면 성적 수치심을 느낄 만해야 한다. 예를 들어 어떤 사람이 머리카락만 봐도 성적 자극을 느낀다고 해서 길거리의 모든 사람들에게 머리카락을 꼭꼭 숨기고 다니게 할 수는 없지 않은가. 또, 문학이나 미술, 영화 같은 예술의 경우에는 일부분만을 떼어내서 볼 것이 아니라 작품의 전체적인 맥락을 판단할 필요도 있다.[2] 이와 같은 기준 아래서 다시 한 번 성냥갑에 등장한 마하를 살펴보자. 마하가 옷을 벗은 것은 맞지만 직접적으로 성적 행위를 하고 있지는 않다. 게다가 중세 시대에도 누드화는 흔하지 않았던가. 유독 마하만 법정에 세워야 할 이유가 있었을까.

물론 〈옷을 벗은 마하〉와 이전의 누드화는 분명한 차이가 있다. 이전까지만 해도 대개 나체의 여인들은 그리스 로마 신화의 주인공들이었다. 벗은 여성의 몸이 등장하기는 해도 대부분 여신이고 신화 이야기를 그림으로 풀면서 소재 중 하나로 등장하는 경우가 대부분이다. 반면 고야는 그림에 마하의 벗은 몸 말고는 다른 볼 만한 것을 하나도 그리지 않았다. 마하의 몸을 받치고 있는 침대 외에는 딱히 주변에 아무것도 없다. 조명은 오로지 마하의 하얀 몸을 강조하고 있고 그림의 한가운데에는 그녀의 성기가 위치하고 있다.

◇◇◇◇

2 대법원 98도679 판결

산드로 보티첼리, 〈비너스의 탄생〉, 1483~1485, 278.5×172.5cm, 캔버스에 템페라, 이탈리아 우피치 미술관

1485년경 그려진 것으로 추정되는 산드로 보티첼리Sandro Botticelli (1445~1510)의 〈비너스의 탄생〉과 비교해보면 그 차이는 더욱 극명하게 드러난다. 그림 속에 등장하는 비너스Venus의 나체는 살아 있는 여자의 육체라기보다 바다가 품어 탄생시킨 생명으로 그려졌다. 왼쪽에서는 서풍 제피로스Zephyros가 바람을 일으켜 그녀를 바닷가로 밀어내고 있고, 계절의 질서를 맡은 여신 호라이Horai는 꽃으로 뒤덮인 외투로 비너스의 알몸을 감싸려 하고 있다. 제피로스의 푸른색과 호라이의 붉은색 사이에서 새하얀 비너스는 지상에 내려온 여신의 아름다움을 보여주고 있다. 이렇게 비교해보면 홀로 침대에 누워 도발적인 시선을 보내고 있는 마하는 아무래도 불리한 입장이다.

70년대 우리 법원은 이처럼 상대적으로 판단하는 방법을 택했다. 비록 명화집에 실려 있는 그림이긴 하지만 예술을 위해서가 아니라 판매를 위한 목적으로 사용했다면 음란물이라고 본 것이다.[3] 옷을 벗은 마하는 음란하고, 이같이 음란한 마하의 벗은 몸을 공공연하게 남들이 돌려 보도록 했으니 징역형이나 벌금형에 처해져도 마땅하다고 했다.[4] 그렇게 마하는 대한민국에서도 음란한 여자가 됐고 그녀가 들어간 성냥갑은 범죄로 인한 것이기에 모두 몰수되어 불태워졌다. 화형에 처해진 것이다.

LTE 시대와 법의 속도

솔직하게 말하자면 마하에 대한 판결은 어딘지 개운치 않다. 예술이냐 외설이냐를 법으로 판단하기는 너무나 어렵다. 게다가 '이 시대', '보통 사람' 같은 기준은 지금 이 순간에도 계속 바뀌고 있지 않은가. 대한민국만큼 빨리 바뀌는 사회도 드물다. 21세기의 대한민국에서도 여전히 〈옷을 벗은 마하〉는 음란물일까.

대한민국 사회가 빠르게 변화하는 만큼 법원의 판결도 숨 가쁘게 현실을 좇아가고 있다. 무엇이 음란한가를 판단하는 기준도 더욱 엄격해져서 '전적으로 또는 지배적으로 성적인 흥미에만 호소할 뿐 전체적으로 보아 하등의 사회적 가치를 지니지 않은 것'이라는 새로운 정의를 내리기도 했다.[5] 1970년에는 명화인 〈옷을 벗은 마하〉를 음란물이라고 봤던 법원이 2014년엔 남녀의 성기를 본 딴, 노골적으로 성적 목적을

◇◇◇◇

3 대법원 70도1879 판결
4 형법 제243조(음화반포 등)
  음란한 문서, 도화, 필름 기타 물건을 반포, 판매 또는 임대하거나 공연히 전시 또는 상영한 자는 1년 이하의 징역 또는 500만 원 이하의 벌금에 처한다.
5 대법원 2006도3558 판결

가진 자위기구에 대해서조차 음란물이 아니라고 판단을 바꾸기에 이른다. 저속하고 문란할지는 모르지만 단지 그 이유만으로 처벌까지 필요로 하는 음란물이라고 보지 않겠다는 것이다.[6] 40여 년이 지나면서 일반적, 평균적, 객관적 입장이 어마어마하게 바뀌었다고 볼 수 있다.

이처럼 '요즘의 보통 사람'은 법원의 추상적인 법률 문구를 구체적으로 해석할 때 가장 기본적으로 사용하는 기준이다. 어떤 사실관계에 대해 옳고 그름을 판단을 할 때 역시 마찬가지다. 그도 그럴 것이 같은 시대를 살아가는 보편적인 사람들이 고개를 끄덕일 수 있어야 법이라 할 수 있으니까.

그럼에도 불구하고 판단의 주체가 어디까지나 그 사건을 담당하는 판사라는 점은 문제다. 일반인의 시각이라고는 하지만 결국 판사가 보기에 '보통 이렇게 생각할 것이다'라고 추측하는 데 불과하다. 판사는 어떤 사람이 되는가. 대개는 20대 초중반부터 법을 공부하고, 법의 틀에 맞춰 세상을 보는 데 익숙해진 사람이다. 평균적인 시각으로 세상을 보고 사고한다고 할 수 있을까. 그러다 보니 법에 낯선 이들과 판사, 검사, 변호사 같은 법률 전문가들 사이에 괴리가 발생하곤 한다. 현실과 이론의 괴리인 셈이다.

법은 사회의 모든 구성원이 함께 잘살자고 만든 것이지 판사, 검사, 변호사 배 불리려고 만든 게 아니다. 사회적 합의를 법의 기원으로 보는 것이 정설이다. 여러 사람이 모여 공동체를 만들다 보니 구성원 각자가 자발적으로 자신의 권리를 양보하고 제한할 수밖에 없었다는 시각이다. 구성원의 합의로 법률이 탄생했지만, 모두가 법을 지키도록 하

◇◇◇◇
6 대법원 2013도15643 판결

기 위해 검찰이나 법원 같은 기관에 권력을 맡겨놓은 것뿐이다. 그래서 공동체에 해악을 끼치면 일정 기간 사회로부터 격리시키거나, 혹은 벌금을 내서 손해를 배상하도록 한다. 공권력은 구성원으로부터 그 힘을 위임받은 것에 불과할 뿐, 결코 신으로부터 받은 것이 아니며 전제군주처럼 '짐이 곧 법이다'라고 주장할 수 없다. 죄를 지어 벌을 받더라도 이는 스스로 그렇게 하겠다고 동의했기 때문에 가능한 일이다. 그래서 심지어 대한민국의 법과 제도가 싫다면 나라를 떠날 권리도 헌법이 보장하는 거주이전의 자유에 포함된다고 본다. 법률 전문가는 옳고 그름을 따지는 데 도움을 주고, 복잡한 절차를 지키기 위해 필요한 존재일 뿐 법의 주인이 아니다. 법의 제정도 집행도 모두 원칙적으로는 국민들 스스로의 역할이며, 구체적인 업무만 국회의원과 정부에 맡겨놓은 데 불과하다. 따라서 옳고 그름에 대한 최종적인 결정을 내릴 수 있는 권력 역시 원래는 그 사회의 구성원들에게 있다. 그런데도 법률을 어렵고 복잡한 것처럼 만들어 주인인 국민과 괴리되도록 하는 일이 오늘날에도 이어지고 있다. 법을 주인인 국민에게 큰소리치며 휘두르는 권력의 수단으로 변질시켰기 때문이다. 진정한 의미의 '요즘의 보통 사람'이라는 기준을 찾아야 한다. 국민참여재판제도라는 이름으로 시행하고 있는 배심원제도가 바로 법의 원래 주인에게 결정권을 되돌려놓은 대표적인 예라고 할 수 있다. 그렇게 국민이 직접 재판을 하는 과정에서 법적 의미와 절차에 어려움을 느낀다면, 그때 원활한 진행을 위해 법률 전문가가 도와주면 된다. 그것이 그들이 할 일이다. 알아들을 수 없는 말로 그들만의 잔치를 벌일 것이 아니라 말이다. 법전의 문구를 일상적인 언어에 가깝게 바꾸고, 검찰이나 법원이 만들어내는 서류도 보통 사람을 위한 것으로 바꾸어야 한다.

이처럼 법을 적용하고 판단하는 기준에 대해 논의하며 하필 음란물을 소재로 삼은 이유가 있다. '음란물'만큼 다양한 판단이 나오고, 시대에 따라 그 정의가 달라지는 것도 없기 때문이다. 음란물에 대해 이야기하다 보면 어디까지 법의 개입이 타당한지, 애초에 현실적으로 개입할 수는 있는지부터 짚어볼 수 있다. 불과 몇 년 전과 비교해봐도 오늘날 우리는 음란물이 넘쳐나는 시대에 살고 있다. 〈옷을 벗은 마하〉 정도는 다른 의미로 성스럽다고 해야 할 정도로 말이다. 실제로 노골적인 포르노라도 성인 대상이라면 불법으로 보지 않는 나라도 많다. 그 바람에 과학기술의 발달과 함께 새로운 문제가 대두되었다. 우리나라에서는 음란물 딱지가 붙은 동영상 등이 다른 나라에서는 사법기관의 보호를 받으며 유통되고 있기 때문이다. 분명 같은 시대, 동일한 공감대를 가질 만한 환경에서 만들어졌는데도 차이가 존재한다.

〈옷을 벗은 마하〉를 감상하기 위해 스페인어를 배워야 할 필요가 없듯이 음란물 역시 감상하는 데 특별한 능력이나 학습은 필요 없다. 과거에는 국경선이라는 물리적, 공간적 한계 때문에 다른 나라 사람들과 동일한 공감대를 갖기 어려웠지만 오늘날에는 인터넷이 그 경계를 없애버렸다. 클릭 몇 번, 아니 스마트폰 터치 몇 번이면 그만이다. 이 시대의 일반적, 평균적, 객관적 인식이 특정 분야에 있어서는 전 세계 공통이 됐다고도 볼 수 있게 된 셈이다. 몇 년 전, 일본의 성인물에서 활약하는 여배우가 서울의 지하철을 점령한 일이 있었다. 인터넷 게임의 광고 모델로 뽑혔기 때문이다. 보통 인터넷 게임 광고 모델은 우리에게 잘 알려지고 유명한 국내 아이돌이 맡는 경우가 많다. 우리나라에서 그 여배우가 등장하는 작품은 공식적으로 유통이 금지돼 있는데도 불구하고 도대체 얼마나 많은 사람들이 그녀가 나온 성인물을 봤기에 광고 모델이 될 수 있었던 것일까. 통계를 낼 수 있다면 아마도 어마어마한 숫자가 나올 것이다. 그렇다면 그 여배우는 이미 일반적, 평균적, 객관적으로 우리 사회의 일부로 인정받았다고 해야 하지 않을까. 그리고 이시대의 인식이 그러하니 그와 같은 성인물도 무조건 합법으로 인정해야 하는 것 아닐까? 애초에 완벽하게 단속하지도 못하고, 금지하는 것도 의미가 없으니 말이다. 이런 질문을 하기 시작하면 어디부터 어디까지 법의 선을 그어야 할지 고민된다. 국민의 자유와 권리를 최대한 존중하면서도 그 자유와 권리가 사회를 해칠 정도에 이르지 않도록, 어떻게 그 균형을 맞출 수 있을까.

많은 경우 사람들의 자율적인 판단에 맡겨놓으면 악은 저절로 사라지곤 한다. 마치 좋지 않은 상품은 시장에서 팔리지 않듯 말이다. 다만 때로 시장에 내놓는 행위 자체가 허락될 수 없는 것들도 있다. 예를 들어 아동과 청소년을 성적으로 학대하는 끔찍한 영상이 그렇다. 성인물을 허락하는 국가에서도 아동 학대와 연관된 성인물은 강력하게 응징한다. 2014년 미국 앨라배마 주 지방법원은 어린이들을 감금해놓고 포르노를 제작해 판매한 부부에게 합계 2,340년이라는 중형을 선고했다. 매튜 데이비드 에어스Matthew David Ayers와 퍼트리샤 앨라나 에어스 Patricia Allana Ayers 부부는 지난 2010년부터 3년간 6~9세 어린이들을 감금하고 성적으로 학대하는 모습과 어린이들의 음란한 포즈를 촬영한 사진 및 영상을 판매한 혐의로 구속되어 주범인 부인 앨라나가 1,590년 형을, 범행을 도운 남편 데이비드는 750년 형을 각각 선고받았다. 살아서 다시는 감옥 밖을 밟을 수 없고, 바깥세상에서 가족을 만날 수도 없다. 이 정도는 아니지만 대한민국 역시 아동, 청소년을 등장시키는 음란물은 특별법으로 강력하게 응징한다. 어린이들을 괴롭히는 인간쓰레기에게 강력히 대응해야 함은 어느 시대, 어느 사회를 막론하고 분명하지 않은가.

시대에 따라, 사회에 따라 법은 달라지기 마련이다. 같은 법이라도 해석과 적용 기준이 달라지기도 한다. 살아가는 사람들이 달라지니 당연한 일이리라. 변화하는 세상에 맞추되 가능한 한 많은 사람들이 공감할 수 있도록 기준을 찾아가야 한다. 우선 가장 간단하고 명확하며 이론의 여지가 없는 곳에 선을 긋는 것으로부터 시작해야 하지 않을까. 구구절절한 설명을 제거할 때 진리를 발견할 수 있다는 '오컴의 면도날 Occam's razor' 원리처럼 말이다. 법률이 자유에 대한 제약으로 변하기 쉬운 만큼 권리를 최대한 보장한다는 측면에서도 그렇다. 예술마저 종교재판에 부치고, 음란으로 몰아 '화형'에 처했던 흑역사를 반복하지 않기 위해서라도 꼭 법으로 지켜야 할 선이 어디서부터인지를 명확하게 해야 할 것이다. 이론이 아니라 실제로 '요즘의 보통 사람'이라면 누구나 고개를 끄덕일 수 있도록 말이다.

Part 2

죄냐 아니냐
그것이 문제로다

죄형법정주의 원칙

피터르 브뤼헐, 〈바벨탑〉, 1563, 캔버스에 유채, 52×78cm, 오스트리아 빈 미술사 박물관

바벨탑에 내린 하나님의 벌

온 땅의 언어가 하나요 말이 하나였더라

이에 그들이 동방으로 옮기다가 시날 평지를 만나 거기 거류하며

서로 말하되 자, 벽돌을 만들어 견고히 굽자 하고 이에 벽돌로 돌을 대신하여 역청으로 진흙을 대신하고

또 말하되 자, 성읍과 탑을 건설하여 그 탑 꼭대기를 하늘에 닿게 하여 우리 이름을 내고 온 지면에 흩어짐을 면하자 하였더니

여호와께서 사람들이 건설하는 그 성읍과 탑을 보려고 내려오셨더라

여호와께서 이르시되 이 무리가 한 족속이요 언어도 하나이므로 이같이 시작하였으니 이 후로는 그 하고자 하는 일을 막을 수 없으리로다

자, 우리가 내려가서 거기서 그들의 언어를 혼잡하게 하여 그들이 서로 알아듣지 못하게 하자 하시고

여호와께서 거기서 그들을 온 지면에 흩으셨으므로 그들이 그 도시를 건설하기를 그쳤더라

그러므로 그 이름을 바벨이라 하니 이는 여호와께서 거기서 온 땅의 언어를 혼잡하게 하셨음이니라 여호와께서 거기서 그들을 온 지면에 흩으셨더라

『창세기』11장 1-9절

구약성서 『창세기』 11장에 등장하는 바벨탑 전설은 다양한 문학작품이나 대중문화의 모티브가 되어왔다. 이 이야기에 따르면 인류 역사 초기, 대홍수가 세상을 휩쓸었을 때 거기서 살아남은 것은 방주로 피신한 노아의 후손뿐이었다. 모두가 똑같은 노아의 후손이었기에 그들은 당연히 같은 민족으로, 같은 말을 사용하며 생활했다. 홍수가 지나가고, 그들은 바빌로니아에 해당하는 시날Shinar 지역에 정착해 도시를 건설했다. 그리고 자신들의 이름을 알리고 단결하기 위해 꼭대기가 하늘에 닿을 정도로 높은 탑을 세우기로 했다. 이와 같은 행동이 하나님에게 안 좋게 보인 것은 분명하다. 가만히 두었다가는 무슨 짓을 할지 모른다는 걱정에 하나님은 더 이상 탑을 쌓지 못하도록 막으려 했다. 그런데 그 방법이 기발했다. 쌓고 있는 탑을 무너뜨리거나 공사를 어렵게 한 것이 아니라, 사람들이 쓰는 말을 서로 알아들을 수 없게끔 다르게 만들어버렸다. 벽돌 달라고 하는데 도시락 건네주는 마당에 무슨 탑을 어떻게 쌓겠는가.

16세기 네덜란드의 화가 피터르 브뤼헐Pieter Bruegel the Elder (1525~1569)은 뛰어난 상상력으로 성서의 바벨탑을 우리 눈앞에 펼쳐 보였다. 복잡한 계단으로 이어진 기묘하고 현란한 설계의 구조물은 21세기 공상과학 영화의 세트장을 연상시킬 정도다. 한 무리의 일꾼이 기중기와 도르래로 커다란 석재를 나르고, 여러 척의 배가 부지런히 항구를 드나들며 건축 자재를 공급하고 있다. 화가는 사람과 나무, 여타 건물 등을 일부러 작게 묘사하여 탑을 돋보이게 만들었다. 하늘에서 바라보는 땅의 풍경처럼 그려낸 것이다. 구름을 뚫고 솟아오른 거대한 탑의 모습은 신만이 누려 마땅할 광경을 넘보는 인간의 욕망과도 같아 과연 하나님 입장에서 보시기에는 썩 좋지 않았을 것 같다. 무엇보다 그림의 왼쪽 귀퉁이에 호위병, 건축가, 노동자 등에 둘러싸인 왕의 모습이 그런 인간들의 대표로 그려져 있다. 사람들은 왕을 향해 엎드려 절을 하고 있다. 하나님께 돌아가야 할 경배를 왕이 가로채고 있는 것이다. 이쯤 되면 하나님이 화날 만도 하다.

죄와 벌은 미리 정해놓아야

하나님이 화난 이유는 이해할 수 있지만, 그럼에도 불구하고 법률가로서는 하나님에게 이의를 제기하고 싶다. 종교적인 관점에서가 아니라 어디까지나 법적인 입장에서 봤을 때의 의견일 뿐이니 불경스럽다 여기지 말아주시길. 법률가적 입장에서 봤을 때 도대체 탑을 쌓는 일이 무슨 죄에 해당하는지 모르겠다. 괘씸하게 여길 수는 있지만 '괘씸죄'라는 죄가 따로 있지는 않다. 예를 들어 물건을 훔친 자를 절도죄로 처벌할 때 죄를 반성하지 않으면, 조금 더 강하게 처벌하면서 괘씸죄의 결과라고 할 수는 있지만 뉘우치지 않는다고 해서 그 죄가 별개로 성립하지는 않는다. 단순히 눈에 거슬리는 행동을 한다고 해서 벌을 줄 수는 없다.

보통 우리가 범죄라고 부르는 행동을 떠올려보자. 사람을 해치거나, 남의 재산을 탐내고, 사회와 국가의 기능을 마비시키는 짓이 범죄다. 그런데 탑을 쌓는 행동은 그 어디에도 해당하지 않는다. 하늘에 닿는 탑을 쌓으려고 한 사람들의 행동이 하나님에게 직접적으로 피해를 끼쳤다고 볼 수도 없다. 이렇게 이야기하면 하나님의 권위를 믿는 사람들은 모르는 소리 하지 말라며 나무랄지도 모른다. 하늘에 닿겠다고 탑을 쌓는 행동 자체가 하나님에 대한 도전이나 마찬가지이므로 하나님의 뜻을 거스르는 일종의 반란이라며 말이다. 그렇다면 하늘에 닿는 탑을 쌓으려는 행위가 하나님에 대한 반란이나 마찬가지니까 일종의 내란죄가 성립한다고 보아야 할까?

형법에는 어떤 행위를 범죄로 처벌하려면 미리 그 행위가 죄이며, 얼마만큼의 벌을 받게 되는지를 정해놓아야 한다는 원칙이 있다. 예를 들어 '다른 사람의 재물을 훔친 사람은 6년 이하의 징역이나 천만 원 이하의 벌금에 처한다'[1]는 식이다. 반대로 법에 하지 말라고 적혀 있지 않으면 벌을 줄 수 없다. 이것이 범죄와 형벌의 내용은 법으로 정해놓는다는 죄형법정주의 원칙이며 법치주의의 기본이다. 간단히 말해 국가가 미리 무엇이 죄가 되고 무엇이 죄가 아닌지 정해놓고 알려주면 국민이 알아서 죄가 되는 행동은 하지 않을 수 있고, 반대로 법에 죄라고 나와 있지도 않은 행동에 대해서는 권력이 자기 마음에 들지 않는다고 억지로 죄를 만들어 씌워 개인의 자유와 권리를 억압할 수 없다.[2] 그런 관점에서 보면 사람들이 쌓고 있는 높은 탑이 하나님 눈에 불편할 수는 있겠지만, 탑을 쌓는 행동은 단순한 사실에 불과하며 죄를 지었다고 보기는 어렵다. 무엇보다 하나님은 탑을 쌓으면 안 된다고 어떤 명령도 내리지 않았던 것으로 보인다.

문제는 또 있다. 탑을 쌓는 행동이 일종의 내란죄에 해당한다고 얼렁뚱땅 비슷한 죄에 대충 끼워 맞추는 것도 죄형법정주의에 어긋난다. 죄형법정주의에서 말하는 '미리 정해놓는다'는 의미는 엄격하다. 정확

◇◇◇◇

1 형법 제329조
2 헌법재판소 91헌가4 전원재판부

히 '하늘에 닿는 탑을 세우면 안 된다'고 나와 있어야 하고 딱 맞는 죄와 벌이 없으면 처벌하지 말아야지 억지로 끌어다 맞춰서는 안 된다. 이를 죄형법정주의에서 나온 유추해석 금지의 원칙이라고 한다. 예를 들어 「정보통신망 이용촉진 및 정보보호 등에 관한 법률」에는 정보통신망을 이용해 상대방에게 불안감이나 공포감을 주는 음향을 들려주지 못하도록 하는 내용[3]이 있다. 현대 문명을 새로운 협박의 수단으로 이용해 정신적 폭력을 저지를 수 있기 때문이다. 그런데 만일 전화를 걸 때 들리는 통화 연결음을 무시무시한 소리로 설정해놓는다면 어떨까. 업무상 꼭 전화를 걸어야 하는데 그럴 때마다 싫은 소리를 꾹 참아야 한다면 말이다. 이런 경우도 불안감이나 공포감을 유발하는 음향을 들려주는 행위에 해당할까. 법원은 적극적으로 소리를 상대방이 듣도록 만들었다고 볼 수 없다고 판단했다. 전화를 걸 필요가 있긴 하지만, 정말로 그 소리가 너무 듣기 싫다면 전화를 안 걸면 그만이니 억지로 듣게 했다고 볼 수 없다는 것이다. 이렇듯 비슷해 보이는 일도 법원이 다르다고 판단하는 이유는 이 같은 문제가 형사적 처벌을 할지 말지를 결정하기 때문이다. 법원은 최대한 법을 엄격하고 제한적으로 해석한다.

문제는 요즘처럼 하루가 다르게 변하는 세상에서는 전에 없던 일도 하루하루 늘어난다는 점이다. 분명히 나쁜 일을 저질렀는데 딱 들어맞는 법이 없어서 벌을 못 주는 상황이 생길 수도 있다. 법이 아닌 도덕적 관점에서 보면 분명히 나쁜 짓인데 비슷한 법을 가져다가 벌을 줄 수가 없다. 결국 문제시되는 사건이 발생하면 그때마다 그에 맞도록 법을 고치고 만들어야 한다. 법을 남용해 국민의 권리를 해치는 일이 생

◇◇◇◇

3 「정보통신망 이용촉진 및 정보보호 등에 관한 법률」 제44조의7 제1항 제3호

기지 않도록 하기 위해서다. 한 발 더 나아가 법을 고치더라도 그 적용은 '앞으로'에 한정된다. 아무리 나쁜 짓처럼 보여도 그 짓을 저지를 때 법에 하지 말라는 말이 없었다면 처벌할 수 없다. 이것이 죄형법정주의 원칙에 포함된 형벌 불소급의 원칙이다. 국민은 과거나 미래가 아니라, 지금 현재 자신이 하는 행위를 법이 어떻게 평가하는지 알고 있어야 한다. 가뜩이나 불확실한 미래에 법이 어떻게 바뀔지 모른다는 것까지 고민하게 만들어서야 안 될 일이다. 자기 행동의 결과를 분명하게 예측할 수 있도록 해야 한다. 그런 취지를 살리기 위해 법을 만들거나 바꿀 때는 일정한 기간을 두고 이러저러한 법을 만들겠노라는 공청회를 갖고, 국회에서 의견 조율이 끝난 다음에도 공개적으로 널리 알리는 절차를 갖고, 그다음에도 대개 6개월이건 1년이건 여유를 준 다음 실제 적용을 한다. 예를 들어 건강에 좋지 않은 담배를 아예 마약으로 지정해 사회에서 완전히 몰아내겠노라 법을 바꿨다고 치자. 어느 날 갑자기 그런 법을 만들어서는 당장 오늘부터 몸에 남아 있는 니코틴을 측정해 일정량 이상이면 처벌하기로 했다. 그래서 결국 법이 만들어지기 전에 피웠던 담배 때문에 벌을 받게 된다면 어떨까. 하루아침에 담배 끊기도 어려운데 이미 피웠던 담배 때문에 니코틴 함량이 높은 걸 어쩌라고. 억울하지 않을 수 없다. 이처럼 법은 미래를 향해야지 거꾸로 가서는 안 된다.

물론 형벌 불소급에도 예외는 있다. 바꾸는 것이 국민에게 이익이라면 어느 정도 거슬러 올라갈 수도 있다. 예전에는 죄였는데 법이 바뀌어 더 이상 죄가 되지 않을 때가 그렇다. 대표적인 예가 바로 간통죄다. 간통죄는 지난 2015년 2월 26일, 헌법재판소에서 위헌판결을 받으면서 62년 삶을 마감했다. 따라서 이 이후로 유부남이나 유부녀가 배우자를 속이며 부정행위를 하면 도덕적으로야 지탄받겠지만 범죄는 아니다. 그런데 이날 이전에 죄를 지은 사람 입장에서 보자면 똑같은 짓을 저질렀는데 누구는 죄인이고 누구는 죄인이 아니라고 하니 억울할 수 있다. 또, 그 행위를 할 때 존재하는 법을 적용하는 것이 원칙이라고 했으니 단순하게 보면 2월 25일에 부정행위를 저지른 사람은 유죄고, 2월 26일에 저지른 사람은 무죄다. 만일 그렇다면 2월 25일에서 26일에 걸쳐 죄를 지은 사람은 죄가 있다고 해야 할까 없다고 해야 할까? 그렇다고 이전에 처벌받은 사람들까지 모두 용서해주자니 그것도 이상하다. 세월이 흘러 사람들의 가치판단이 달라져 결국 간통죄가 폐지되기는 했지만, 간통죄를 심각한 범죄라고 여기던 시절도 있었던 게 사실이다. 더군다나 간통죄가 처음 도입된 1953년부터 62년간 처벌받은 모든 사람을 불러다 다시 재판하는 것도 말이 안 된다. 절충점을 찾아야 한다. 그래서 마지막으로 합헌 결정을 내린 시점을 기준으로 삼았다. 그때까지는 합헌이라고 봤으니까 그전에 받은 처벌은 정당한 법률에 의한 것이었으니 따지지 말고, 그다음 날부터 최종적으로 헌법재판소가 간통죄를 위헌이라고 판단한 날까지 간통죄로 처벌을 받았다면 다시 재판을 열어 오명을 씻을 수 있도록 했다. 간통죄의 경우는 2008년 10월 31일부터 효력이 상실된 것으로 본다.

이 외에도 법에는 적정성의 원칙이 있다. 법으로 정해놓는다고 해서 뭐든 정당해지는 것은 아니다. 합리적 근거 없이 '무엇이든 물건을 훔치다 걸리면 무조건 사형'이라고 법을 정할 수는 없기 때문이다. 배고파서 빵 한 조각을 훔쳤거나, 연필이나 지우개 한 개를 슬쩍했다고 사형에 처한다면 과연 그 법이 정당하다고 볼 수 있을까? 또한 최근 여성에 대한 성범죄가 빈번하게 발생하고 그 수법도 잔혹해져서 사회적으로 심각한 문제가 되고 있다. 그런데 이를 근절하기 위한 가장 확실한 해결책으로 남자와 여자를 완전히 격리시킨다면 어떨까? 동성 간에도 성범죄가 일어날 수 있다는 가능성을 제외하면 애초에 성범죄가 일어날 리없다. 그러나 국민의 자유와 성범죄의 완벽한 근절이라는 두 가지 가치를 놓고 비교해보면 이런 법은 애초에 말이 안 된다. 지나치면 부족한만 못하기 때문이다. 하나님이 바벨탑 건설을 막기 위해 취한 방법 역시 이와 같은 적정성의 원칙을 위반한 것은 아닐까? 탑만 무너뜨리거나거기까지만 쌓고 그만하라고 타일렀어도 충분했을 텐데. 언어를 흐트러뜨리는 바람에 오늘날까지도 인간은 얼마나 고역을 치르고 있는가.

미수와 예비, 음모

바벨탑 사건을 조금 다른 방향에서 접근해보자. 하나님이 이와 같은 벌을 내린 이유는 미래에 벌어질 일까지 모두 알기 때문일 수도 있다. 탑 쌓기 자체에는 아무런 문제도 없지만 그 탑으로 인간들이 무슨 짓을 벌일지 미래를 내다보고는 인간의 몹쓸 계획을 가만두고 볼 수 없겠노라 판단했을지도 모른다. 하지만 인간들은 아직 탑을 다 쌓지도 않았고, 따라서 하늘에 닿지도 못했으며, 아직까지는 신에게 피해를 끼칠일을 저지를 만한 상태도 아니었다. 그럼에도 불구하고 아직 저지르지도 않은 일로 미리 벌을 주는 게 과연 정당할까?

절도의 경우를 예로 들어보자. 절도는 다른 사람의 물건을 허락 없이 가져가는 범죄다. 그렇다면 절도를 위해 담을 넘었다면 절도일까 아닐까. 정답은 '아니다'이다. 남의 물건을 훔치기 위해 담을 넘은 것은 사실이고, 다른 사람 집에 무단으로 들어갔으니 주거침입죄가 될지는 몰라도 담을 넘는 것과 훔치는 것은 엄연히 다른 행동이다. 그렇다고 물건을 훔치려고 만지작거리는 사람을 발견했는데, 아직 훔쳐서 도망간 건 아니니까 미안하다는 말 한마디 듣고 안녕 하고 보내줘야 할까. 담을 넘어 집에 들어와서 물건을 훔쳐 달아나는 그 중간 어딘가부터는 절도 행위가 시작됐다고 볼 수 있다. 그리고 그와 같은 절도 행위가 시작됐다면 훔치려고 했던 사람을 미수범으로 처벌해야 할 필요성이 있다. 미수범을 처벌하지 못한다면 당장 눈앞에서 범죄를 저지르려는 상황이 벌어졌는데도 '아직 훔쳐서 달아나지는 않았으니 잡으려면 조금 더 기다리자'라며 그냥 두고 볼 수밖에 없지 않은가. 더군다나 절도는 그렇다 쳐도 살인과 같은 범죄라면 저질러진 뒤에는 회복할 수 없는 손해가 발생하고 만다. 그렇다고 칼이나 총을 가지고 있기만 해도 살인 미수범이라며 덜컥 붙잡아 벌을 준다면 그것도 이상하다. 그렇다면 과연 어느 순간에 이르러야 넘어서는 안 될 선을 넘었다고 할 수 있을까. 여러 가지 기준이 있지만 일반적으로 '범죄 자체와 아주 밀접한 행동을 시작'했다면 미수에 이르렀다고 할 수 있다.

어떤 남자가 새벽 4시에 혼자 사는 여자의 집에 찾아가 마구 문을 두드리다가 마침내 창문을 넘어 침입하려다가 붙잡혔다. 침입의 목적이 여자를 범하는 것이라면 비록 직접 여자의 몸에 손을 대지는 못했지만 폭행이나 협박을 시작한 것이나 마찬가지고, 따라서 강간 미수로 처벌해야 한다.[4] 절도라면 다른 사람의 물건을 훔치는 데 꼭 필요한 행동인가 아닌가를 기준으로 삼는다. 차 안에 귀중품이 있는지 확인하려고 슬쩍 들여

◇◇◇◇
4 대법원 91도288 판결

다본 정도라면 조금 부족하다. 차 안의 귀중품을 보고 침을 흘리는 정도야 어쩔 수 없는 노릇이 아닌가. 하지만 차가 잠겼는지 확인하기 위해 문손잡이를 잡아당겼다면 경찰이 붙잡을 수 있다.[5] 문에 손을 댔다면 물건을 훔치려는 분명한 의도가 있었다고 보기 때문이다. 다른 기준이 필요할 때도 있다. 간첩은 일단 들어온 다음에는 언제 어디서 무슨 짓을 할지 모른다. 우리 땅에 발을 들여놓았을 때 이미 범죄를 시작했다고 보고 검거에 나서야 할 것이다.[6]

미수범은 아직 죄를 완성하지는 않았지만 생각에만 그치지 않고 직접적인 행동에 착수했다는 사실이 이미 충분히 드러났기 때문에 처벌한다. 물론 범죄를 다 마친, 이른바 기수旣遂에 비해서는 가볍게 처벌한다. 미수 중에서도 특히 죄질이 양호한 경우가 있다. 일단 범죄 행위를 시작했지만 스스로 중단했을 때다. 이런 경우에는 보통의 미수보다 형량을 더 낮춰준다. 범죄를 저지르는 데 특별히 장애가 있었던 것도 아닌데 범죄를 중단했다면 그만큼 책임질 죄도 줄어들었다고 본다. 예를 들어 도둑질하러 들어가 보니 살림살이가 너무 가난해 안쓰러운 생각이 들어 그냥 나온 경우와, 소매치기를 하려 했는데 바로 옆에 경찰이 있어 포기한 경우는 분명히 다르다. 또, 가볍게 처벌한다는 것을 알면 범인도 마지막 순간에 돌아설 수 있을지 모른다. 합법적인 세계로 돌아오도록 유도하기 위한 최후의 수단인 셈이다.

다시 바벨탑을 쌓던 사람들 이야기로 돌아와서, 그렇게 따져보면 과연 탑 쌓기가 어떠한 죄와 아주 밀접한 행동이라고 볼 수 있을까? 하나

◇◇◇◇

5 대법원 86도2256 판결
6 대법원 84도1381 판결

님이 하늘 어딘가에 숨겨놓은 보물의 위치를 알아서 그걸 훔치려고 사다리처럼 탑을 쌓은 것도 아니고, 애초에 어디부터 어디까지가 신의 영역인지도 애매하니 무단침입을 하려 했다고 보기도 힘들다. 세상에서 제일 높은 산 위부터가 신의 영역인가? 아니면 새가 날아서 가지 못하는 곳부터일까? 따라서 탑을 쌓은 것만으로는 범죄의 미수로 보기도 어렵다.

범죄의 미수조차 아니라면, 미수보다 더 이전 단계로 예비, 음모죄도 있다. 이 경우 범죄와 직접적으로 연결된 행동은 아니지만 죄를 저지를 준비를 하면 처벌한다. 예를 들어 보기에도 무시무시한 회칼을 갈고 있는 사람이 있다. 물론 칼을 가는 게 범죄는 아니다. 초밥 요리사가 회를 뜨려고 칼을 갈 수도 있지 않은가? 그런데 만일 이 사람이 초밥 요리사는커녕 사람을 찌르려고 칼을 가는 게 명백하다면 어떨까? 당연히 이 사람을 막아야 한다. 그래서 칼을 왜 갈고 있는지 목적을 살펴봐야 한다. 범죄를 저지르기 위해서라면 예비나 음모로 본다. 다만, 이와 같은 예비, 음모죄는 범죄행위 자체와 직접적 관련이 없는데도 처벌하는 것이기에 살인, 방화처럼 예방이 필요한 중대 범죄에 한정해서 예외적으로 적용한다. 그런데 바벨탑을 쌓던 사람들은 '우리 이름을 내고 온 지면에 흩어짐을 면하기' 위해 탑을 쌓았다. 중대 범죄는 고사하고 명예를 드높이고 서로 단결해서 평화롭게 지내는 것이 탑 쌓기의 목적이었다. 무슨 범죄를 예비하고 있었다고 보기조차 어렵다. 혹시 신의 눈에 다른 것이 보였더라도 이를 법원이 알 길은 영영 없을 것이다.

지나치게 강력했던 신의 벌

물론 신의 깊은 뜻을 인간이 어찌 헤아리겠는가. 벌을 받아 마땅한 다른 사정이 있었을 수도 있다. 하지만 신이 밝힌 이유에 따르더라도 벌의 정도가 너무 심했다. 언어를 다르게 해서 온 세상에 흩뜨려놓았으니 그것으로도 바벨탑 축조는 불가능해졌다. 이미 목적을 달성했다. 그렇다면 흩어진 무리들끼리는 원활하게 소통하게 해줘도 됐지 않을까. 한국말을 쓰는 사람끼리, 영어를 쓰는 사람끼리는 말이다. 같은 말을 쓰는 사람끼리도 서로 이해하지 못하고 다투는 바람에 법원으로 가는 일이 얼마나 많은가.

언어가 인간에게 주어진 최고의 소통 수단임에는 틀림없지만, 그럼에도 불구하고 있는 그대로의 사실을 전달하기에는 부족하기 짝이 없다. 똑같은 사실을 두고도 말하는 사람에 따라 내용이 달라지는 일이 비일비재하다. 사람은 본인의 관심에 따라 같은 것을 봐도 다르게 이해하고, 그렇지 않다 해도 시간의 흐름에 따라 기억은 변질되기 마련이다. 사소한 다툼이라도 여러 사람이 얽히면 흔하게 벌어지는 장면이 있다. 누군가 나서서 이러저러 하다고 설명을 하면 갑자기 다른 누군가가 끼어들어 그게 아니라 어쩌고저쩌고 했노라며 이의를 제기한다. 그러려니 하면 다른 누군가는 혀를 차며 둘 다 틀렸다고 자신만의 기억을 늘어놓는다. 법은 그런 장면을 바라보며 누구의 말이 가장 그럴 듯하다고 손을 들어줘야 할지 고민할 수밖에 없다. 셋 중 누구 말이 옳은지 알 수 없으니 일단 내용이나마 다 기록해놓고 다시 그걸 판단하려고 하면 산 넘어 산이라고 이번에는 다른 문제가 생긴다. 같은 말에 대한 의미 부여도 제각각이기 때문이다. 아 다르고 어 다르다고 하지 않던가.

예를 들어 동업을 하기 위해 두 사람이 함께 작성한 계약서를 놓고, 그 계약서에 쓴 말에 대해 서로 얼마나 다른 주장을 하는지 기가 막힐 정도다. 동업을 하면서 계약서에 '투자한 만큼 받는다'고 쓴다면 명확하다고 할 수 있을까? 투자를 한 쪽은 사업 전체에 투자한 돈이 얼마고 그 중 자신의 투자금이 얼마이니 이익도 그 비율대로 받으리라고 기대한다. 그러나 투자를 받는 쪽은 시중 금리보다 높은 정도의 이자를 더해 돌려주면 된다고 생각할 수도 있다.

잘못된 기억이나 의사표현 때문에 문제가 생길 때도 있다. 기억을 전달하기 위한 수단도, 기억 자체도 왜곡되기 쉬운 상황이니 법은 소통을 위해 어떤 원칙을 세워놓고 있을까.

몇 가지 경우를 생각해볼 수 있다. 겉으로 무슨 소리를 했든 서로 속마음이 똑같을 때가 있다. 계약서로는 A토지를 사고팔았는데 막상 주고받은 것은 B토지였다. 등기부등본에 A라고 올렸더라도 그건 그냥 서류상 오류일 뿐이니 그것만 바로잡으면 된다. 서류에 엉뚱한 땅을 썼으니 사용료를 누가 부담해야 한다는 등은 따질 필요도 없다. 이런 해석은 두 사람 이상이 하는 계약이 아니라 유언처럼 일방적으로 주기만 하는 경우에 특히 필요하다. 겉으로 표시된 의사가 아니라 진짜 무엇을 원했는지 최대한 파악해야 한다.

그렇지 않을 때는 겉으로 표시된 의사를 중요하게 여길 수밖에 없다. 둘이 싸우고 있고 제3자인 법원이 잘잘못을 가려야 한다. 둘 사이에 주고받은 각종 문서 등의 증거에 모두 A라고 쓰여 있는데 사실은 둘끼리만 아는 암호로 B를 뜻했다는 것을 법원은 알기 어렵다. 그 사람의 진짜 속내가 아니라, A라고 써놓았을 때 다른 사람은 객관적인 입장에서 무엇을 뜻한다고 볼지를 판단한다. 반론을 펴려면 둘끼리는 A라고 쓰고 B라고 읽었다는 것을 주장하는 쪽에서 증거로써 증명해야 한다.[7] '우리 이제 헤어져!'라고 말했다면 그 얘기를 듣고 뒤돌아선 사람을 탓할 수 없다. 적어도 법적으로는 말이다. 진짜로 헤어지자는 의도가 아니라 관심을 가져달라는 뜻이었다는 것을, 무슨 증거를 들어 법원으로 하여금 이해하게 만들 수 있을까. 아주 특별한 사정이 없는 한 어려울 것이다. 이는 남녀 관계에서의 일에 그치지 않는다. 거래 관계에서도 정말 한마디 말이 천 냥 빚을 만들기도 하고, 갚게도 한다.

해석의 과정을 알았다면 의사표시를 어떻게 해야 하는지도 짐작할 수 있을 것이다. 그런데 학교에서부터 객관식에 익숙해져서인지 의외로 하고 싶은 말을 못하는 경우가 많다. 계약서는 어떻게 써야 하는지 내용증명 같은 공적 증명 기능을 갖는 문서는 어떻게 작성해야 하는지 고민을 토로하는 사람이 적지 않다. 뭔가 특별한 양식에 맞춰야 한다는 강박관념에 사로잡혀 형식을 좇느라 정작 필요한 내용을 놓치는 경우도 왕왕 있다. 일단 인터넷을 통해 표준 문서 양식 같은 것을 찾았는데 법률 용어가 뒤섞여 무슨 뜻인지 좀처럼 이해하기 어려울 때도 있다. 이럴 때는 얻고자 하는 것이 무엇인지 분명하게 파악하는 것이 우선이다. 음료수 100병을 산다고 생각해보자. 음료수의 종류는 무엇인지, 몇 밀리미터 용량을 기준으로 100병인지, 병의 재질은 플라스틱이어야 하는지 유리여야 하는지, 언제 어디서 어떻게 전달받을지 등등 진짜로 필요한 내용을 가능한 한 세밀하게 적어야 한다. 어디에 어떻게 적어야 할지 고민된다면 앞서의 표준 문서를 활용할 수 있다. 대신 계약서 말미에 특약 사항이라고 추가해서 원하는 내용을 정확하게 적는다. 그리

◇◇◇◇

7 대법원 2012다44471 판결

고 맨 마지막 줄에 특약 사항의 내용이 원래 계약서 내용과 충돌하는 경우 특약 사항이 우선한다고 덧붙이면 된다.

형식이 아니라 내용이 우선이고, 형식을 정해놓은 이유도 내용을 쉽게 전달하기 위해서다. 법도 그래서 만든 것인데 정리의 기준을 모르면 우왕좌왕할 수 있다. 법조인이 아니라면 정리를 못했다고 그 누구도 탓하지 않는다. 하고 싶은 말을 정확하게만 하면 된다. 그렇게 살아야 법적인 문제도 덜 겪고 할 말을 못해서 생기는 속병도 앓지 않을 수 있다.

Part 3

좋은 판결, 나쁜 판결, 이상한 판결

재판은 어떻게 이루어지는가

장 레온 제롬, 〈배심원 앞의 프리네〉, 1861, 캔버스에 유채, 80×128cm, 독일 함부르크 미술관

배심원의 가슴을 울려라

남자는 치밀한 계산에 따라 행동했다. 마술이라도 부리듯 과장된 동작으로 그녀의 몸을 감싸고 있던 천을 벗겨내자 홑겹의 천 밑에서 여인의 싱싱하고 아름다운 나신이 드러났다. 지켜보던 사내들은 젊은이고 백발이 성성한 노인이고 할 것 없이 숨 쉬는 것도 잊고 홀린 듯 그녀를 쳐다보았다.

19세기의 화가 장 레온 제롬Jean-Léon Gérôme(1824~1904)의 〈배심원 앞의 프리네〉는 기원전 4세기 그리스 아테네에서 벌어진 프리네Phryne의 재판을 묘사한 그림이다. 수많은 남자들 앞에서 나신을 드러낸 여성이 바로 피고인 프리네고, 입을 떡 벌리고 당황한 듯 두 손을 치켜들면서도 눈을 깜빡이는 것조차 아깝다는 듯 그녀를 응시하는 남자들이 바로 재판의 배심원들이다.

프리네는 아테네의 유명한 헤타이라hetaira였다. 헤타이라는 지금으로 치면 매춘부, 즉 돈을 받고 몸을 파는 여자를 말한다. 그러나 현대적 기준의 성매매 여성과 헤타이라는 존재 자체가 상당히 다르다. 흔히 매춘부라고 하면 떠오르는 부류의 여성들은 '포르나이pornai'라는 별도의 호칭으로 불렸다. 헤타이라는 오히려 과거 우리나라의 기생이나 일본의 게이샤와 비슷하다. 아름다운 외모뿐 아니라 재능과 학식을 더불어 갖추지 않으면 안 됐기 때문이다. 당시 그리스는 철저한 남성중심 사회였고 여성은 남성에게 부속된 존재로 인식되었다. 따라서 여성이 교육을 받는 일은 극히 드물었고, 자신의 이름으로 된 재산도 소유할 수 없었다. 그러나 보통의 여성과 달리 헤타이라는 고등교육을 받았고 음악과 무용, 철학에 능통했을 뿐만 아니라 자기 이름으로 재산도 모을 수 있었다. 그녀들은 당대의 저명한 정치가, 철학자, 장군들과 함께 연회에 참석해 예술과 정치, 철학에 관해 토론했는데 실제로 플라톤 Plato(BC 427~BC 347)의 저서에도 헤타이라의 이런 모습은 자세히 묘사되어 있다. 그중에서도 프리네는 특히나 큰 성공을 거둔 헤타이라였다. 프리네의 미모가 얼마나 대단했던지 당시 최고의 조각가로 꼽히던 프락시텔레스 Praxiteles가 아테나 Athena 여신을 조각하면서 그녀를 모델로 삼았을 정도다.

그런데 이렇게 재색을 겸비한 데다 경제적으로도 성공한 여인이 어쩌다 재판정에 서서 수많은 남자들이 쳐다보는 가운데 나신을 드러내는 처지가 되고 말았을까? 그녀에게 제기된 혐의는 바로 신성모독이었다. 아테네의 축제에서 프리네는 옷을 다 벗고 연극에 출연했는데, 신을 칭송하는 자리에서 벌거벗은 것은 신에 대한 모독이라고 고발을 당하고 말았다. 프리네의 변호사는 그녀의 애인이기도 한 히페레이데스 Hypereides로 최고의 웅변가이자 연설자로 명성이 자자한 인물이었다. 그러나 혼신의 힘을 다한 그의 변론에도 불구하고 재판은 점점 그녀에게 불리하게 진행되었다. 히페레이데스가 아무리 열변을 토해도 재판관들은 그저 냉담한 눈길로 쳐다볼 뿐이었다. 결국 그는 이 상황을 타개하기 위해 마지막 승부수를 던졌다. 바로 재판관들 앞에서 프리네의 나신을 그대로 드러낸 것이다. 마치 '이렇게 아름다운 몸을 직접 보고도 이 여인을 사형에 처하겠느냐'고 묻는 듯한 그의 행동에 금방이라도 잡아먹을 것처럼 으르렁대던 재판관들이 순한 강아지처럼 꼬리를 내렸다고 한다. 그리고 그녀의 아름다움은 신의 영광을 드러낸 것이니 인간의 법으로 신을 심판할 수는 없다며 무죄를 선고했다. 다시 말해 '예쁘니까 무죄'라는 판결이다.

민주주의와 법치주의

프리네의 재판 결과가 오늘날 법의 관점에서 옳고 그른지의 문제는 제쳐두고, 이와 같은 결과는 어디까지나 이 재판이 배심원제라는 다수결 투표에 의해 이루어졌기에 가능했다. 오늘날의 배심원제와는 차이가 있지만 재판관 한두 사람의 판단이 아닌, 국민을 대표하는 배심원단이 판결을 내린다는 점에서 기본적 원리는 같다. 법은 국민의 뜻에 따라 만드는 것이기에 법을 적용하는 주인 역시 국민이어야 한다. 전문가들이 아무리 법전에 적힌 글귀를 파고든대도 그들의 역할은 어디까지나 국민들에게 의견을 제시하는 데 지나지 않는다. 결국 최종적인 판단은 국민이 내려야 한다. 이와 같은 배심원제의 정신은 국민의 대표에게 정치를 하도록 맡기는 민주주의 정신과도 맞닿아 있다. 민주주의의 시작을 고대 그리스로 보는 이유 역시 프리네의 재판에서 보듯, 신이나 왕이 아닌 민중이 다수결로 의사를 결정하기 시작한 곳이 그리스이기 때문이다.

그러나 민주주의가 잠깐 반짝하고 사라진 뒤, 인류는 오랫동안 전제
군주주의를 받아들였다. 대륙마다 지배계층이 넓은 땅을 차지하려고
각축전을 벌였고 많은 국민은 이들의 병정놀이에 동원되어 아까운 목
숨을 잃었다. 전쟁에서 이겼다 해도 국민의 삶은 별반 나아지지 않았
다. 전쟁으로 얻은 넓은 땅과 부는 결국 전부 지배계층의 몫이었기 때
문이다. 그런 시대였기에 법은 당연히 지배계층의 의사만을 반영했고,
'짐이 곧 국가'라는 망언을 아무렇지도 않게 할 수 있었던 것이다.

시대가 흘러 인류의 의식이 성장하면서 민주주의가 등장하자, 법의
의미도 바뀌었다. 오늘날 국가의 주인은 국민이며, 법은 국민의 대표
가 국민의 뜻을 모아 만든다. 따라서 법은 국민 위에서 군림하는 지배
자가 아니라 국민들끼리 서로 지키기로 한 약속이다. 민주주의가 곧 법
치주의인 이유이다. 이 같은 법과 국민의 관계를 이해하고 생각해보자.
국민 사이에 갈등이 생기면 이를 해결하는 재판 역시 국민의 의사에 따
르는 것이 당연하다. 그리스 사람들이 그랬던 것처럼 재판 역시 국민의
뜻으로 직접 하는 것이 원칙이다. 대표적인 예가 전문 법관이 아닌 일
반인들이 재판에 참여해 유무죄를 결정하는 배심제도이다. 그 외에도
우리나라에서는 사건을 형사재판에 넘길지 말지를 오직 검사가 결정하
지만,[1] 영미권에서는 대배심제도를 통해 형사재판 회부 여부를 국민이
결정하도록 하고 있다. 심지어 일부 국가에서는 선거를 통해 고위직 법
관을 뽑기도 한다. 이런 경우 법률 전문가들의 역할은 누가 옳은지를
결정하는 것이 아니라 그 과정이 적법하고 공정하게 진행되도록 돕는

◇◇◇◇

1 형사소송법 제246조(국가소추주의)
  공소는 검사가 제기하여 수행한다.

데 있다. 말하자면 재판은 판사가 심판을 보는 경기장에서 검사와 변호사가 검투사가 되어 벌이는 혈투와 비슷하다. 그리고 누가 이겼나를 판단하는 최종 결정권은 바로 배심원들에게 있다. 우리나라도 2008년부터 「국민의 형사재판 참여에 관한 법률」을 통해 국민참여재판제도가 시행되었다. 아직은 형사재판에 한정되어 있지만 일반인들이 유죄, 무죄를 직접 판단하도록 하는 대한민국형 배심원제도라고 할 수 있다. 판사는 배심원들의 판단을 존중하고, 법에 위배되거나 특별히 부당하다고 보이지 않는 한 배심원들의 결정을 따라야 한다.

이처럼 일반인이 법적 판단을 내리는 것에 대해서는 찬반이 엇갈린다. 반대하는 쪽은 재판이 감정에 호소하는 연극처럼 흐를 수 있다거나, 비전문가들이 어려운 법적 판단에 착오를 일으킬 수 있다는 식의 근거를 든다. 하지만 어려우면 쉽게 알아듣도록 설명하는 것이야말로 법조인의 역할이 아닐까. 일반 국민이 유죄인지 무죄인지 가리는 정도도 할 수 없다고 말한다면 이는 법의 주인인 국민에 대한 모독이다.

삼단논법에 따른 법 적용

아무리 법의 주인이 국민이라고 주장해봐도 아직까지 법이 국민에게 어렵고 멀게만 느껴지는 게 사실이다. 여러 가지 이유가 있겠지만 일단 법률 용어도 어렵고 법을 적용하는 과정에서 구조적인 문제도 있다.

법을 적용하는 과정은 어찌 보면 수학이나 논리학의 문제 풀이와 같다. 가장 기본적으로는 삼단논법을 쓴다. 그 유명한 아리스토텔레스 Aristoteles(BC 384~BC 322)의 '사람은 모두 죽는다, 나는 사람이다, 그러므로 나도 죽는다'와 같은 식이다. 여기서 대전제인 '사람은 모두 죽는다'와 소전제인 '나는 사람이다'가 맞으면 '나도 죽는다'라는 올바른 결론이 나오게 된다. 예를 들자면 다음과 같다. 일단 대전제로서 법조문이 적용된다. 형법은 "사람의 신체를 상해한 자는 7년 이하의 징역에 처한다"[2]고 정해놓았다. 여기서 상해란 "피해자의 신체의 완전성을 훼손하거나 생리적 기능에 장애를 초래하는 것"이다. 다시 말해 다치게 만들어 건강을 나쁘게 해야 상해라고 할 수 있다.[3] 다음으로 법조문을 적용할 사건을 소전제로 둔다. 누군가 강제로 다른 사람의 머리카락을 송두리째 밀어버렸다. 왜 그랬는지, 어떻게 그랬는지 등 사건을 둘러싼 모든 사실관계가 중요하지 않을 리 없지만, 실제로 법을 적용할때는 '머리카락이 잘렸다'는 사실만을 소전제로 둔다. 다음으로 소전제와 대전제를 비교해 판단을 내린다. 대전제와 소전제가 맞아떨어지면 '남의 머리를 함부로 자르면 7년 이하의 징역에 처한다'는 결론이 나올것이다. 그런데 과연 머리카락을 자르는 게 사람을 다치게 하고 건강을 해치는 행위라고 할 수 있을까? '신체발부身體髮膚는 수지부모受之父母'라 해서 머리카락도 부모님이 물려주신 몸의 일부이기 때문에 함부로 손대면 안 된다던 시절이 있기는 했다. 오죽하면 조선 말기의 문신 최익현 같은 사람은 "목을 잘릴지언정 상투를 자를 수는 없다"는 상소를 올렸을까. 하지만 오늘날 머리카락을 그런 식으로 여기는 사람은 거의 없다. 뿐만 아니라 몸에 있는 털이 사람의 건강을 좌우할 정도로 특별한 기능을 하지도 않는다. 거기다 시간이야 걸리겠지만 잘린 머

◇◇◇◇

2 형법 제257조 제1항
3 대법원 99도4305 판결

리카락은 다시 자라난다. 따라서 머리카락이 없다고 신체에 장애가 일어났다고 보기는 어렵다.[4] 이렇게 보면 대전제인 '상해'와 소전제인 '머리카락이 잘렸다'가 서로 들어맞지 않는다. 그렇다면 이런 경우는 상해죄에 해당하지 않고 당연히 징역형에 처할 이유도 없어진다. 이렇게 한 번 '머리카락은 상해와 관련이 없다'는 결론이 나면 이후로는 마치 동일한 형식의 수학 문제에 같은 공식을 적용하듯이 비슷한 사건에 같은 결론을 내린다. 남자의 머리카락이든 여자의 머리카락이든, 머리카락이 얼마나 탐스럽든 상관없다. 미인대회 출전 중이거나, 헤드뱅잉을 하는 록 가수에게 필요한 긴 머리카락이라도 예외는 없다. 크리스틸 글라스에 담긴 와인을 불빛에 비춰보며 캘리포니아의 나파 밸리Napa Vally를 떠올리는 대신 에틸알코올의 분자식인 C_2H_5OH를 뽑아내는 것과 비슷하다.

그런데 법을 적용할 때 이처럼 '왜'나 '어떻게' 등 사건을 둘러싼 사실관계를 모두 배제하고 법적 사실만을 검토하기 때문에 여러 가지 문제가 생길 수도 있다. 우리나라 법에는 습관적으로 물건을 훔치면 어쩌다한 번 훔쳤을 때보다 엄중하게 처벌하는 상습절도에 대한 법률 조항이 있다. 어떤 사람이 도둑질이 습관이라고 할 만큼 짧은 시간에 반복적으로 물건을 훔치다가 상습절도로 처벌을 받았다. 그런데 이 사람이 교도소에서 나온 지 얼마 되지 않아 또 상습절도를 저질렀다. 법에 따르면 이와 같은 경우 3년 이상의 무거운 처벌을 내리게 되어 있다. 얼핏 봐서는 이렇게 습관적으로 자주, 계속 도둑질을 하는 사람은 무겁게 처벌하는 것이 당연하게 생각될 수 있다. 문제는 훔친 물건을 죄다 합쳐도

◇◇◇◇
4 대법원 99도3099 판결

채 몇 만 원이 되지 않았다는 점이다. 비록 이 사람이 반복해서 죄를 짓긴 했지만 그 죄 하나하나를 따져보면 너무나 소소한데 그에 비해 터무니없이 긴 옥살이를 하게 된 것이다. 훔친 물건이 무엇인지, 얼마짜린지, 왜 훔쳤는지 같은 건 따지지 않고 일단 훔친 건 훔친 거니까 기계적으로 몇 번 했는가만 따져서 법을 적용한 결과다. 다행히 헌법재판소에서 위헌으로 결정하며[5] 마무리되었지만, 자칫하면 21세기 대한민국에서 빵 한 조각 훔쳤다고 19년을 감옥에서 보낸 장 발장이 나올 수도 있었던 사건이다. 어쩌다 뉴스에서 보는, 일반인으로서는 납득하기 어려운 결론도 이런 식으로 만들어질 가능성이 높다.

세종대왕의 한탄

만일 오늘날 우리나라에서 프리네 사건 재판이 벌어진다면 어떻게 될까? 21세기 대한민국의 배심원들도 고대 그리스의 그들처럼 프리네의 너무도 아름다운 몸을 보고 무죄를 선고할까? 확실한 것은 오늘날 신성모독죄가 남아 있는 국가는 거의 없기 때문에 프리네가 이 죄로 고발당할 리도 없을 것이다. 그러나 만일 다른 죄로 고발당했다 하더라도 이렇게 법정에서 옷을 벗었다가는 무죄가 되기는커녕 오히려 공연음란죄로 처벌받을 가능성이 높다. 공연음란죄는 보통 사람의 입장에서 성욕을 자극하거나 성적 흥분을 불러일으킬 수 있는 행동을 하면 성립된다. 프리네 같은 성인 여성이 불특정 다수가 볼 수 있도록 공공장소에

◇◇◇◇
5 2014헌가16 등

서 몸을 드러내는 행동이 여기에 해당한다. 프리네의 벗은 몸이 아무리 아름다워도 나체는 나체일 뿐이고, 프리네 한 사람만이 지닌 고유한 아름다움이나 특성은 따지지 않는다. 개별적, 구체적인 사실보다 통일적인 체계를 중시하는 편이 아무래도 효율적이기 때문이다. 실제로 대부분의 재판은 일률적인 체계를 세워놓고 서류만으로 거의 모든 일을 처리한다. 구구절절 복잡한 사연 따위를 들을 필요가 없기 때문에 판사, 검사, 변호사도 사람을 직접 만나거나 현장을 볼 필요성을 못 느낀다. 결국 오늘날의 재판 결과는 누가 얼마나 빈틈없이 필요한 서류를 갖췄느냐에 따라 좌우될 가능성이 높다. 법조인들끼리만 쓰는 암호 같은 언어가 만들어지는 이유도 그래서이다.

어째서인지 동서고금을 막론하고 전문가라고 불리는 사람들은 어려운 말 쓰기를 좋아한다. 의사의 처방전이 그렇고 법조인들의 법률 용어가 그렇다. 심지어 과거 서구의 법률가들은 법정에서 라틴어처럼 아예 일반인은 알아들을 수조차 없는 말을 쓰기도 했다. 물론 더러는 진짜 어려운 내용이라서 어려운 말을 쓰지 않고는 제대로 전달할 수 없을 때도 있다. 그러나 쉬운 말로 해도 충분한데 일부러 어려운 말을 쓰는 경우도 분명히 있다. 아니, 대부분이 그렇다고 본다. 어려운 전문용어 때문에 일반인이 못 알아들으면 전문가로서 우월감이 느껴지는 걸까?

암호 같기도 하고, 소위 외계어 같기도 한 법률 용어의 대표적인 예로 '선의'와 '악의'를 들 수 있다. 일반적으로 '선의'와 '악의'라고 하면 그 사람이 갖고 있는 착하고 나쁜 마음을 뜻하지만 법률에서는 전혀 다르다. 법률에서 '선의'는 어떤 일에 대해서 몰랐다는 뜻이다. 반대로 잘 알고 있었을 때는 '악의'라고 한다. 그 사람이 착한지 나쁜지에 대해서는 알지도 못하고 판단하지도 않는다. 일상적인 쓰임과 달라도 너무 다르다. 뜻을 잘 알고 있는 법조인들이야 쉽게 이해하고 판단해서 집행할 수 있겠지만 일반인들이 눈앞에 이처럼 뜻을 알 수 없는 법률 용어가 가득한 서류를 맞닥뜨리면 꼼짝없이 '당했다'고 생각하지 않겠는가?

세종대왕이 1443년 만든 훈민정음은 "우리나라 말이 중국과 달라서 한문자와 서로 통하지 않으므로 백성들이 말하고자 하는 바가 있어도 자기 뜻을 펼 수 없기에"라는 내용으로 시작한다. 관가에서 한문을 사용해 문서를 작성했기에 국민들은 신청서 하나 제대로 쓰기 어려웠고, 행정, 사법 서비스에 큰 불편을 겪었다는 것이다. 그런데 국민의 입장에서 그때와 지금이 얼마나 달라졌을지 모르겠다. 세종대왕은 요즘의 법전을 보고 어떤 생각을 하실까. 나라 말이 있어도 결국 일반인이 법을 읽고 쓰며 이해하기는 여전히 어렵지 않은가. 이와 같은 문제점을 극복하기 위해 원칙적으로는 서류보다 법정에서 말로 직접 논점을 따지도록 되어 있고, 재판 역시 일반인에게 공개해서 누구든 법에 의한 판단이 내려지는 과정을 지켜볼 수 있도록 하고 있다. 하지만 근본적인 해결책은 되지 못하고 있다. 법은 어렵다는 인식은 여전하다. 과연 언제쯤 되어야 훈민정음 속 세종대왕의 말씀처럼 '백성이 말하고자 하는 바가 있다면 자기의 뜻을 능히 펼 수 있는' 세상이 올까? 세종대왕께서 탄식하고 계신다.

자신의 권리는 스스로 알아서

법치주의는 내용만 법전에 적힌 대로 따르지 않는다. 절차 역시 중요하다. 정당한 법의 절차에 따라 여러 사람이 역할을 나누고 가능한 한

많은 사람들의 관점을 통해 조금이라도 사건의 실체를 파헤치고 수긍할 수 있는 결과를 이끌어내야 한다. 이런 점에서도 법치주의와 민주주의의 의미는 같다. 민주주의를 가장 단순하게 정리하면 다수결이다. 다수결이라고 해서 단순히 더 많은 사람의 찬성만 받아내면 된다는 의미도 아니고, 다짜고짜 사람 모아놓고 찬반을 묻는다는 뜻도 아니다. 결론을 얻기 위한 토론, 즉 여러 사람의 주장을 듣고 다투는 과정에 다수결의 진짜 의미가 있다. 다양한 목소리의 국민을 대변하는 정당과 국회의원 들이 여의도에서 벌이는 것이 정치이듯, 각자의 의뢰인을 대신해 변호사 혹은 검사가 다투는 것이 재판이다. 정치의 최종적인 결론을 국민이 투표로 정하듯, 재판의 결론을 국민인 배심원들이 직접 정하는 것 역시 민주주의다.

물론 이처럼 국민이 법에 관여하기란 귀찮고 불편한 것이 사실이다. 그런 귀찮은 일을 누군가 알아서 다 해준다면 얼마나 편하겠는가? 이렇게 법과 관련된 일을 누군가 다 알아서 해주는 것을 가리켜 역사적으로는 직권주의라 불렀다. 권위를 가진 누군가가 높은 단상 위에서 굽어보며 진실을 파헤쳐주는 것이다. 반대로 재판의 중심이 당사자로 옮겨진 현재의 재판을 변론주의라고 부른다. 재판의 이해 관계자들이 직접 원하는 바를 주장하고, 증명한다. 재판을 통해 얻고자 하는 바가 있다면 판사가 그런 결론을 내릴 수 있도록 주장하고 그 주장을 뒷받침하는 증거도 내야 한다. 반대하는 사람이 있다면 역시 같은 방법으로 맞서야 한다. 법원은 양쪽에서 제출한 자료만으로 판단한다. 어느 한쪽이 힘이 세거나 약하다고 편을 들지도 않고, 누군가의 말이 정말 그럴듯해도 그 말을 뒷받침하는 증거가 없으면 그 말을 인정하지 않는다. 법원이 직접 나서서 사건을 파헤치고 증거를 모으지도 않는다. 다시 말해 법의 주인이 국민인 만큼 자기 일은 자기 스스로 하라는 뜻이다. 군사부일체라며 국가가 아버지처럼 국민을 돌보던 시절은 끝났다. 변론주의는 법정에서 구현된 민주주의의 한 형태라고 볼 수 있다.

물론 현실에서는 간혹 변론주의가 답답한 모습으로 나타나기도 한다. 특히 변호사에게 위임하지 않고 직접 재판을 수행하는 경우 그러기 쉽다. 판사가 절차 진행을 위해 필요한 요구를 해도 무슨 말인지 알아듣지 못하고 엉뚱한 소리를 하거나 재판과 별 상관 없는 구구절절한 사연을 한없이 늘어놓는 경우도 있다. 판사가 제지를 하고 엄격한 목소리로 명령을 내리면 그게 억울해서 더 엉뚱한 소리를 한다. 반쯤 억지로 재판을 끝내고 나면 당사자는 억울하고 분한 표정을 감추지 못한 채 법정을 나서기 일쑤다. 법을 모르는 입장에서 판사의 말은 외계어나 다름 없기 때문이다. 일반인이 알기 어렵게 만들어놓고서 몰라서 겪어야 하는 어려움과 책임은 다시 고스란히 국민 몫이다. 대부분의 국민이 느끼기에 판사님, 검사님은 여전히 높으신 양반이고 알아서 하기엔 법의 장벽이 너무나 높다. 장벽 안에 있는 사람끼리는 각자가 주인이고 평등할지 몰라도 바깥의 사람에게는 차별적으로 느껴질 뿐이다. 그러나 이런 문제는 변론주의 자체에 문제가 있어서가 아니다. 단지 일반인이 쉽고 편하게 법을 이용할 수 있도록 제도가 바뀌어야 할 뿐이다. 모르는 사람에게 배우라고 하는 편이 빠를까, 아니면 알고 있는 사람에게 조금 더 쉽게 말하라고 하는 편이 빠를까. 답은 이미 정해져 있다. 법조인들부터 각성해서 해결에 나서야 한다.

현명한 판결과 공정한 판결의 차이

일반인들이 법을 조금이라도 쉽게 느끼도록 하는 여러 가지 해결책이 도입되었고, 그에 따라 조금씩 개선의 효과가 보이기는 한다. 그러나 하루이틀 만에 법에서 어려운 말이 모두 사라지고, 어려운 절차가 갑자기 싹 바뀔 수는 없다. 그렇다면 차라리 어려운 법은 그냥 전문가에게 맡겨놓는 편이 속편하다고 생각할 수도 있다. 사실 명문대 출신 학생이 몇 년씩 고시원에 틀어박혀 공부해야 합격할까 말까 했던 것이 사법시험 아니던가. 그런 어려운 법에 관한 문제니 잘 아는 법률가들이 결정해야 조금 더 현명한 판단을 내릴 거라고 생각할 수도 있다. 그런데 도대체 그 '현명한 판단'이란 뭘까?

현명한 판단에 대해 말하며 흔히 솔로몬Solomon의 재판을 꼽는다. 어느 날 여자 두 명이 솔로몬을 찾아왔다. 이 여인들은 얼마 전에 둘 다 아이를 낳았는데, 그중 한 아이가 죽고 말았다. 그런데 죽은 아이의 엄마는 다른 여인의 살아 있는 아이가 진짜 자기 아이며, 아이를 잃은 상대 여인이 몰래 살아 있는 자기 아이와 죽은 아이를 바꿔치기 했다고 호소했다. 상대 여인 역시 터무니없는 누명이고, 살아 있는 아이가 진짜 자기 아이라고 주장했다. 솔로몬은 두 여인의 이야기를 전부 듣고 나서 "아이는 하나인데 어미는 둘이라니, 그렇다면 살아 있는 아이를 공평하게 둘로 잘라 반반씩 나눠 가지도록 하라"고 판결했다. 그러자 한 여인이 깜짝 놀라 새파랗게 질려서는 "이 아이는 저 여자의 아이입니다. 그러니 아이를 해치지 말고 그냥 저 여자에게 주십시오"라고 외쳤다. 솔로몬은 그것을 보고 세상에 어떤 어미가 자기 아이를 죽게 내버려둔단 말이냐며 아이를 죽이지 말라고 말한 여인이 진짜 엄마라고

니콜라 푸생, 〈솔로몬의 심판〉, 1649, 캔버스에 유채, 101×150cm, 프랑스 루브르 박물관

판결했다.

　이 이야기는 많은 그림의 단골 소재로 쓰였는데 여기서 살펴볼 그림
은 17세기 니콜라 푸생Nicolas Poussin(1594~1665)의 작품이다. 그림 속
장면은 아이를 둘로 잘라 나누어 주라는 명령을 내린 직후로 보인다.
떡 벌어진 어깨의 근육질 병사가 오른손에는 칼을, 왼손에는 아이를 치
켜들고 금방이라도 도륙을 낼 듯 보고 있다. 왼쪽 여인은 두 팔을 벌리
고 솔로몬을 향해 온몸으로 거부의 몸짓을 하고 있다. 재판을 지켜보는
이들도 놀란 기색이 역력하다. 아이를 든 병사를 넋 나간 표정으로 쳐
다보는 사람, 차마 지켜보지 못하고 아예 고개를 돌려버리는 사람도 있
다. 어머니의 치맛자락 밑으로 숨으려는 아이도 보인다. 그에 비해 오
른편에 있는 여인은 이미 죽은 다른 아이를 한 손에 쥔 채 살아 있는 아
이를 든 병사를 향해 손가락질을 하고 있다. 어서 왕의 명령을 받들어

아이를 반 토막 내달라고 악다구니를 쓰는 것처럼 보이기도 한다.

'아이를 살려달라고 한 여인이 어머니다'라는 솔로몬의 판결은 오늘날까지도 가장 지혜로운 판결로 칭송받고 있지만 여기에 새삼 박수를 보태기보다는 오히려 몇 가지 문제를 제기하고 싶다. 일단, 솔로몬은 대한민국 형법에 비춘다면 최소한 두 가지 범죄를 저질렀다. 두 여인 중 한 사람은 아이의 친어머니가 분명한데도 그 앞에서 아이를 자르겠다고 무시무시한 협박을 하지 않았는가. 협박이란 상대방이 겁을 먹을 만한 말이나 행동을 하는 것을 가리킨다. 두 여인뿐 아니라 주변 사람들마저 공포를 느낄 정도였으니 엄청난 협박이다. 물론 솔로몬이 정말로 아이를 죽여 두 토막 낼 생각은 아니었겠지만, 난폭한 행동을 한 사람들, 이를테면 도로에서 보복 운전을 하다가 적발된 사람들 역시 대개 겁만 줄 생각이었다고 변명하곤 한다. 진짜로 위험하게 만들 생각은 없었다고 말이다. 그러나 그렇다고 해서 죄가 없다고 생각하면 큰 착각이다. 겁을 준 것 자체가 범죄다. 특히 자동차처럼 '위험한 물건'으로 위협하는 것은 법적으로는 총, 칼을 휘두르는 것과 똑같이 본다. 이 재판에서도 마찬가지다. 속으로는 그럴 생각이 없었다 하더라도 아이를 자르겠다면서 병사를 시켜 자르는 흉내를 냈다면 이만한 협박이 어디 있겠는가. 뿐만 아니라 아이를 데리고 있는 병사도 문제다. 지금 당장이라도 두 쪽으로 자르려는 듯 아이의 발목을 잡아 거꾸로 쳐들고 있다. 아직 어린 아이에게 이와 같은 행동은 폭행이자 아동 학대가 아니고 무엇이겠는가.

물론 아이의 친어머니를 찾아주겠다는 목적이 정당했으니 그 정도는 봐줘야 한다고 말하는 사람도 있을 수 있다. 그러나 재판 같은 사법 행위나 행정 행위가 옳은지 그른지 따질 때는 반드시 목적과 수단 사이의 균형을 살펴야 한다. 아무리 목적이 정당해도 수단이 잘못됐으면 불법적인 행위로 봐야 한다. 정당한 목적을 이루겠다고 범죄를 저질러서야 되겠는가. 솔로몬의 이 판결 역시 사실상 아이를 볼모로 고문을 한 것이나 마찬가지다. 결과를 위한 정당화가 어떤 것인지를 인류는 여러 가지 역사적 경험으로 이미 충분히 배웠다. 국민을 전쟁터로 내몬 독재자조차 국민을 괴롭히기 위해서 그랬다고는 말하지 않는다. 단지 국민의 목숨보다 더 가치 있는, 큰 뜻과 이루어야 할 목표가 있었다고 명분을 내세울 뿐이다.

진실은 아무도 모른다

재판의 목적은 무엇일까. 객관적이고 절대적인 진실 규명을 통한 정의 구현을 우선으로 해야 한다. 그런데 아무도 진실을 알 수 없을 때도 많다. 단순히 목격자도 없고 증거가 부족해서 그런 경우도 있지만, 목격자가 차고 넘쳐도 진실을 알기는 극히 어렵다. 같은 일을 두고도 전혀 다른 이야기를 하는 증인이 여럿이라면 누구의 말을 믿어야 할까? 증인이 엉뚱한 사람을 범인으로 모는 바람에 억울하게 옥살이를 했다는 이야기는 영화나 드라마 속에서만 벌어지지 않는다. 신이 아닌 한 그 누구도 재판을 통해 완벽한 진실을 밝혀낼 수 없다. 그래서 진실 못지않게 공정한 절차가 중요하다. 사람을 해친 흉악범이라는 것을 뻔히 알고 있어도 일단은 무죄인 것처럼 검사, 변호인, 판사가 맡은 바 역할에 따라 재판이라는 과정을 거쳐야 한다. 만의 하나 억울한 사람을 만들지 않아야 하고 또한 공정한 절차를 거쳐서 결정해야 처벌을 받는 사람도 지켜보는 사람도 수긍할 수 있기 때문이다. 효율만 따지자면 지극히 불편한 방법이 아닐 수 없다. 예전에는 재판을 모두 솔로몬처럼 했다. 우리네 사극을 봐도 대청마루에 앉은 원님이 직접 죄인을 대면하며 이놈 저놈 하면서 재판을 하지 않던가. 과거에 급제해 어리석은 민간인과는 엄청나게 다른 능력을 가진 원님 말이다. 그런데 사실 신도 아닌 인간끼리 차이가 나봐야 얼마나 나겠는가. 장원급제했다고 해서 직접 보지도 않은 과거의 일을 알아내고 진실을 판단할 수 있는 능력이 생길 리 없다. 솔로몬처럼 겁주고 슬쩍 당사자들을 속이는 것도 한두 번이다. 그런 식으로 재판한다고 소문이라도 나면 다시는 통하지 않을 수법이다. 결국 남는 것은 사실대로 말할 때까지 매우 치는 방법뿐이다. 그래서 전제군주 시대의 재판은 곧 독재로 연결됐다. 효율적이지만 반드시 희생자가 따를 수밖에 없는 구조였다.

솔로몬은 정말로 훌륭한 통찰력을 발휘해 정의로운 결론을 내린 걸까? 솔로몬은 '친어머니라면 아이를 다치게 하지 않을 것이다'라는 가정하에 그와 같은 결론을 내렸다. 하지만 맹자가 '물에 빠진 아이를 보면 누구나 건져주고 싶은 마음이 든다'고 했듯, 원래는 아이가 탐나서 자기 아이라고 거짓말을 했던 여인이 아이가 죽을 위기에 처하자 애처롭고 위급한 마음에 자기 아이가 아니라고 진실을 뱉어냈을 수도 있지 않은가? 또, 부모라면 자식을 위태롭게 하지 않을 거라는 가정도 잘못됐다. 21세기 대한민국의 통계에 따르면 아동 학대를 저지르는 범인의 80퍼센트 이상이 부모다. 친모가 아이를 죽이는 일도 빈번해서 형법에 영아 살해라는 죄를 따로 만들어놓았을 정도다. 솔로몬은 법을 적용하면서 가장 먼저 버려야 할 선입견을 가지고 재판을 했다. 차라리 아이와 친모 사이의 생물학적 특징, 가족을 비롯해 가까운데서 지켜봤을 증인의 증언, 다른 아이의 죽음에 관한 증거물 등 객관적 사실과 증거를 살펴 진짜 어머니를 찾았어야 했다. 솔로몬의 재판은 지혜롭고 현명한 판결이라기보다 현명하다고 여겨지는 사람이 얼마나 독단에 빠지기 쉬운지를 보여주는 예로 쓰여야 할 것이다. 재판으로 가려지는 진실이 진짜 진실이 아닐 수 있다는 현실도.

Part 4

범죄란 무엇인가

200년 전 프랑스에서 벌어진 세월호 사건

테오도르 제리코, 〈메두사호의 뗏목〉, 1818~1819, 캔버스에 유채, 491×716cm, 프랑스 루브르 박물관

1816년 7월, 메두사호 침몰하다

누군가 '희망이야말로 인간에게 주어진 진정한 저주'라고 했다. 그러나 지옥에서 벗어날 유일한 방법 역시 희망일 것이다. 여기 희망을 포기할 수 없었던 몸부림의 흔적이 한 폭 가득 펼쳐져 있다.

컴컴한 구름이 드리운 바다를 정처 없이 표류하고 있는 뗏목에 몸을 의지한 열 명 남짓의 승객이 있다. 승객들은 구조선이라도 발견했는지 필사적으로 천 조각을 흔들고 있고 뒤편에는 이미 생명을 잃은 것으로 보이는 육신들이 널브러져 있다. 상반신만 남은 것처럼 보이는 시신 옆에 앉은 노인은 자식의 죽은 몸뚱이를 끌어안은 채 생명력을 잃은 퀭한 눈빛으로 이쪽을 바라보고 있다. 낭만주의 회화의 시대를 연 대표적인 화가, 테오도르 제리코의 대표작 〈메두사호의 뗏목〉이다.

17~18세기 서구 열강은 식민지 확장에 혈안이 돼 있었는데 그중에서도 아프리카와 아시아는 황금 알을 낳는 거위로 여겨졌다. 새로운 기회를 찾는 이들이 너도나도 식민지를 개척하기 위해 길을 떠났고 그러기 위해 정부의 고위 관료에게 뇌물을 먹이는 일도 서슴지 않았다. 그중에서도 특히 세네갈 지역은 오랫동안 영국과 프랑스가 치열한 쟁탈

전을 벌인 곳인데 나폴레옹 전쟁 중에 영국에 빼앗겼던 이 지역을 프랑스가 1816년에 되찾았다. 프랑스 정부는 서둘러 이 땅에 식민지를 건설하고 싶어했고, 새로운 세네갈 총독을 비롯한 이주민 400명을 태운 군함 '메두사호'를 파견했다.

메두사호에는 크게 두 가지 문제가 있었다. 첫 번째는 이 배의 선장인 쇼마레Hugues Duroy de Chaumereys가 선장이 되기에는 턱없이 자질이 부족했다는 점이다. 쇼마레는 마지막으로 배를 타본 지 20년이 넘은 퇴역 군인이었는데 항해에 대해서는 아무것도 모르면서 왕실과의 연줄과 뇌물을 이용해 선장 자리를 차지했다. 지식도 경험도 없는 선장이 이끄는 배가 항로를 이탈하는 것은 어찌 보면 당연한 수순이었고, 결국 메두사호는 암초에 걸려 좌초되고 말았다. 두 번째는 400여 명이 타고 있던 메두사호의 적정 정원이 250명에 불과했다는 점이다. 당연히 메두사호에 비치된 여섯 척의 구명정은 250명만을 태울 수 있었고, 배를 좌초시킨 선장은 귀족과 고위급 선원만을 태우라고 명령했다. 선장에게 버림받은 150명의 승객은 급한 대로 메두사호의 잔해로 만든 뗏목에 몸을 실었다. 처음에는 여섯 척의 구명정이 밧줄을 연결해 뗏목을 이끌었지만 선장은 구명정에 방해가 된다며 밧줄을 끊어버렸고 급조한 뗏목은 거센 파도에 금세 여기저기 부서지기 시작했다. 그렇게 메두사호의 뗏목에 탄 사람들은 아무런 먹을 것도 마실 것도 없이 무려 12일간 망망대해를 떠돌았고, 결국 아르귀스호라는 작은 범선에 구조되었을 때 생존자는 단 열다섯 명에 불과했다.

메두사호 사건은 총체적인 부정부패가 빚어낸 대 참사였지만 정부는 이 사건을 은폐하려 했다. 심지어 비열하게 뗏목을 버린 선장을 생존자들이 고소하려 하자 귀족인 선장을 옹호했다. 제리코는 〈메두사호의 뗏목〉을 통해 그 역사의 현장을 예술로 승화시켜 인간의 탐욕과 부패한 권력을 비판했다.

200년 후, 대한민국에서 재현된 메두사호 사건

200년 전 프랑스에서 벌어진 사건인데도 어디선가 들어본 이야기처럼 느껴진다. 자기만 살겠다고 승객을 버린 무능한 선장과 선원들, 부정부패로 얼룩진 참사……. 메두사호 사건은 2014년 4월, 대한민국을 가라앉힌 세월호 사건과 판박이처럼 닮아 있다.

2014년 4월 16일 오전 8시 52분, 전남소방본부 119 상황실로 구조를 요청하는 한 통의 전화가 걸려왔다. 전날 오후 9시, 인천여객터미널을 출발해 제주도로 향하던 청해진해운 소속 여객선 세월호로부터 걸려온 전화였다. 당시 세월호는 전라남도 진도 인근 해상에서 전복되어 침몰하기 시작한 상태였다. 이 배에는 수학여행을 떠난 안산 단원고등학교 학생 325명과 교사 열네 명을 포함해 약 470여 명의 승객과 승무원, 그리고 150여 대의 차량이 실려 있었다. 그리고 안타깝게도 174명을 제외한 모두가 다시는 돌아오지 못했다. 사고 접수 후 구조 활동에 이런저런 문제가 있었던 것은 사실이고, 그 과정에서 정치적 담론으로까지 이어진 격렬한 논쟁이 일어나기도 했다. 그렇다면 이런 비극이 벌어진 책임을 과연 누구에게 물어야 할까?

전문가들은 세월호의 침몰 원인으로 무리한 증축과 과적을 지적한다. 2009년 해운법 시행규칙이 개정되며 우리나라의 여객선 운용 시한이 25년에서 30년으로 늘어났다. 만든 지 30년이 된 배까지는 바다로

나가도 된다는 것이다. 덕분에 청해진해운은 일본에서 18년이나 된 배, 세월호를 헐값에 사들일 수 있었다. 일본은 선박 운용 시한이 20년이기 때문에 세월호는 사겠다고 나서는 사람이 없으면 조만간 고철 덩어리가 될 운명이었다. 그런데 청해진해운은 이런 배를 사들인 것도 모자라 이익을 최대화하기 위해 이 배를 증축하기까지 했다. 더 많은 승객, 더 많은 짐을 싣기 위해 배는 마치 고층 빌딩처럼 높아졌고, 덕분에 무려 239톤의 무게, 116명의 승객을 더 싣게 되었다. 문제는 배가 높아진 만큼 무게중심도 불안해졌다는 것이다. 배가 안정적으로 운행되려면 무게중심이 아래쪽에 있어야 하는데 세월호는 위쪽으로 높이 쌓아올려 증축하는 바람에 무게중심이 위로 올라갔다. 배의 무게중심이 높으면 기우뚱할 때 원래대로 돌아오는 힘, 즉 복원력이 약해지기 때문에 전복 가능성이 높아진다. 문제는 이뿐만이 아니었다. 세월호는 출항 전 운항 관리자에게 차량 150대, 화물 675톤을 실었다고 보고했으나, 사고 이후에 조사해보니 차량은 180대, 화물은 1,157톤이 실린 것으로 밝혀졌다. 가뜩이나 불안정한 배에 과적 화물까지 더해졌고, 심지어 이 같은 화물을 제대로 고정조차 하지 않았다. 자동차와 컨테이너 같은 화물이 배가 좌우로 움직일 때마다 배의 움직임에 따라 이리저리 쏠렸고, 결국 세월호는 급하게 방향을 전환하는 과정에서 중심을 잃고 기울어지며 침몰하고 말았다.

사고만으로도 충분히 가슴 아픈데, 그 와중에 세월호 승무원들의 안일하고 무책임한 태도는 사람들을 다시 한 번 분노케 했다. 배가 침몰하고 있는데 선장은 승객들을 빨리 탈출시키지는 못할망정 오히려 '이동하지 말고 선실에 가만히 있으라'는 지시를 내렸다. 그러고는 해경이 도착하자 선장의 지시대로 가만히 있는 승객들을 버리고 제일 먼저 배에서 도망쳤다. 선원 열네 명도 승객들은 나 몰라라 하고 선장의 뒤를 따랐다. 그리고 안내방송에 따라 선내에서 질서정연하게 대기 중이던 승객들은 결국 끔찍한 죽음에 이르고 말았다.

범죄의 조건

법조인이라고 심장이 쇠로 만들어진 건 아니다. 슬픔과 분노는 여느 국민과 다를 바 없다. 하지만 감정으로 법의 잣대를 사용할 수는 없다. 누가, 무엇을 잘못한 것일까. 범죄라고 부를 정도에 이른 것일까. 이를 꼼꼼히 따져야 했다. 가장 직접적으로는 승객들을 침몰하는 배에 남아 있도록 한 채 도망가버린 선장을 심판할 수 있느냐가 문제였다.[1] 법전에는 살인자에 대해 "사람을 살해한 자"라고만 써놓았다. 짧은 문구지만 다시 한 번 생각해볼 여지가 있다. 일단 사람만이 살인이라는 죄를 지을 수 있다. 천재지변에 의한 사고로 죽거나, 혹은 동물 따위에 피해를 입었을 때는 살인이라고 부르지 않는다. 뭐 이런 것까지 따지냐고 하면 너무 성급하다. 어떤 사람이냐에 따라 죄가 달라지기도 한다. 효를 중시하는 전통적인 가치를 반영해 우리 법은 부모를 해친 불효자를 일반 살인이 아닌 존속살해로 더욱 무겁게 벌하고 있다. 더 나아가 이를테면 뇌물죄는 공무원 신분의 사람만이 저지를 수 있는 범죄다.

살인죄의 대상인 '사람'은 어떨까. 철학적인 논의까지는 아니더라도

◇◇◇◇
1 살인죄 적용을 찬성하는 입장에서, 특히 부작위(不作爲)에 관한 쟁점을 강조해 서술했다. 실제 세월호 사건에서 법원은 퇴선 명령 등 필요한 구호 조치를 취하지 않은 선장에게 살인에 대한 미필적 고의가 있었다고 판단했다. 대법원 2015도6809 전원합의체 판결.

판단을 필요로 하는 한계상황이 있다. 우선 언제부터 언제까지를 사람이라고 할 것이냐를 판단해야 한다. 어머니 뱃속에 있는 태아부터 사람이라고 해야 할지, 사고나 병으로 뇌 기능이 정지된 이른바 '식물인간'은 어떻게 볼 것인지 등 모호하지 않은가. 우리 법은 탯줄이 끊어지기 전이라 해도 태어나기 위해 몸부림을 시작한 시점, 어머니 입장에서 진통이 시작된 단계라면 독립된 사람이라고 보자고 한다. 보호의 범위를 조금이라도 넓히기 위해서다. 그래서 이미 진통을 시작했는데 새로운 생명의 탄생을 막는다면, 낙태죄가 아니라 살인죄로 처벌한다. 뇌사에 대해서도 마찬가지 입장이다. 다툼의 여지를 남기지 않고 사망 진단을 하기에 의학은 아직 완전하지 않다. 실제로 뇌사 상태에서 깨어나는 환자 역시 종종 있다. 섣불리 죽은 사람 취급을 했다가 장기 등을 함부로 적출하는 끔찍한 일이 벌어지지 말라는 보장이 없다. 완전히 맥박이 멎기 전까지는 분명히 살아 있는 사람이라고 봐야 할 것이다.

물론 범죄에서 가장 주목하는 사실은 역시 어떤 행동을 했느냐이다. 생명을 빼앗는 수단에는 참으로 여러 가지가 있다. 총칼이 난무하는 할리우드 액션 영화 한두 편만 봤어도 금세 다양한 장면을 떠올릴 수 있다. 그런데 이런 장면과 메두사호, 세월호 선장의 행동을 똑같이 볼 수 있을까.

성경에는 선한 사마리아인에 관한 일화가 나온다. 강도를 만나 생명의 위기에 처한 사람이 있었다. 다들 못 본 것처럼 지나치는데 사마리아인 한 사람이 유일하게 도움의 손길을 내밀었다. 예수께서는 사마리아인을 칭찬하셨지 나머지를 벌주지는 않으셨다. 영생을 얻기 어려울지는 모르지만 아무튼 현세에 형벌을 받지는 않았다.

어떻게 봐야 할까. 우리 법은 구조해야 할 의무가 있는 사람이 손 놓고 바라만 봤을 때는 범죄를 인정한다. 그런 사람이 가만히 있었다면 이는 적극적으로 나쁜 행동을 한 것과 법적으로 같다고 본다. 삼촌이라는 자가 어린 조카를 위험한 저수지 주변으로 끌어들여놓고 물에 빠졌는데 구해주지 않았다. 살인죄로 처벌해야 하지 않겠는가.[2] 승객은 배에 오르는 순간부터 선장에게 목숨을 맡긴다. 제아무리 커다란 배라고 해도 바다와 그 사이에 있는 것은 오로지 얇은 철판뿐이다. 승객들은 글자 그대로 선장에게 목숨을 맡겨놓았다. 그럼에도 불구하고 승객들에게 도망치라는 퇴선 명령을 하지도 않고 저 혼자 나왔다. 살인죄를 면할 수 없다.

반대로 그런 보호 의무가 없다면 어떨까. 도덕적인 비난을 받을 수야 있지만 법으로는 처벌할 수 없다. 술에 취한 채 우연히 함께 추운 겨울 길을 걸었다. 누가 먼저랄 것도 없이 나란히 발을 헛디뎌 구덩이에 빠졌다. 어찌어찌 정신을 차려 나온 한 사람은 그냥 가던 길을 갔고, 다른 사람은 얼어 죽었다. 법은 "밑도 끝도 없이 일정 거리를 동행한 사실만으로" 구해줘야 할 의무가 있다고 볼 수 없다고 했다.[3] 법이나 계약으로 혹은 다른 어떤 사정으로든, 뭔가 조치를 취해야 할 의무가 있는데 가만히 있었어야 범죄라는 것이다.

◇◇◇◇

2 대법원 91도2951 선고
3 대법원 76도3419 선고

일부러 그랬는지 몰라서 그랬는지

겉으로 드러난 결과만 봐서는 분명히 나쁜 짓으로 보일지라도 무슨 생각으로 한 행동인지 역시 따져봐야 한다. 편의점에서 캔 커피를 하나 사들고 나오려는데 아르바이트 학생이 5천 원이 아닌 5만 원 권을 섞어 잔돈을 내줬다. 그걸 꿀꺽하면 아마 그 아르바이트 학생은 편의점 주인에게 그 돈을 물어줘야 할 것이다. 이런 경우는 법으로도 보호해줘야 한다. 몰랐다면 모를까 알았다면 돌려줘야 한다. 그런 만큼 알면서 가로채면 사기죄로 처벌한다. 비록 학생이 착각해서 벌어진 일이라도 적극적으로 속인 것이나 마찬가지로 보는 것이다. 모르고 아는 것은 그만큼 중요하다. 죄가 밉지 사람이 밉냐고들 한다. 과연 그럴까? 무엇을 죄로 보느냐에 따라 달리 봐야 한다. 그 사람이 도대체 무슨 생각을 했느냐가 중요하다. 실수로 혹은 전혀 인식하지 못한 상태에서 피해를 입혔다면 감옥까지 보내기는 곤란하다. 돈을 물어줘야 할 수는 있지만 범죄로는 보지 않는 것이 원칙이다. 자신이 무슨 짓을 하고 있는지, 어떤 결과를 낳을지 알면서 저질러야 범죄라고 본다. 물론 예외도 있다. 교통사고처럼 극도로 조심해야 하는데도 불구하고 실수를 저질렀다면 처벌하기도 한다. 자동차는 칼, 총이나 마찬가지로 위험한 물건이다. 실수라는 이유로 무조건 용서받기 어렵다.

경우에 따라 일정한 목적까지 있어야 범죄가 성립한다고 정해놓기도 한다. 위조지폐를 만드는 사람이 있다. 그 돈으로 호화 사치를 하겠다거나 진짜 돈인 것처럼 허세를 떨어서 사기의 수단으로 사용하려는 경우도 있을 것이다. 하지만 순전히 취미로 만드는 사람이 없으리라는 보장도 없다. 그래서 최소한 어떤 식으로든 다른 사람에게 행사할 목적으로 가짜 돈을 만들어야 범죄가 성립된다고 정해놓았다.

선장들에게로 돌아가보자. 그들의 머릿속에서는 도대체 어떤 일이 벌어지고 있었을까. 멀쩡한 사람들을 버리고 도망가면서 밤잠을 이룰 수 있으리라 생각했을까. 정말 나만 살자는 심보였을까, 아니면 거기에 더해 자신이 구하지 않으면 다른 사람이 죽으리라는 걸 뻔히 알면서도 눈을 감아버린 것일까. 사람 머릿속을, 그것도 이미 지난 일을 들여다 볼 방법은 없다. 사건이 벌어졌던 당시의 정황을 살펴 일반적인 사람이 라면 어떤 생각을 했을지 미루어 판단해볼 수밖에.

범죄의 경계선

다니엘 세이터, 〈오리온 시신 옆의 다이아나〉, 1685, 116×152cm, 프랑스 루브르 박물관

이렇듯 범죄의 요건을 꼼꼼하게 따지는 이유는 형벌을 내리느냐 마느냐가 그만큼 중대한 문제이기 때문이다. 한 사람의 신체적 자유를 제한하는 처벌이 따르는 일이기에 원칙적으로 엄격하게 따져볼 수밖에 없다. 그러다 보니 종종 죄를 지었다고 해야 할지 말지 경계선에서 문제가 생긴다.

빈 출신의 바로크 시대 예술가인 다니엘 세이터Daniel Seiter (1647~1705)의 〈오리온 시신 옆의 다이아나〉를 보면 비통한 표정의 다이아나Diane, 그리스 이름으로는 아르테미스Artemis 여신이 목숨을 잃고 쓰러져 있는 자신의 연인, 오리온Orion 을 내려다보고 있다. 오리온의 목숨을 빼앗은 것은 다름 아닌 자기 자신이었다. 오리온은 바다의 신인 포세이돈Poseidon 의 아들이자 뛰어난 사냥꾼이었지만, 동시에 성격이 난폭하고 난봉꾼으로도 유명했다. 그는 좋아하는 여자의 아버지가 자신을 반대하자 밤에 몰래 그 여자의 방으로 숨어들었는데, 들켜서 그만 두 눈을 잃고 말았다. 눈을 고치기 위해 아폴론Apollon 의 신전으로 간 오리온은 우연히 거기서 아폴론의 쌍둥이 남매이자 사냥과 달의 여신인 아르테미스를 만나 사랑에 빠진다. 그러나 신과 인간이라는 신분 차이에다 오리온의 난폭한 성격 등을 이유로 아폴론은 둘 사이를 반대했고, 아르테미스에게 오리온과 헤어지라고 설득했지만 이미 사랑에 빠진 그녀는 아폴론의 말을 듣지 않았다. 결국 여동생의 마음을 돌리지 못한 아폴론은 오리온을 죽이기로 마음먹었다. 아폴론은 오리온에게 금색의 빛을 씌워 보이지 않게 만들고는 아르테미스에게 다가갔다. 쌍둥이 남매는 둘 다 활솜씨가 대단하고 승리욕이 강했는데, 아폴론은 아르테미스에게 멀리 있는 금색의 물체를 맞출 수 있겠느냐고 도발했다. 아르테미스는 아폴론의 계략인 줄도 모르고 활을 쐈고, 결국 아르테미스가 쏜 활에 맞아 오리온은 숨을 거두고 말았다. 자신이 쏴 죽인 것이 오리온이었음을 안 아르테미스는 슬픔에 빠져 후회했지만 이미 때는 늦었다.

위 이야기에서 아르테미스는 오리온을 쏠 생각이 추호도 없었다. 그 렇다면 죽은 오리온에게 죄를 짓지 않았다고 해야 할까. 비슷한 상황 이 있다. 사냥을 하러 나가 짐승을 쏜다는 게 그만 사람을 맞췄다. 철천 의 원수인 줄 알고 공격했는데 다른 사람을 해쳤을 수도 있다. 이렇게 생각과 달리 뜻밖의 결과가 벌어지는 경우가 종종 생긴다. 수단이나 방 법이 잘못됐을 수도 있고 뭔가 착각을 일으켰을 수도 있다. 이런 경우 를 어떻게 볼지 여러 이론을 동원할 수 있지만, 아무래도 교집합을 찾 는 방법이 가장 무난하다. 원수든 아니든 사람인 건 마찬가지니 다치게 만들었다면 사람에 대한 범죄로 처벌하자는 것이다. 다만 동물로 착각 했다면 그는 실수로 죄를 지은 것이다. 실수라면 원칙적으로 형벌로 다 스리기는 어렵다. 또한 어떤 사람이 부두 인형을 만들어 바늘로 찌르면 원수를 죽일 수 있다고 믿고 실천 했다면, 살인의 의도는 지녔다 하겠 지만 실제로 누군가에게 위험을 불러일으켰다고 할 수는 없다. 정말 우 연히 그 사람이 다쳤더라도 범죄가 아니다.

어떤 사건의 결과 전체에 책임을 물어야 하는지도 종종 문제시된다. 어떤 사람을 만나느냐가 얼마나 인생에 중요한 영향을 미치는지는 구 구절절한 설명을 곁들이지 않아도 될 것이다. 정말 모든 게 그 사람 탓 으로 여겨질 수 있다. 오죽하면 '너 만나고 되는 일이 하나도 없다'면 서 한때의 사랑을 원수처럼 여길까. 그런데 정말 모든 일이 그 사람 탓 일까. 까마귀 날자 배 떨어진 격은 아닐까. 어떤 행동과 벌어진 일 사이 에 과연 원인과 결과라고 부를 만한 직접적인 관련이 있는지 따져봐야 하지 않을까. 운전 미숙으로 전신주를 들이받는 사고를 일으켰다. 주변 지역에 일시적으로 전력 공급이 중단됐다. 하필 병원 수술실 인공 심장 박동기가 멈췄고 수술 중이었던 환자가 그만 생명을 잃었다. 운전자 때문에 죽은 것은 맞다. 아니라고 할 수는 없다. 그렇다고 운전자가 죽였다고 할 수 있을까. 모든 상황에서 원인과 결과를 찾다 보면 정말로 '너 때문에' 모든 일이 틀어졌다고 주장하게 된다. 살인자의 어머니도 살인죄로 처벌받아야 할 수 있다. 하지만 그럴 수야 없는 노릇이다. 사람을 해칠 의사나 인식이 없었고 그런 결과를 예상할 수도 없었다면 누군가를 탓할 수 없다.

메두사와 세월호, 국가가 제공한 원인은 없었을까

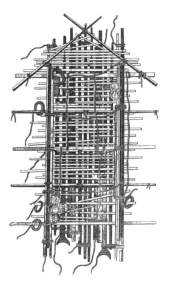

제리코가 그림에 사실성을 더하기 위하여 생존자의 증언을 토대로 만든 뗏목의 모형도.

메두사호 사건이 벌어지자 프랑스 정부는 자신들의 과오를 숨기기 위해 사건을 그저 무마하려고만 애썼다. 자신들의 무능력과 부정부패가 사건의 원인으로 지목될까 두려웠기 때문이다. 그러나 메두사호의 뗏목에 얽힌 비참한 이야기는 결국 생존자 중의 한 명인 외과 의사 앙리 사비니 Henri Savigny(1793~1843)가 이 비극적인 사건의 전모를 책으로 펴내면서 만천하에 밝혀지고 말았다.

뗏목이 바다를 떠도는 동안 지옥이 펼쳐졌다고 한다. 그 수많은 사람이 나무판 몇 장 위에서 목숨을 다투었으니 어떤 일이 벌어졌겠는가. 약한 자들이 가장 먼저 바다에 버려졌다. 다른 사람들을 살리기 위해서라는 명분으로 버려지는 사람들이 생겨났다. 구조된 10여 명을 통해 알려진 이야기는 당시 프랑스 사회를 충격에 빠뜨렸다. 모든 사건이 능력도 책임감도 없으면서 배를 차지한 선장 때문에 벌어진 일이었다. 그리고 그 배경엔 인물을 검증조차 하지 않고 많은 생명을 맡긴 프랑스 정부의 책임이 있었다. 스물여섯의 청년이었던 테오도르 제리코는 이 사건에 분노하며 메두사호의 비극을 널리 알리기 위해 그림을 그렸다고 한다. 생존자들을 만나 당시 상황을 취재하고, 죽음을 살피기 위해 병원에서 오랜 시간을 보내기도 했다. 그렇게 그는 이전까지의 회화와는 다른, 잔혹하기도 한 인간성을 있는 그대로 화폭에 옮겼다. 다시는 비슷한 일이 반복되지 않기를 바라는 마음이었을 것이다. 하지만 불행하게도 200년 전 그의 노력이 대한민국에까지 전해지지는 못한 것 같다.

대한민국의 정부 역시 안전은 뒷전으로 한 채 영리만 추구했던 기업을 관리 감독하지 못했다. 국가에게 승객들을 보호해야 할 의무까지 있느냐고 물을 수도 있다. 승객들이 공공의 이익과 관련한 업무를 하고 있었던 것도 아닌데 말이다. 하지만 현대적 의미의 국가는 어떤 경우라도 국민의 자유와 권리를 보호하기 위해 존재한다. 국민은 국가라는 배를 탔고, 통치 권력을 뽑아 배의 안전한 운항을 맡긴 것이다. 그러니 국가를 운영하는 통치 권력에게는 당연히 국민을 보호할 법적인 의무가 있다. 막연하고 추상적인 주장도 아니고 개인의 의견도 아니다. 한 나라가 추구하는 최고의 가치를 정리해놓은 것이 헌법인데, 대한민국 헌법 제10조는 국가에 국민의 인권을 확인하고 보장하라는 의무를 지우고 있다. 국민의 생명권은 모든 권리를 통틀어 가장 본질적일 수밖에 없다. 국가는 최우선으로 국민의 생명을 보호해야 할 법적인 의무가 있다.

물론 모든 위기마다 국가가 나설 수는 없다. 사고가 날 때마다 국가를 탓할 수도 없다. 그러나 피할 수 있다면 그러기 위해 노력해야 한다. 폭우 때문에 도로가 파였는데 일정한 시간이 지나도록 수리하지 않아 사고가 났다면 국가나 지방자치단체에 책임이 있다. 공무원이 업무를 수행하는 과정에서 손해를 끼쳤다면 국가가 배상해야 한다. 게다가 꼭 형벌로 누구를 벌주거나 손해배상을 하자는 것도 아니다. 국가라는 배에 구멍이 있다면 같은 일이 반복되지 않도록 메워야 할 것 아닌가. 세월호는 너무나 많은 문제점을 고스란히 드러냈다. 애초에 부실하게 운영되도록 내버려둔 것부터 잘못됐다. 배는 수익성을 높인다는 이유로 무리한 개조, 과도한 승선과 화물 적재를 반복하고 있었다. 그런 배를 국가는 제대로 관리 감독하지 못했다. 사고 이후부터 할 일을 제대로 못한 것이 아니라, 이미 사고 전부터 함께 잘못을 저질렀다. 기업의 사적인 경영 활동이라는 변명을 댈 수 있는 상황도 아니다. 자유시장 경제 체제인 만큼 영업의 자유가 있고 그 역시 기본권으로 존중받아야 한다. 서로 다른 입장에서 국민이 국가를 향해 저마다의 기본권을 주장할 때 국가는 고민에 빠지기도 한다. 그러나 생명권이라는 절대적인 기본권이 걸린 상황 아닌가. 법대로 하더라도, 그 어떤 경제적 가치도 생명보다 우선해서는 안 된다. 우리 헌법은 기업의 경제활동의 자유를 보장하는 동시에 필요한 경우 국가가 개입할 수 있음을 분명히 밝혀두고 있다.[4]

◇◇◇◇
4 대한민국 헌법 제119조

사고 이후의 수습 과정에서도 정부는 우왕좌왕하는 모습을 보였다. 비슷한 사고에 똑같은 상황을 연출해서는 안 될 것 아닌가.

세월호 이후 한국 사회가 어떻게 달라져야 할지에 대해 많은 논의가 이루어졌다. 그런 고민은 계속 현재 진행형이어야 한다. 깨어 있어야 가라앉지 않을 수 있으니까. 제리코가 보여준 침몰의 경고를 대한민국이 다시 무시하는 일이 없기를 바랄 뿐이다.

Part 5

어쩔 수 없는 폭력?

정당방위의 범위

주세페 세자리, 〈다이아나와 악타이온〉, 1603~1606, 동판에 유채, 50×69cm, 헝가리 부다페스트 미술 박물관

깊이 봐야 보이는 것들

벌거벗은 여인들이 있는 곳에 수상쩍은 사내가 뛰어들었다. 연못에서 목욕을 하고 있던 여인들은 사내의 갑작스러운 등장에 놀라 미처 몸을 가릴 새도 없이 우왕좌왕한다. 붉고 푸른 옷을 걸친 사내는 어쩐지 광기에 사로잡힌 눈을 하고 심지어는 머리에 괴이하게 뿔까지 솟아 있다. 개들마저 놀라서 짖어대고 있지 않은가. 그림만 봐서는 금방이라도 여인들에게 달려들어 몹쓸 짓을 할 것처럼 보인다.

이탈리아의 화가 주세페 세자리Giuseppe Cesari(1568~1640)의 그림 속에서 여인들은 갑작스런 침입자에 놀라 우왕좌왕하는 것처럼 보인다. 하지만 이 장면 속에는 조금 다른 이야기가 있다. 사내의 이름은 악타이온Actaeon으로 그리스 신화 속 전설적인 사냥꾼이었다. 어느 날 악타이온은 사냥을 하다가 동굴을 하나 발견하고 거기서 잠시 쉬어가려 했다. 그런데 하필이면 그 동굴이 사냥의 신이자 처녀의 신인 아르테미스가 요정들과 함께 목욕을 하는 곳이었다. 그림 속에서 머리에 초승달 모양 장식을 하고 있는 아르테미스 여신은 자신의 벗은 몸을 본 악타이온에게 분노해 저주를 담은 물세례를 퍼부었고 악타이온은 사슴으로 변하기 시작했다. 이야기는 악타이온의 비극적 결말로 치닫는다. 놀란 악타이온이 도움을 청하며 숲속으로 내달렸지만 사슴으로 변한 그를 본 동료 사냥꾼들은 활과 창을 들고 그를 쫓았고, 결국 악타이온은 자신의 사냥개들에 물어뜯겨 목숨을 잃고 만다.

악타이온이 여신의 벗은 몸을 보기는 했지만 꼭 그렇게까지 해야 했을까. 일부러 훔쳐본 것도 아니지 않은가. 만일 악타이온이 나쁜 마음을 먹고 의도적으로 여신의 몸을 보려 했다면 몰래 숨어서 한참을 쳐다봤을 것이다. 하지만 그는 아무것도 몰랐기 때문에 여신 일행과 마주쳤다. 이렇게 보면 분명히 아르테미스가 해도 해도 너무했다. 이번에는 반대로 아르테미스의 마음을 생각해보자. 다 벗고 목욕을 하고 있는데 갑자기 웬 남자가 불쑥 들어섰다면 얼마나 놀랐겠는가. 더군다나 상대방을 그냥 보내줬다가 처녀 신의 벗은 몸을 보았다고 떠들어대면 낭패도 그런 낭패가 없다. 그러지 않는다는 보장도 없다. 아르테미스는 사냥의 여신인 만큼 놀라운 활 솜씨를 지녔기에 마음만 먹었다면 직접 악타이온의 목숨을 빼앗을 수도 있었다. 어쩌면 놀란 가슴이 진정되고 나면 악타이온에게 입단속을 하고 다시 사람으로 되돌려줄 생각이었는지도 모른다. 그렇다면 악타이온의 비극적 결말은 안타까운 사고였을 뿐 아르테미스의 행동은 정당했을 수도 있다.

같은 행동, 다른 평가

법은 결과만을 그려놓으면 결코 아름다울 수 없는 일을 사건으로 다룬다. 사람이 죽고 다치거나, 누군가에게 속아 슬픔에 잠기거나, 혹은 지켜지지 않은 약속 때문에 괴로움을 겪을 때 법이 등장한다. 하지만 이런 모든 일이 전부 법에서 보는 '사건'이 되지는 않는다. 아무리 사람을 힘들고 슬프게 만든 일이라도 '사건'으로 다루어지지 않기도 하고, 법에는 분명 금지한다고 되어 있는데도 범죄가 성립하지 않는 경우도 있다. 결과만 봐서는 전체를 알 수 없기 때문이다.

법은 많고 많은 현상을 일정한 유형으로 분류한 다음, 그것을 하나로 묶어 이름을 붙인다. 예를 들어 발로 차든 주먹으로 때리든 머리로 들이받든 '폭행'이라는 한 단어로 묶는다. 그러지 않고 모든 경우를 가정해 법을 만들기란 불가능하기 때문이다. 이단 옆차기는 3년 이하고, 배를 때렸을 때보다 머리를 가격하면 더 중하게 처벌한다는 식으로 법을 만들 수는 없다. 문제는 이렇게 비슷한 것끼리 묶다 보니 법에서 하지 말라는 행동에 포함되는지 아닌지 그 여부를 알 수 없는 경우가 생긴다는 것이다. 형법에는 폭행을 할 때 흉기나 위험한 물건을 사용하면 더욱 무겁게 처벌한다고 되어 있다. 그런데 위험한 물건이라는 게 도대체 뭘까. 법원은 칼이나 총처럼 처음부터 사람을 해치기 위해 만들어진 흉기는 물론 각목이나 유리병, 심지어는 여성의 '킬힐'과 자동차도 흉기처럼 쓰면 사람을 해칠 수 있는 '위험한 물건'이라고 보고 있다.[1] 그러니까 신고 있던 '킬힐'을 벗어서 다른 사람을 향해 휘둘렀다면 위험한 물건으로 폭행했다고 봐야 한다. 일단 법에서 금지하는 행위를 했다고 판단되면 그다음에는 범죄를 저질렀다고 가정하고 법적 검토에 착수한다. 여기서 중요한 것은 그 자리에서 당장 불법행위를 했다고 결론 내리지 않고 어디까지나 범죄를 저질렀다고 가정한다는 점이다. 혹시 그

◇◇◇◇
1 대법원 2002도2812 판결

럴 만한 다른 사정이 있는지 살펴봐야 하기 때문이다.

여기 혀가 잘린 한 남성이 있다. 그리고 그의 혀를 깨물어 절단시킨 여성이 있다. 이렇게만 보면 당연히 사내의 혀를 자른 여성이 다른 사람의 몸에 치명적인 상처를 입히고 생명에 위험을 발생시켜 중상해죄를 지은 것처럼 보인다. 그런데 그녀가 이처럼 사내에게 상처를 입힌 데는 그만한 사정이 있었다. 사실 그 여성은 두 명의 사내로부터 위협을 당하다가 그중 한 사내가 강제로 키스를 하자 저항하는 과정에서 사내의 혀를 깨물어 절단시켰다. 법원은 그녀가 사내에게 치명적인 상처를 입힌 것은 사실이지만 원하지 않는 성관계에서 벗어나기 위해 마지못해 저지른 일이기에 법을 어겼다고 볼 수 없다고 판단했다.[2] 법원이 이 사건을 어떤 순서로 검토했는지 살펴보자. 일단 여성이 남성을 다치게 했으므로 그 행동이 법전에 적힌 중상해죄라는 범죄에 해당한다고 보았다. 그다음 그렇더라도 혹시 그 행동을 정당화할 수 있는 사정이 있는지 다시 살폈다. 그 결과 남성들이 여성에게 심각한 위협을 가했다는 사실을 알아냈다. 어쩌면 혀가 잘린 사내는 이 사건으로 삶과 죽음의 경계를 헤맸을지도 모른다. 수술을 한다 해도 완전한 기능을 되찾기 어려울 수도 있다. 하지만 그건 여성이 자신의 몸과 마음을 지키기 위해 한 일이었기에 법원은 그녀의 행동을 **정당방위**로 보았다.

이런 사례는 우리 사회 곳곳에 존재한다. 예를 들어 의사만 봐도 그렇다. 수술을 하는 의사와 회칼을 휘두르는 조직 폭력배는 칼로 남의 배를 가른다는 점에서는 같다. 다만 의사의 행위는 사람을 살리기 위해 펼치는 의술이므로 폭력배가 남을 해치려고 칼을 휘두르는 행위와

◇◇◇◇
2 대법원 89도358 판결

달리 법적으로 정당하다고 볼 뿐이다. 맹장염으로 병원에 실려 온 환자가 있으면 수술을 위해 당연히 의사는 메스로 환자의 몸을 절개해야 한다. 우리 사회에서 이런 일은 너무나 당연하기 때문에 사람들은 의사가 몸에 칼로 상처를 내고 있다는 사실조차 깨닫지 못한다. 그러나 의사가 처벌을 면하는 이유는 그 행동이 상처를 내는 행동이 아니라서가 아니라 의사의 행동에 법적으로 정당성이 부여되었기 때문임을 알아두어야 한다.

그런데 위에서 살펴봤던 혀가 잘린 남성 사건과 비슷한 사건이 하나 더 있었다. 차이점은 혀를 다친 사람이 남성이 아니라 여성이었고, 혀를 깨문 남성의 행동이 정당하다고 인정받지 못했다는 것이다. 사건은 이랬다. 두 명의 여성과 한 명의 남성이 함께 술자리를 가졌다. 두 여성 중 한 명은 남성과 사귀는 사이였다. 사건은 술자리가 무르익어 세 사람이 거나하게 취했을 때 벌어졌다. 술에 취해 잠든 남성이 이상한 감촉을 느끼고 잠에서 깼다. 눈을 떠보니 여자 친구가 아닌 다른 여성이 남성을 덮치고 있었다. 남성을 잠에서 깨운 것은 바로 그녀의 입술이었다. 법은 술에 취하게 만드는 것도 일종의 폭행으로 보기 때문에 술을 먹여 저항할 수 없는 상태로 만든 다음 성관계를 가지면 강간이다. 법적으로 보자면 이 남성은 강간을 당할 위기에 놓였다고 볼 수 있다. 남성은 그 상황에서 벗어나기 위해 여성의 혀를 깨물었다. 그런데 법원은 이번에는 정당방위로 봐주지 않고 남성에게 상해죄 유죄를 선고했다.[3] 도대체 두 사건이 무엇이 다르기에 이런 결과가 나왔을까?

만일 여자가 덮치는 남자를 공격하면 무죄고, 남자가 덮치는 여자를

◇◇◇◇
3 대법원 2014도17023 판결

공격하면 유죄라고 생각했다면 법을 모른다는 사실을 인정하는 셈이다. 두 사건 사이에 다른 점이 있다면 그것은 성별이 아니고 '얼마나 급박한 상황이었나' 하는 점이다. 앞선 사건에서 여성은 밤늦게 집에 돌아가는 길이었다. 그런데 인적이 드문 골목길에서 낯선 사내 둘이 갑자기 튀어나와 그녀를 컴컴한 구석으로 몰아세웠다. 그렇게 옴짝달싹할 수 없게 만들어놓고 갑자기 한 사내가 그녀의 입술을 강제로 침범했다. 움직일 수 있는 것이라고는 입뿐이었다. 혀를 깨무는 행위는 그야말로 최후의 방법이었던 것이다. 반면 두 번째 사례의 남성은 놀라기야 했겠지만 그 정도로 급박한 상황은 아니었다. 두 여성이 한꺼번에 덤벼든 것도 아니었으니 자신을 덮친 여성을 밀어내는 등 다른 방법으로 얼마든지 피할 수 있었다. 얼핏 비슷해 보이지만 이처럼 구체적인 상황에 따라 불법이기도 하고 아니기도 하다. 법적으로 어떻게 구별해야 하는지 조금 더 자세하게 살펴보자.

형법은 행위만을 놓고 보면 범죄로 볼 수 있음에도 불법이 아니라고 보는 몇 가지 유형을 제시하고 있다. 예를 들어 경찰관이 공무를 집행하는 과정에서 허용된 범위 내에서 폭력을 쓰는 경우라거나, 이종격투기 선수가 링 위에서 상대를 때려눕혔다면 폭력을 사용했더라도 사회적으로 정당하다고 인정해준다. 엄격히 따지면 범죄처럼 보이는데 그냥 넘어가는 일도 주변에 많다. 다짜고짜 지나가는 사람의 이마를 때렸다면 당연히 범죄다. 그런데 똑같은 이마 때리기라도 게임을 하면서 벌칙으로 행했다면, 행위 자체는 분명한 폭행이지만 사회가 허용하는 범위 이내로 본다. 길거리에서 설문조사를 하고는 깜빡하고 저렴한 볼펜 한 자루를 그냥 들고 와버렸다거나, 담배를 피우는 사람들끼리 일회용 라이터를 빌렸다가 돌려주지 않았다거나 하는 일은 왕왕 벌어진다. 엄격히 따지면 이런 행위도 횡령이나 절도일 수 있지만 세상의 기준으로 도가 지나치지 않기에 위법이 아니라고 본다.

그런데 똑같은 일도 바라보는 시각에 따라 판단이 달라질 수 있다. 오피스텔을 빌려줬는데 세입자가 월세도 안 내고 몇 달째 연락도 받지 않는다. 집주인 번호가 아니라 다른 번호로 전화를 걸면 받기는 하는데, 집주인이라는 걸 알면 끊어버린다. 우편함의 편지도 꼬박꼬박 챙겨가니 집에 사람이 있는 게 분명한데 초인종을 눌러도 대꾸도 안 한다. 이런 상황이라면 불안한 마음에 문을 따고 집에 들어가보고 싶은 마음이 드는 것도 당연하다. 조금 더 절박한 상황도 있다. 남편 혹은 아내가 바람이 난 것 같다. 아니나 다를까. 뒤를 밟아봤더니 모르는 이성과 다정하게 누군가의 집으로 들어갔다. 마음 같아서는 당장이라도 담장을 뛰어넘어 쳐들어가고 싶다. 지금 덮친다면 꼼짝 못할 결정적인 장면을 포착할 수 있을 것 같은데 그래도 될까?

이처럼 갈등 상황에 처했을 때는 어떻게 행동해야 할까. 법은 행동의 동기나 목적이 정당한지, 그렇더라도 그 목적을 달성하는 수단이 너무 지나치지는 않은지, 얻고자 하는 것과 그 때문에 입을 수 있는 피해 둘 중 어느 쪽이 더 무거운지 저울에 달아보라고 한다. 부수적으로는 혹시 다른 방법은 없었는지 같은 사정도 참고한다.[4] 우리 법원은 위에서 든 두 가지 경우 모두 집에 들어가서는 안 된다고 판단한다. 세를 줬다면 다른 사람이 살고 있는 공간이다. 마음대로 들어가면 주거침입죄다. 집세라는 경제적 이익보다 세입자의 사생활과 주거 공간 보호가 더 우선한다. 게다가 굳이 쳐들어가지 않더라도 명도소송 등 법이 정해놓은 절

◇◇◇◇
4 대법원 2003도3000 판결

차를 밟을 수 있다. 선택의 여지가 없었다는 변명은 통하지 않는다. 바람난 것으로 의심되는 배우자 문제도 마찬가지다. 마구잡이로 들어갔는데 정작 생각과 전혀 다른 상황일 수 있다. 이를테면 배우자를 위한 깜짝 선물을 준비하느라 개인 교습을 받고 있다거나. 의심만으로 남의 집 담장을 마음대로 넘어서는 안 된다. 중요한 것은 다른 사람들이 일반적으로 어떻게 생각하느냐이지 자신만의 주관적 기준이나 사정이 아니다. 그런데 그런 기준에 대해 종종 논란이 일고 나아가 세상의 기준과 법원의 기준이 어딘가 맞지 않는 것 같을 때가 있다. 특히 정당방위를 둘러싸고 그런 논란이 종종 벌어진다.

폭력이 정당해질 때

액션 영화에서는 긴장이 최고조로 치닫는 장면에서 선과 악을 대변하는 두 주인공이 일대일 대결을 벌이는 경우가 많다. 주먹이 스치기만 해도 나가떨어지는 단역들을 물리치고 마침내 영웅은 악당과 난타전을 벌인다. 영화 속에서는 이렇듯 영웅이 아무리 많은 사람들을 해치우고 쓰러뜨려도 그 목적이 선하다면 모든 것이 용서된다. 하지만 만일 현실에서 이런 영화 속 싸움이 재연된다면 어떨까? 싸움에 대한 법원의 묘사를 들어보자. "서로 격투를 하는 자 상호간에는 공격 행위와 방어 행위가 연속적으로 교차되고 방어 행위는 동시에 공격 행위가 되는 양면적 성격을 띠는 것이므로 어느 한쪽 당사자의 행위만을 가려내어 방어를 위한 정당행위라거나 또는 정당방위에 해당한다고 보기 어려운 것이 보통"이라고 판결했다.[5] 다시 말해서 왜 싸움이 벌어졌는지는 별개로 하고, 일단 싸움이 벌어지면 한 대 때리면 한 대 맞게 마련이라 누가 공격하는 쪽이고 누가 방어하는 쪽인지 알 수도 없고, 일단 싸운 이상 어느 한쪽만 잘했다고 볼 수도 없다는 것이다. 그래서 법원의 기준으로 보면 액션 영화 속 악당과 영웅의 구별이 없고, 원인을 누가 제공했든 양쪽 다 쌍방폭행으로 처벌할 가능성이 높다. 아무리 악당이라 해도 공권력을 동원해서 수사하고 재판에 부쳐 처벌해야지, 법 대신 주먹으로 벌을 줘서는 안 된다.

하지만 어쩔 수 없는 경우도 있지 않을까. 세상에는 싸우고 싶어서가 아니라 피할 수 없어서 벌어지는 싸움도 있다. 길을 가는데 생면부지인 사람이 다짜고짜 주먹을 휘두르는데 가만히 맞고 있을 수는 없지 않은가. 꾹 참고 피하려 해도 쫓아오며 괴롭힐 수도 있고, 경찰에 넘기려고 해도 일단 싸움을 통해 제압해야 가능하다. 일반인들은 이런 경우 정당방위를 떠올린다. 하지만 법원의 기준에 따르면 아무리 상대방의 폭력을 피하려다 벌어진 싸움이라고 해도 일단 싸움이 발생하면 양쪽 모두 공격과 방어를 하기 때문에 단순히 상대방의 공격을 막기 위한 행동으로 볼 수만은 없다고 판단한다. 아무래도 정당방위에 대한 법원의 기준은 일반인의 생각과 달라 보인다.

형법에서는 자기 또는 다른 사람을 해치려는 부당한 공격을 방위하기 위한 것으로 그럴 만한 이유가 있을 때는 벌하지 않는다고 정당방위에 대해 정의하고 있다.[6] 이 내용을 다시 한번 뜯어서 생각해보면 먼

◇◇◇◇
5 대법원 99도3377 판결

6 형법 제21조 제1항
  자기 또는 타인의 법익에 대한 현재의 부당한 침해를 방위하기 위한 행위는 상당한 이유가 있는 때에는 벌하지 아니한다.

저 '부당한' 공격이 '지금' 있어야 한다. 상대방이 때리지도 않는데 막을 수는 없는 노릇이다. 위협이 느껴진다고 먼저 공격해서는 정당방위로 인정받을 수 없다. 두 번째는 스스로를 혹은 다른 누군가를 지키기 위한 행동이어야 한다. 적극적인 공격은 인정하기 어렵다는 것이다. 물론 '방어'라는 단어를 콕 집어 쓰지 않았으니 경우에 따라서는 보호하기 위해 공격적인 행동을 할 수도 있다. 마지막으로는 상당한 이유가 있어야 한다. 여기서 '상당'이라는 말은 '알맞게' 또는 '적당히' 정도로 이해할 수 있다. 그런데 세상에서 가장 어려운 말이 '적당'이라고 하지 않던가. 도대체 얼마만큼을 가리키는지 알 수 없기 때문이다. '상당' 역시 애매하고 어렵기는 마찬가지다. 이 말을 이해하려면 구체적인 예가 필요하다.

한밤중에 부모님의 방에서 뛰쳐나오는 도둑을 발견하고 마구 때려 혼수상태에 빠지게 만든 청년이 징역형을 선고받은 일이 있었다. 사람을 다치게 한 건 잘못이지만 청년 입장에서는 그럴 만하지 않았겠냐는 의견도 많았다. 빨래 건조대로 때렸다는 이유로 흉기를 사용한 것과 똑같은 수준으로 처벌했다는 사실에 대해서도 시끄러웠다. 국회에 빨래 건조대가 등장해 그게 위험한 물건이 맞느냐 안 맞느냐를 따지는 해프닝까지 벌어졌다. 물론 법원이 유죄로 인정할 수밖에 없었던 이유는 도둑이 이미 쓰러진 뒤에도 폭행이 계속됐고 그 정도도 너무 심했기 때문이었다. 도둑은 재판 과정에서 결국 죽음에 이르렀다. 법원은 나름대로 충분한 이유가 있어 이런 판결을 내렸지만 여전히 여론은 시끄러웠다. 도대체 어떻게 해야 정당방위를 인정받을 수 있느냐는 것이다.

수사기관의 구체적인 판단 기준도 여론의 도마에 올랐다. 방어 행위여야 하니까 먼저 폭력을 쓰면 안 된다. 공격을 하는 쪽보다 더 심한 폭력을 사용해서는 안 된다. 흉기를 쓰면 안 되지만 가해자가 사용하는 것보다 덜 위협적이라면 가능할 수 있다. 상대가 폭력을 멈췄으면 더 이상 공격해서는 안 된다. 그리고 상대방이 더 많이 다쳤다면 아무래도 정당방위였다고 받아들이기 어렵다. 이런 것들이 주요 기준이다. 그런데 이를 현실에 적용하자면 조금 이상해진다. 도둑이 들어도 내쫓거나 잡으려고 기습 공격을 하면 정당방위가 아니기 때문에 도둑에게 먼저 말을 걸어서 얌전히 집에서 나가달라고 부탁이라도 해야 하나? 집주인은 자기 집에 침입한 도둑이 혹여 다칠까 봐 조심해서 싸워야 하나? 도둑이 칼 같은 것을 가지고 있는지 살펴보고 싸워야지 무조건 도둑이 들어왔다고 야구방망이를 들고 맞서도 안 되고, 도둑이 총을 들었으면 칼로, 도둑이 쇠파이프를 들었으면 각목을 들어야지 반대로 들었다가는 폭행죄가 성립할지도 모르는데다가, 심지어는 도둑이 싸우다가 지쳐 쉬고 있으면 기다려야지 기회로 삼아 완전히 제압하기 위해 공격을 해서도 안 된다는 식으로 해석될 수도 있다. 사실 법적인 개념으로는 이성적일지 모르지만 정작 정당방위가 필요한 상황에서 과연 그런 기준을 지킬 수 있을지 의심스럽다. 한밤중 무단 침입한 누군가와 맞부딪쳤는데 어떤 목적으로 들어왔는지, 싸울지 말지, 흉기는 들었는지 어쨌는지 냉정하게 판단할 수 있을까. 게다가 일단 싸움이 시작되면 어느 한쪽이 확실하게 꼬리를 내리거나 도주할 의사를 밝히지 않는 한 폭력의 정도를 조절하기란 무리다.

쉽게 폭력을 허용하자는 뜻이 아니라 일률적인 기준에 얽매이지 말고 구체적인 사정을 조금 더 살펴달라는 것이다. 난장판에서 잘잘못을 따지기란 결코 쉽지 않지만 그렇다고 둘 다 잘못했다고 판단하는 건 지나친 편의주의 아닌가 의심스러울 때도 있다. 실상은 도무지 싸움이라고는 해본 적 없을 판사님들이 이상적인 판단만을 요구하고 있는 것 아닐까.

매 맞는 아내, 남편

17세기 여류 화가 아르테미시아 젠틸레스키Artemisia Gentileschi
(1563~1639)의 〈홀로페르네스의 목을 베는 유디트〉 속에 등장하는 유
디트는 『구약성서』에 등장하는 여걸이다. 기원전 2세기경 아시리아가
이스라엘을 침공했다. 파죽지세로 쳐들어오는 아시리아의 기세에 유대
인은 전쟁을 포기하고 항복하기로 마음먹었다. 하지만 유디트만은 달
랐다. 그녀는 항복에 반대하고 홀로 적진으로 파고들었다. 그리고 적장

아르테미시아 젠틸레스키, 〈홀로페르네스의 목을 베는 유디트〉, 1614~1620, 캔버스에
유채, 199×162.5cm, 이탈리아 우피치 미술관

홀로페르네스를 유혹해 술에 취하게 한 후 그가 잠든 사이 목을 벴다. 장수를 잃은 아시리아군은 사기를 잃고 물러났고 유디트는 나라를 구할 수 있었다.

하지만 이런 배경 지식 없이 그림만 보면 끔찍한 살인 장면일 뿐이다. 어떤 상황이냐에 따라 같은 행위가 얼마나 다른 의미를 갖는지 알수 있다. 어쩌면 배경을 알고 봐도 여전히 얼굴이 찡그려지는 그림이기도 하다. 사내는 팔을 뻗어 필사적으로 죽음에 저항하지만 하녀가 그를 짓누르는 사이 유디트는 적장의 머리채를 틀어쥐고 칼로 목을 벤다. 고통의 시간이 영겁처럼 사내의 표정에 머물고 비명은 붉은 피로 흘러 침대를 적시고 있다. 유디트의 이야기는 여러 화가에 의해 그려졌지만 젠틸레스키처럼 잔혹하게 묘사한 이는 없다. 바로크 시대를 대표하는 화가 카라바조Michelangelo da Caravaggio(1571~1610) 역시 똑같은 주제로 그녀보다 20년이나 먼저 작품을 발표했는데 둘을 비교하면 그 차이가 확실히 보인다. 홀로페르네스의 목을 베는 두 명의 여인이라는 등장인물과 상황은 젠틸레스키의 작품과 완전히 똑같다. 그런데 유디트의 표정이 사뭇 다르다. 카라바조의 유디트는 미간을 잔뜩 찌푸리고 마지못해 한다는 듯 홀로페르네스의 목을 향해 칼을 내리치고 있다. 홀로페르네스를 잡고 있는 몸동작도 다르다. 목을 베고 있지만 조금이라도 더 멀리 밀어내고 싶은 기분이 역력하게 드러난다. 유디트의 곁에 있는 다른 여인은 도대체 무얼 하고 있는지도 모를 지경이다. 얼핏 봐서는 굳은 표정으로 유디트를 부추기는 듯 보인다. 하지만 젠틸레스키의 작품 속 하녀가 적장을 붙들고 적극적으로 유디트를 돕는 것과 달리 카라바조의 하녀는 아무것도 하지 않은 채 그저 유디트를 멀뚱멀뚱 쳐다보고 있을 뿐이다.

미켈란젤로 다 카라바조, 〈홀로페르네스의 목을 치는 유디트〉, 1598~1599, 캔버스에 유채, 이탈리아 국립회화관

　두 그림이 이렇게 차이가 나는 데는 그만한 이유가 있다. 젠틸레스키의 물감에는 다른 사연이 더 녹아 있기 때문이다. 그녀는 자신의 스승이자 아버지의 친구이기도 했던 남자에게 강간을 당했다. 게다가 그 사건으로 재판을 하는 과정에서 강간당했다는 사실을 증명하기 위해 여성으로서 감당하기 어려운 수모를 겪어야만 했다. 그렇게 모진 고생을 하며 유죄판결을 이끌어냈지만, 그녀를 강간한 남자에 대한 처벌은 채 1년도 되지 않는 옥살이였다. 어쩌면 그녀는 그 수치스러운 일을 겪으며 쌓인 남성들에 대한 분노를 그림으로 표출했는지도 모른다.

　젠틸레스키의 그림은 정당방위와 관련해 현실에서 보다 빈번히 일어나는 심각한 문제에 대해 고민하게 만든다. 예를 들어보자. 여기 10여 년에 걸쳐, 때로는 수십 년이 넘도록 남편의 폭력과 성적 학대에 시달려온 아내가 있다. 그녀가 남편이 휘두르는 주먹질에 죽음의 문턱을 넘나들다 눈을 떠보니 남편이 술에 취해 잠들어 있다. 귀신에게라도 홀린 듯 그녀의 손이 남편을 향한다. 그리고 그를 무참하게 살해하고 만다. 법원은 이런 경우 거의 예외 없이 살인죄로 엄하게 처벌한다. 남편은 죽음을 맞기 직전까지 잠들어 있었을 뿐이고 그전에 무슨 짓을 얼마나 오랫동안 했든지 간에 그 순간엔 아무 공격도 하지 않았다. 정당방위에 대한 법원의 기준에 대입해보면 아내는 무방비 상태의 무고한 사람을 해쳤을 뿐 자신을 방어한 게 아니다. 나날이 심해지는 폭력에 조만간 죽을지도 모른다는 위협을 느꼈더라도 마찬가지다. 사건이 벌어진 바로 그 순간은 안전했다고 보기 때문이다. 단순히 폭력에서 벗어나기 위해서였다면 남편이 잠든 사이 그 자리를 떠나 남편으로부터 도망칠 수도 있었는데도 불구하고 남편을 죽였으니 살인이라고 판단한다.

그러나 과연 그녀에게 정말로 선택의 자유가 있었을까? 그 상황에서 아내가 어디로 어떻게 떠났어야 했을까. 만일 정말 그 자리를 박차고 떠나서 모든 문제가 해결된다면 굳이 살인자의 길을 택할 사람은 없다. 물론 살인을 정당화해서는 안 된다는 점에는 동감한다. 하지만 반복적으로 점점 강도를 더해가는 폭력이 존재하는데도 남편이 잠들었다는 이유 하나만으로 그 순간에 아무 일도 없었다고 할 수 있을지 의문이다. 이런 상황에도 정당방위를 끌어들여 용서해주면 부작용이 너무 커진다는 생각에도 일리는 있다. 멀쩡한 사람을 죽여놓고 폭력에 시달리다 못해 그랬노라 거짓을 만들어낼 위험도 있다. 그렇다면 뭔가 선택할 수 있는 여지, 다른 장치를 만들어놓아야 하지 않을까. 공권력을 보다 믿을 수 있게, 어쩔 수 없는 길을 가지 않을 수 있게 현실성 있는 대책을 마련해야 한다. 그런 준비도 없는 상태에서 무조건 인내만을 강요하는 현재의 법은 너무나 가혹하다. 비극적인 결론에 이르기까지 어떤 일이 있었는지, 보이지 않는 그 배경까지 드러내어 누구나 수긍할 수 있는 정의를 만들어내야 한다.

Part 6

술이 죄인가 사람이 죄인가

책임능력과 제한능력

티치아노 베첼리오, 〈안드로스인들의 주신제〉, 1523~1524, 캔버스에 유채, 175×193cm,
스페인 프라도 미술관

그분이 오셨다

　그림의 본질은 단순하다. 술에 취해 이성을 잃은 한 무리의 사람들이 거나하게 술판을 벌이고 있다. 아무리 좋게 돌려 이야기해도 술판은 술판이다. 왼쪽에 동이째로 술을 들이붓는 사내가 있는가 하면 그 옆으로는 어깨를 드러낸 여인이 바닥에 몸을 누이고 있다. 반쯤 드러누워 술잔을 들어 올린 여인에게 다른 사내는 술을 부어주고, 한복판엔 엉뚱하게 옷자락을 들어 올려 고추를 보여주는 꼬마 녀석이 있다. 취해서 의식을 잃은 여인은 알몸을 내팽개치듯 비스듬하게 드러누웠다. 드러누운 여인들 앞에는 술을 찬양하는 가사가 적힌 악보가 있다. 그렇다. 이 모든 난장의 주인공은 한복판에 성화처럼 떠받들여지고 있는 술이다. 투명한 유리병에 담겨 황금빛을 뿜어내는 술이 사람들을 굽어보고 있다. 이곳은 술의 신 바쿠스Bacchus를 기념하며 벌이는 축제의 현장이다.

　16세기 이탈리아의 화가 티치아노 베첼리오Tiziano Vecellio (1488~1576)는 등장인물들의 생생한 움직임과 화려한 색채감으로 바쿠스 축제의 열정을 그렸다. 바쿠스 혹은 디오니소스Dionysus로 불리는 술의 신의 축제는 난잡하다고 부를 만한 여러 과정을 거치도록 하며 사람들을 집단 무의식으로 끌어들였다. 물론 신을 영접하는 과정에서 술은 결정적인 역할을 했다. 오늘날 우리나라에서 술에 취했을 때 '그분이 오셨다'고 표현하는 것도 그렇게 보면 꽤 오랜 전통을 가진 셈이다. 바쿠스 축제는 합리적인 이성만으로는 설명할 수 없는 인간을 품는 장소이자 혼돈 속에서 변화를 찾고자 하는 카오스에 대한 숭배였다. 그래서 울고 웃는 세상사를 제3자의 시선으로 볼 수 있는 연극이라는 장르가 처음 탄생한 무대를 하필이면 디오니소스 극장이라고 불렀는지도 모른다.

술이 죄인가, 사람이 죄인가

서구의 역사뿐 아니라 우리네 전통에서도 술은 특별한 지위를 갖고 있다. 관혼상제의 의례에서도 술은 빼놓을 수 없는 요소였다. 특히 하늘을 향해 잔을 올리는 행위는 술을 신과의 소통을 돕는 징검다리로 보는 것으로서 바쿠스 축제와도 일맥상통한다. 전통의 변질이라고 해야 할지 현대에도 술은 여전히 특별한 자리를 차지하고 있다. 사실 우리네 회식은 바쿠스 축제와 꽤나 닮았다. 폭탄주를 돌려 마시고 술에 취해 미친 듯이 목청을 높이며 힘들었던 일을 토로하거나 일의 성과를 나누거나 앞으로 잘해보자며 에너지를 끌어올린다. 마치 다 함께 엉망진창으로 취해 집단 무의식에 동참하는 주술이라도 쓰는 것처럼 보이지 않는가. 냉철한 이성을 앞세우는 법의 눈으로 보자면 술은 어쩌면 이해하기 어려운 존재일지 모른다.

경찰청이 2010년 무렵 발표한 자료에 따르면 살인, 강도, 강간, 절도, 폭력 등 경찰청이 뽑은 5대 범죄 중 강도는 14퍼센트, 강간은 36퍼센트, 살인은 무려 39퍼센트가 술에 취한 상태에서 이루어졌다. 이렇듯 술과 범죄가 어느 정도 관련이 있다는 사실을 부정할 수 없다. 술을 탓해야 하나 술을 마신 사람을 탓해야 하나. 간혹 언론을 통해 판사들이 중대 범죄자에게 지나치게 가벼운 형을 내린 사실이 알려져 세상의 뭇매를 맞을 때가 있다. 아동 성폭행 같은 끔찍한 범죄를 저질렀는데도 술에 취했다는 이유로 형벌을 깎아주기 때문이다. 하지만 꼭 판사들이 욕을 먹어야 할까. 술에 잔뜩 취한 사람을 가리켜 '개가 됐다'고 표현하곤 한다. 애견가라면 기분 나쁠 표현이지만 제정신이 아니어서 사람이라면 하지 못할 짓도 서슴없이 해서 그런 말이 나온 게 아닐까. 그렇게 생각하면 눈감아줄 여지도 있다. 물론 한두 잔 걸친 정도로는 부족하다. 법적으로 볼 때 자신이 하는 일에 대해 책임질 능력이 없거나 부족한 정도여야 한다. 그래서 결국 자신이 뭘 보고 있는지, 무슨 짓을 하고 있는지도 제대로 알 수 없고 스스로의 행동을 통제할 능력마저 없는 상태에서 저지른 일이라면 '벌하지 아니한다'고 정해놓았다. 이런 경우는 사실 법적으로는 특수한 예외에 해당한다. 범죄행위를 저질렀고, 정당방위처럼 그런 행위를 합법적이라고 할 수 있는 상황도 아닌데 벌을 주지 않는 것이다. 만취할 정도로 술을 마셔본 사람이라면 지난밤 무슨 일이 있었는지 기억조차 안 나는 경험이 있을 것이다. 기억은 나지만 얼굴이 화끈거릴 만큼 도저히 평소의 자신이라고 받아들일 수 없는 행동을 했을 수도 있다. 그런 상태였다면 이제는 술이 깬 맨 정신 상태인 사람에게 벌주는 것이 논리적으로 모순일 수 있지 않을까. 같은 사람이 아니라 별개의 인격체라고 볼 수도 있으니 말이다. 어떻게 보면 만취 상태였을 때 몸을 움직인 건 사람이 아니라 술이라고 법이 간접적으로 인정했다고도 볼 수 있다.

문제는 이런 예외가 법망을 빠져나가는 교묘한 수단으로 남용될 가능성이 있다는 점이다. 오죽하면 변호사들이 서류에 술을 뿌려 냄새가 나게 만든다는 농담을 했던 때도 있다. 뭐라 변명을 하기는 해야 하는데 마땅한 구실이 없을 때 술이 약한 사람인데 그만 어쩔 수 없이 많이 마셔서 벌어진 일이라는 식으로 변론한다는 의미다. 국민적 감정은 사법부가 지나치게 술에 너그럽다는 쪽이다. 그러나 법원 역시 점차 술이라는 변명을 받아들이지 않는 쪽으로 바뀌고 있다. 정신적인 질병을 앓았던 경험이 있고, 사건 당시에도 본인의 의지와 달리 그런 상황에 처했다는 정도의 사정이 엄격한 증거로 밝혀져야 극히 예외적으로 제정신이 아니라는 이유로 용서해준다.

지킬 박사와 하이드

사실 술에 취한 범죄가 초래하는 끔찍한 결과를 생각해보면 법원의 엄격한 태도 변화는 당연하다. 「성폭력범죄의 처벌 등에 관한 특례법」은 성범죄를 저질렀을 때는 술이나 약물에 취했다는 이유로 형벌을 가볍게 해주지 않아도 된다고 정하고 있다. 어린아이를 상대로 말 못할 짓을 저지른 조두순 사건 등을 계기로 법원은 이 규정을 적극적으로 적용하고 있다. 적어도 성범죄에 관한 한 술을 이유로 가볍게 처벌하지 않는다. 그 범죄가 한 사람의 인생을, 한 가정을 순식간에 파괴해버릴 정도로 무섭기 때문이다.

그런데 여기서 한 가지 의문이 든다. 성범죄 이외의 다른 범죄는 술에 많이 취했다는 이유로 용서해주면서, 왜 음주운전은 그 자체로 범죄라고 미리 정해놓았을까. 술에 많이 취할수록, 그러니까 혈중 알코올 농도가 높을수록 오히려 가중처벌을 하니 이상하지 않은가. 음주운전을 처벌하는 이유는 우선 술을 마실 때부터 본인이 운전을 할 것을 알고 있었다고 볼 수 있기 때문이다. 게다가 운전을 할 수 있을 정도라면 제정신이 아니었다고 말할 정도로 술을 많이 마시지 않았을 가능성이 높다. 그런데 운전을 할 생각이 전혀 없었고 자기 차량도 없는 사람이 술을 마셨고, 뭔가 갑작스러운 사건이 터져서 갑자기 운전대를 잡지 않으면 안 될 상황에 처했다면? 이런 경우라면 음주운전에 대해 처벌을 해야 할지 다시 한 번 따져볼 필요가 있다. 하지만 자기 차를 가지고 술집에 가서, 처음부터 운전할 생각이 있었거나 그럴 가능성이 있다는 걸 알면서 술을 마시기 시작했다면 사정이 다르다.

방향을 조금 달리해서 생각해보자. 누군가를 죽일 마음을 먹었는데 도저히 용기가 나지 않아 술을 마셨다. 그렇다면 술에 취해 자신의 의지를 벗어나 범죄를 저지른 게 아니라, 범죄를 저지르기 위해 일부러 일탈했다고 봐야 한다. 로버트 루이스 스티븐슨Robert Louis Stevenson (1850~1894)의 소설 『지킬 박사와 하이드』를 보면 지킬 박사는 내면의 선과 악을 분리시키는 약물을 발명한다. 지킬 박사는 이 약을 먹고 사악한 본성의 하이드로 변해서 아무 이유 없이 사람을 죽이고 만다. 그런데 만일 지킬 박사가 일부러 하이드로 변해서 원래부터 원한을 가졌던 사람을 살해했다면 과연 이 살인 사건을 지킬 박사가 아닌 하이드가 저질렀다고 볼 수 있을까? 또는 화가 나면 통제력을 잃고 모든 걸 때려 부수는 초록 괴물 헐크로 변하는 브루스 배너가 뻔히 싸움이 날 만한 장소에서 기다리고 있다가 누군가 시비를 걸자 헐크로 변해 실컷 싸웠다. 자신이 저지른 일이 아니라고 용서해줘야 할까.

법은 범죄를 저지르기 위해 스스로 제정신이 아닌 상태를 유도한 경우까지 용서해주지 않는다. 물론 이도 논리적으로 모순이 있기는 하다. 맨 정신일 때 계획을 하고 제정신이 아닌 상태에서 범행을 저지른다는 게 과연 가능한지는 생각해봐야 한다. 술에 취해 사람을 해쳐야겠다고 마음먹었더라도 실제로 술에 취한 다음 그대로 실행에 옮길 수 있을지 의문이 든다. 계획대로 행동할 정도면 판단 능력을 상실했다고 보기 힘들다. 이처럼 혼돈의 영역을 법이 완전히 정리하기란 매우 어려울 수밖에 없다.

민사상의 책임능력과 제한능력

인간이란 참으로 복잡한 동물이다. 술이나 약물에 쉽게 흔들린다면 과연 자유의지가 존재하기는 하는지 의심스러울 정도다. 법의 체계는 합리적이고 이성적인 인간, 스스로의 행동에 책임을 질 줄 아는 인간이라는 바탕 위에 세워졌는데 말이다. 가끔 언론에 생리전증후군으로 인한 절도 범죄 사건이 등장하곤 한다. 돈이 충분히 있는데도 생리로 인한 호르몬 이상으로 충동적으로 물건을 훔치는 사건이다. 이런 경우는 벌을 준다고 해결될 문제가 아니다. 만일 상태가 매우 심각해서 정신병이나 마찬가지라고 볼 정도라면 감옥 대신 병원으로 보내기도 한다. 그런데 법원은 병이 아닌 법을 기준으로 상태를 판단한다. 간단히 말해 정신 질환 여부를 의사가 아닌 판사가 최종적으로 결정한다.[1] 이성과 이성이 아닌 그 무엇 사이에서 법은 주도권을 잃기 싫은지도 모른다.

판사나 다른 누군가가 따로 판단을 내리지 않고, 아예 객관적으로 정해놓은 기준에 따라 형벌을 주지 않는 경우도 있다. 형법은 14세가 채 되지 않은 어린이라면 어떤 불법을 저질렀더라도 "벌하지 아니한다"고 정해놓았다. 열네 살은 일반적으로 중학교에 진학하는 나이이다. 그렇게 생각해보면 아직 어린 나이임에는 분명하지만 그 나이가 되지 않았다고 해서 자신이 하는 일의 의미를 모를 정도로 어리다고 보기는 힘들다. 더군다나 가끔 어른은 쉽게 알 수조차 없는 첨단 기술을 이용하는 등 성인보다 훨씬 죄질이 나쁜 범죄를 저지르는 미성년자도 있다. 그렇기 때문에 과연 어리다는 이유만으로 용서해야 하는지 사회적 논란이 있어왔다. 미성년자의 범죄를 어디쯤에서부터 벌하고 어디쯤에서부터 용서해야 할지는 민감한 문제다. 그럼에도 불구하고 14세 미만 어린이의 범죄를 처벌하지 않는 이유는 아이들이 그렇게 된 데는 여전히 어른의 잘못이 크며, 그 책임은 사회가 져야 한다고 생각하기 때문이다. 사람이 달라지기란 쉽지 않지만 희망마저 포기하기에 열네 살은 너무 이르지 않은가. 인생이 정해지지 않았고 어떤 열매를 맺을지 확실하지도 않은데 범죄자라는 꼬리표를 붙이기에는 말이다.

미성년자가 범죄를 저지른 경우가 아닌, 다른 사람에게 끼친 손해를 돈으로 물어줘야 하는 상황이라면 어떨까? 아마 상대적으로 더 어린 나이라도 책임을 져야 할 것이다. 형사에서는 열네 살이 되지 않으면 책임을 묻지 않지만, 민사에서는 그 기준을 정해놓지 않았다. 게다가 짐작하다시피 어차피 부모가 물어줘야 할 가능성이 매우 높다. 법적으로 자기 행동에 책임을 져야 할 나이의 청소년도 태반은 경제적 능력이 없

◇◇◇◇
1 대법원 99도1194 판결

지 않겠는가. 사리분별 멀쩡한 고등학생이라도 넘쳐나는 호르몬으로 엉뚱한 사고를 칠 수 있다. 그럴 때 피해자는 누구에게 돈을 달라고 할 수 있을까. 법원은 부모에게 손해를 물어내라고 한다. 아이에게 책임이 없다는 뜻이 아니다. 그와 별개로 부모에게는 미성년자를 감독할 의무가 있는데, 이를 게을리 한 책임을 져야 한다. 그렇다면 19세를 넘어 법적으로 완전한 성인인 경우는 어떨까. 현실적으로는 여전히 엄마 품을 떠나지 못했을지 몰라도 법적으로는 엄연한 어른이다. 그렇다면 부모에게 직접 달라고 할 방법이 없으니 경제활동을 하도록 기다릴 수밖에 없다. 19세라는 나이가 지나는 순간 부모라는 통제 장치이자 보호 장치는 사라지고 만다.

민법은 19세 미만인 미성년자의 법적 능력을 제한하고 있다. 대개 부모가 그 역할을 맡는 법정대리인의 동의 없이는 혼자서 법적으로 효력을 인정받는 행위를 할 수 없다. 딱히 기분 좋게 들리지는 않지만 사실은 고마운 일이다. 어떤 거래를 해도 미성년자라는 이유만으로 취소할 수 있고, 약속을 하고 지키지 않아도 법원에 재판을 걸어 강제로 이행하도록 만들 수 없다. 보통 누군가 물건을 사고 값을 치르지 않으면 법원은 그 사람의 다른 재산을 강제로 빼앗아서라도 대가를 치르게 만든다. 물건을 사고 값을 치르는 것은 자유로운 의사에 의한 약속이지만 그런 약속을 보호해줘야 거래가 활발하게 이루어지기 때문이다. 그냥 하는 약속과 법적인 약속은 다르다. 막연히 친구에게 밥이나 한번 먹자고 하면 개인적인 약속이지만 어떤 일의 대가로 식당의 이용권을 제공하기로 했다면 법적인 약속이다. 그런데 19세가 되지 않은 미성년자는 그런 법적인 약속을 할 수 없다. 못한다고 억울해할 일이 아니다. 설령 그런 약속을 했어도 책임을 지지 않는다는 의미다. 비싼 물건을 부모 허락 없이 샀더라도 걱정하지 않아도 된다. 미성년자라는 이유를 들어 취소할 수 있다. 묻지도 따지지도 말고 환불해줘야 한다. 특별한 사정이 없는 한 미성년자에게 고가의 물건을 판 사람이 잘못이다. 물론 아주 일상적인 것, 이를테면 군것질을 하고 학용품을 사는 정도라면 이미 부모의 허락이 있었다고 보기 때문에 취소할 수 없지만 일정 규모를 넘는 거래로 감당하기 힘든 부담을 지는 일이 없도록 하겠다는 것이 법의 취지다. 나쁜 어른의 꼬임에 덜컥 넘어간 나머지 혼자 끙끙 싸매고 고민하지 않도록 미리 보호 장치를 만들어놓은 것이다.

미성년자가 아니더라도 늘 제정신을 차리고 산다고 자신할 수 있는 사람이 얼마나 있을까. 심한 도벽에 빠졌다거나, 지름신이 내려 홈쇼핑 채널에서 헤어 나오지 못하는 사람처럼 스스로를 통제할 능력을 잃은 사람들을 주변에서 쉽게 찾을 수 있다. 밤중에 소위 '먹방'을 보다가 다이어트 결심을 포기하는 사람, 당장 현금이 나가지 않으니 나중에야 어떻게 되든 일단 카드를 긁어대는 사람 등 예를 들자면 한정이 없다. 법은 미성년자와 달리 어지간해서는 그런 경우를 보호해주지 않는다.

누구라도 미성년자라는 보호막이 벗겨진 순간부터는 모든 일에 스스로 책임져야 한다. 어른이 되기도 어렵지만 어른이 되려면 무엇보다 법을 따라야 한다. 그런데 막상 그 법을 미리 가르쳐주는 곳은 없다. '권리 위에 잠자는 자는 보호받지 못한다'는 유명한 법언이 있다. 자기 권리는 자기가 찾아야지 국가나 법원이 알아서 나서주지 않는다는 뜻이다. 하지만 내가 무슨 권리를 가졌는지조차 모르면서 어떻게 권리를 행사하겠는가. 안 가르쳐주는 것이 문제인지, 찾아나서서 알려고 하지 않는 것이 문제인지는 모호하지만 자유 시장경제 체제에서는 어른이 되면 자기 행동에 책임을 져야 한다. 그것이 그 체제의 바탕이다. 약속을 하고 지켜야 시장이 작동되고 거래가 활발하게 이루어지며 경제가 살아 있을 수 있다. 그래서 법은 개인의 자유로운 약속을 존중하고 가능하면 간섭하지 않는 것을 원칙으로 한다. 형벌과 마찬가지로, 합리적이고 이성적인 인간이라는 바탕 위에 세운 원칙이다. 옳은 말이지만 그늘은 있다.

폴리 베르제르의 술집

19세기 프랑스의 인상주의 화가 에두아르 마네Édouard Manet (1832~1883)는 말년에 도시 생활의 빛과 그림자를 담는 데 열중했다. 마네의 아버지는 법관이었고 어머니는 외교관 집안의 영애였다. 마네가 살던 파리는 과거의 옷을 벗고 지금의 파리와 비슷한 모습으로 다시 태어나는 중이었다. 부유한 집안의 도련님으로 최고급 양복을 걸친 마네는 변화의 한복판에서 사교계를 즐기며 시대상을 화폭에 담았다. 그의 마지막 작품인 〈폴리 베르제르의 술집〉은 당시 가장 잘나가던 클럽 정도로 볼 수 있다. 북적이는 클럽의 한쪽에 선 여자 바텐더는 언뜻 정물화의 꽃처럼 보인다. 아름답다는 뜻이라기보다 화병에 담긴 정적이고 생기 없는 죽은 식물처럼 여겨진다는 쪽이다. 그녀 앞의 바에는 고급 술병이 늘어세워져 있는데 그녀 역시 커다란 술병처럼 보인다. 검은 술병에 금박종이로 감싸인 샴페인과 그녀의 검은 드레스, 금발 머리는 어딘가 묘하게 닮아 있다.

그녀의 뒤편으로 커다란 거울에 그녀가 마주하고 있는 술집의 풍경이 보인다. 샹들리에가 매달려 있고 수많은 사람들이 웃고 떠들며 흥청대고 있다. 그녀에게는 콧수염 사내가 다가가 모종의 흥정을 거는 것처럼 보인다. 그렇다. 뒷모습만 보이는 여성은 다른 여성이 아니라 정면을 응시한 바텐더의 뒷모습이다. 그런데 뭔가 각도가 조금 이상하다. 정면에 서 있는 그녀의 뒷모습이 거울에는 옆쪽으로 비스듬하게 그려져 있다. 마네는 어떤 의도로 그녀의 뒷모습을 이렇게 그렸을까? 어쩌면 그녀는 매춘을 제의받고 부당한 거래를 하고 있는 중인지도 모른다. 그래서인지 정면을 응시한 그녀의 겉모습 혹은 진짜 모습은 참으로 영혼 없어 보인다. 새로운 사회에 적응하지 못한 채 팔지 말아야 할 것마저 상품으로 내놓게 된 쇠락한 존재처럼 말이다.

에두아르 마네, 〈폴리 베르제르의 술집〉, 1881~1882, 캔버스에 유채, 96×130cm, 영국 코톨드 미술관

어른이 된다는 것의 무게

19세기 후반 유럽에서는 출생에 따른 신분제 사회가 끝나고 도시의 시민 계층 이른바 부르주아가 사회의 중심 세력으로 성장하기 시작했다. 시민의 정치 참여가 확대되면서 개인의 자유와 권리에 대해 많은 관심과 이론이 쏟아졌다. 그리고 그 배경에는 산업화에 따른 자본주의의 발달이 있었다. 근대 이전의 법률은 왕과 귀족, 종교의 절대적 권위를 지키기 위한 도구에 가까웠다. 법은 '짐이 곧 국가'라는 식의 신으로부터 받은 불가침의 권력에 종사했다. 당시로서는 토지가 거의 유일한 생산수단이었고 왕과 귀족이 이를 독점하고 있었다. 그런데 산업화로 토지가 아닌 새로운 생산수단이 생겼다. 경제 규모가 커지고 계급과 상관없는 부가 넘쳐났다. 왕과 귀족에 얽매이지 않게 된 개인들이 자유와 평등을 부르짖기 시작했다. 신흥 부유층이 생겨난 것이다. 새로운 경제력과 생산수단을 갖게 된 이들은 더 이상 왕을 아버지나 스승처럼 위에 있는 존재로 보지 않게 되었다. 너나 나나 똑같이 머리가 굵은 어른이라는 인식의 변화가 일어났다. 이것이 바로 현대 법률의 바탕 이념이다.

이 이념을 바탕으로 개인과 개인의 거래를 다루는 민법은 보다 구체적인 원칙을 만들었다. 이른바 민법의 3대 원칙이다. 첫째가 소유권 절대의 법칙이다. 내 것은 내 것이고 왕의 것은 왕의 것이니 각자 건드리지 말자는 원칙이다. 과거에는 개인의 소유를 인정하지 않았다기보다 애초에 따질 필요가 별로 없었다. 어차피 왕이나 귀족의 땅에서 나온 농산물이 산업의 대부분이었으니까. 하지만 공장이 만들어지고 상상할 수 없었던 물자가 쏟아져 나오기 시작했다. 기술을 개발하고 새로운 제품을 만들어내려면 내 공장에서 만들어진 물건은 내 것이라는 인정이 필요했다. 시장과 경제가 폭발적으로 발전하면서 생산수단과 만들어낸 생산물에 대한 소유가 중요한 관념으로 떠오른 것이다. 이렇게 만들어낸 재화를 주고받는 과정에서 두 번째 원칙인 계약 자유의 원칙이 만들어졌다. 재화와 서비스를 얼마나 어떻게 주고받을지 시장에서 자유롭게 결정하겠으니 국가가 함부로 끼어들어 자유로운 당사자들의 약속에 감 놔라 배 놔라 하지 말라는 것이다. 물론 그런 가운데 상대방에게 손해를 끼치는 일이 벌어진다면 그에 대한 책임도 전적으로 져야 한다. 이것이 마지막 원칙인 자기 책임의 원칙이다. 잘되건 잘못되건 남 탓하지 말아야 한다는 뜻이다. 이 세 가지가 지금도 현대 민법을 지배하는 가장 큰 원리다. 이처럼 법의 가장 기본 토대에는 스스로 알아서 잘하고, 못돼도 알아서 책임지라는 생각이 깔려 있다. 그렇기에 법률은 이래라 저래라 가르쳐주지 않는다. 스스로 알아서 해야만 한다. 그것이 어른이 된다는 것, 책임능력이 있다는 것의 무서움이다.

그런데 문제가 생겼다. 차별 없이 각자 나눠 갖는다는 이상은 좋은데 현실은 달랐다. 일단 분배가 이뤄지고 사회가 고정되고 나니 못 가진 사람 입장에서는 예전이나 마찬가지인 상황이 벌어졌다. 한번 생산수단을 독점하고 나면 일하는 자와 열매를 먹는 자가 도로 나눠졌다. 내 것이라고 마음대로 쓰다 보니 다른 사람의 권리를 해치는 일도 종종 발생했다. 개인이 독점할 수 없는 산과 들, 강과 바다가 개인의 욕심 때문에 더럽혀지는 일도 벌어졌다. 결국 개인의 소유권은 인정하더라도 공공의 이익을 위해서는 일부 제한해야 할 필요성이 생겼다. 계약 자유의 원칙 역시 수정해야 했다. 양쪽이 대등하다는 가정 아래 만든 원칙인데 현실적으로 사장님과 아르바이트생은 같은 위치에 있지 않다. 프랜차이즈 본사와 가맹점주는 법적으로 똑같은 대우를 받는 사업자인데 오히려 법에서 똑같이 보기 때문에 불평등해졌다. 대기업 경영자와 해당 회사의 직원이 일대일로 근로 환경을 다투는 장면을 상상할 수 있겠는가. 힘의 불균형이 심각할 때는 국가가 나서서 실질적으로 대등해질 수 있도록 만든 다음에야 진정한 계약의 자유를 획득할 수 있다. 국가의 제대로 된 간섭이 다시 필요해졌다. 잘못에 대해 책임지는 일 역시 비슷한 문제를 낳았다. 대기업이 생산한 물건에 이상이 있다고 소비자가 손해배상을 요구하려고 한다. 대기업은 잘못한 게 없다고 발뺌을 하면서 뭐가 문제인지 소비자더러 밝히라고 한다. 또한 자신들은 공장을 돌렸을 뿐이고 유해 물질에 관한 법적 기준도 충족했으니 강물이 더럽혀진 책임은 알 바 아니라고 한다. 잘잘못을 따지는 일부터가 어렵다.

이런 문제점이 있기에 헌법은 개인과 기업의 자유와 창의를 존중하는 자유 시장경제를 원칙으로 하면서도 균형 있는 국민경제 성장, 경제력 남용 방지, 경제민주화를 위해 국가가 개입할 수 있다고 정해놓고 있다.[2] 균형을 잡을 수 있는 근거를 마련해놓은 셈이다. 그다음은 운영하는 국민의 몫이다. 주인이고 어른이라는 지위에 걸맞은 책임은 여전히 져야 한다. 알아서 해주겠거니 맡겨놓으면 무능력자와 다를 바 없다.

◇◇◇◇

2 헌법 제119조 제2항
  국가는 균형 있는 국민경제의 성장 및 안정과 적정한 소득의 분배를 유지하고, 시장의 지배와 경제력의 남용을 방지하며, 경제주체 간의 조화를 통한 경제의 민주화를 위하여 경제에 관한 규제와 조정을 할 수 있다.

Part 7

범죄의 백지장도
맞들면 나을까?

정범과 공범

구이도 레니, 〈헬레네의 납치〉, 1626~1629, 캔버스에 유채, 253×265cm, 프랑스 루브르 박물관

백지장만 맞들어라

'납치' 하면 떠오르는 전형적인 장면이 있다. 두건을 덮어씌워 어딘지 모를 곳에 가두고 인질극을 벌이거나, 지나가는 여성이나 어린아이의 입을 틀어막고 강제로 차에 태워 데려가는 광경이 연상된다. 그런데 여기 미녀를 납치하는 장면을 묘사한 한 장의 그림이 있는데 그 모습이 이상해도 너무 이상하다. 이탈리아 화가 구이도 레니Guido Reni (1575~1642)의 〈헬레네의 납치〉는 스파르타의 왕비 헬레네Helene가 트로이의 왕자 파리스Paris에게 납치당하는 장면을 그린 작품이다. 그런데 제목은 분명 납치인데 한눈에 봐도 흔히 생각하는 그것과는 너무 거리가 멀다. 헬레네는 하얀 손을 다소곳이 파리스에게 맡기고 부끄러운 듯 살짝 고개를 숙이고 있다. 어딜 봐도 납치를 당하며 겁을 먹은 모습이 아니다. 오히려 치마폭을 살짝 부여잡은 손이 종종걸음으로 갈 길을 재촉하려는 듯 보인다. 하얀 깃털 모자에 정열의 붉은 망토로 몸을 휘감은 파리스 역시 흡사 춤이라도 추듯 가볍게 그녀의 손을 이끌고 있다. 주변의 다른 남녀 역시 축복이라도 하듯 선남선녀를 둘러싸고 있을 뿐 위협적인 느낌은 전혀 들지 않는다. 그림의 오른쪽에 있는 두 큐피드Cupid를 보면 그 이유를 짐작할 수 있다. 헬레네는 사실 납치당하는 것이 아니라 파리스와 사랑의 도피 중이기 때문이다.

헬레네와 파리스의 무분별한 애정 행각은 무려 10년에 달하는 트로이 전쟁을 일으키는 도화선이 되었다. 왕비를 빼앗긴 스파르타 왕은 도시 국가였던 그리스 각국을 연합해 트로이로 진격했고 트로이는 성문을 걸어 잠그고 버티기로 응수했다. 아가멤논Agamemnon, 오디세우스Odysseus, 아킬레우스Achilles, 헥토르Hector 같은 수많은 용사들의 무용담이 이 전쟁을 배경으로 쓰였다. 지지부진하던 전쟁은 그리스가 거대한 목마를 만들어놓고 철수하는 척하면서 끝이 났다. 트로이는 승리의 전리품으로 착각한 나머지 목마를 성 안으로 들였지만 목마 안에는 그리스 정예군이 몰래 숨어 있었다. 트로이군이 승리에 취해 방심한 사이, 오디세우스를 선봉으로 한 특공대가 도시를 불태웠다. 그 유명한 트로이의 목마 이야기다. 1871년 독일의 고고학자 하인리히 슐리만Heinrich Schliemann(1822~1890)은 트로이 유적을 발굴해 전쟁이 실제로 있었던 역사적 사실임을 밝혀냈다. 무려 전쟁까지 불러일으킨 남녀의 사랑, 혹은 불륜이지만 구이도 레니는 그 시작을 산보라도 하는 듯한 가벼운 모습으로 그렸다.

함께할수록 쉬워지는 범죄

배경을 알고 나면 그림 속에 의심스러운 부분은 없는지 조금 더 자세하게 들여다볼 수밖에 없다. 아무리 사랑에 빠졌다고는 해도 헬레네의 행동은 지나치게 무책임하다. 한 나라의 왕비로서 자신이 파리스 왕자와 사랑의 도피를 하면 어떤 일이 벌어질지 전혀 몰랐을까? 구이도 레니가 자신의 그림에 납치라는 제목을 붙인 걸 보면 어쩌면 헬레네는 속았을 수도 있다. 비록 파리스와 불륜에 빠졌다 하더라도 헬레네는 함께 도망갈 생각까지는 없었는지 모른다. 그저 파리스에게 속아서 자기도 모르게 트로이까지 따라갔을 수도 있다. 만일 그렇다면 아무리 헬레네가 자기 발로 트로이에 갔다 해도 납치라고 봐야 한다. 꼭 힘으로 윽박질러서 강제로 끌고 가야만 납치가 아니기 때문이다.

지금보다 교통이 조금 덜 발달했던 시대, 피 끓는 청춘들은 일부러 차량이나 배편이 일찍 끊기는 곳으로 여행을 떠나곤 했다. 연인과 자연스레 하룻밤을 함께 보내기 위해서였다. 90년대 초반까지만 해도 서울 근교에서조차 오후 6시면 막차가 끊기는 곳이 많았다. 그러다 보니 차가 끊겨 어쩔 수 없으니 하룻밤 묵었다 가자는 말에 못 이기는 척 따르는 것이 암묵적인 약속이었다. 이렇듯 알면서 모르는 척 끌려가줬다면 당연히 납치가 아니다. 하지만 시작은 비슷해도 한쪽이 작심하고 속이면 전혀 다른 문제가 된다. 잠깐 드라이브하자고 해서 차에 올랐는데 휴게소 한번 들르지 않고 고속도로를 질주하더니 대중교통을 찾을 수 없는 낯선 곳으로 가서 돌려보내주지 않는다면? 또는 스키장에 놀러 가자고 해서 차에 탔는데 운전자가 얼마 지나지 않아 험악한 표정으로 바뀌더니 차가 어딘지 모르는 곳으로 달리기 시작한다면? 문을 열기엔 속도가 너무 빨라 위험하고 무슨 일인지 물어도 대꾸조차 하지 않는다. 이런 상황에 처한다면 대부분의 사람은 혹시 무슨 일을 당할지 몰라서라도 가만히 있을 수밖에 없다.[1] 이런 경우에는 아무리 스스로 차에 탔

◇◇◇◇
1 대법원 91도1402 전원합의체 판결

다고 해도 납치다.

　그림을 다시 보자. 헬레네의 손을 잡고 이끄는 파리스의 시선이 조금 이상하다. 헬레네가 아니라 뭔가 그 뒤쪽을 바라보고 있다. 진실을 아는 누군가가 쫓아올까 경계하는 눈빛처럼 보이지 않는가. 주변 인물들도 의심스럽기는 마찬가지다. 파리스의 일행처럼 보이는 남자들이 앞장서고, 헬레네를 감싼 여인들이 뒤를 따르고 있다. 한 무리의 사람들이 주변을 둘러싼 덕분에 남녀가 눈이 맞아 달아나는 길로는 보이지 않는다. 하지만 그렇다고 수상한 낌새까지 사라지지는 않았다. 그림 왼편에 있는 어린아이가 뭔가 수상쩍다는 표정으로 일행을 바라보고 있다. 오른쪽 귀퉁이에 있는 큐피드는 보다 노골적이다. 그림 바깥, 그러니까 그림 속 일행을 바라보는 사람을 겨냥해 날카로운 눈빛을 던지고 있다. 치켜든 오른손 둘째손가락은 입을 다물라는 표시가 아닐까. 일행은 어쩌면 파리스와 한패일지도 모른다. 헬레네를 속이기 위해 동원한 무리 말이다. 함께하는 사람이 많을수록 쉽게 안심시킬 수 있으니까. 헬레네의 주변 사람들이 파리스와 공범이라면 헬레네는 자신이 트로이로 간다고는 꿈에도 생각 못했을 수도 있다. 그저 한나절 뱃놀이 정도로 생각하고 따라나선 길이 10년 전쟁이라는 폭풍의 시작이 되었는지도 모른다.

　현실에서도 한 사람이 아니라 여러 사람이 모여 범죄를 저지르는 경우가 많다. 백지장도 맞들면 낫다는데 범죄를 짓는 무거운 마음이나 죄의식이야말로 함께하면 덜기에 딱 좋다. 게다가 현실적으로 분업의 이익도 크다. 사기죄를 예로 들어보자. 사람을 동원하면 거짓말이 쉬워진다. 여러 명이 한목소리로 거짓말을 하면 허황된 이야기도 그럴듯하게 들린다. 외눈박이 나라에 가면 두 눈 멀쩡한 사람이 장애인이 될 수밖에 없다지 않은가. 모두가 예라고 하는데 아니라고 할 사람은 별로 없다. 일단 가장 속이기 쉬운 한 사람만 속여 넘기면 일은 급속도로 쉬워진다.

평소부터 알던 주변 사람들에서부터 시작해 범위를 넓혀 차근차근 꼬여서 개미지옥으로 끌어들인다. 이 사람이 함께하니 저 사람에게 가입하라 하고, 저 사람이 투자한 땅이니 당신도 좋은 기회 놓치지 말라는 식이다. 특히 다단계 사기의 경우 그렇게 가해자이면서 피해자가 되는 경우가 많다. 좋은 투자라고 믿으면서 친구나 친지까지 끌어들이기 때문이다. 그렇게 여러 사람이 모이면 자신 역시 더욱 안심이 되기도 한다. 그런 대표적인 사건이 바로 대한민국 역사상 가장 큰 다단계 사기 사건으로 꼽히는 이른바 '조희팔 사건'이다. 조희팔은 2004년부터 2008년까지 전국에 10여 개의 불법 다단계 업체를 차리고, 의료기기 대여업으로 고수익을 보장한다고 속여 투자자들의 돈을 가로챘는데 검찰이 공식적으로 보는 피해자만 5만 명에 이르고 피해 금액은 5조 원이 넘는다. 조희팔은 2008년 중국 밀항 후 사망한 것으로 알려졌지만 피해자들은 그가 경찰 수사를 피하기 위해 사망한 것처럼 꾸몄다며 그 죽음마저도 불신하고 있다. 이 사건에서는 조희팔 외에도 그의 오른팔로 여겨지던 강씨, 사기 범죄를 설계한 배씨 등이 주도적인 역할을 했다. 이처럼 여러 명이 가담했을 때 각각을 공범이라고 하는데, 가장 좁게는 하나의 범죄를 저지르며 역할을 나누어 맡은 사람을 가리킨다.

신소재 벤처 사업이라는 아이템으로 사기를 친다고 하자. 그럴듯한 신분으로 위장하기 위해 각종 위조 서류를 준비하는 소품 담당, 사업 설명회를 하며 사업가인 양 주연배우를 맡은 자, 함께 투자를 하는 척하면서 분위기를 띄우는 조연, 그리고 준비한 연극의 희생양을 끌어 모으는 모집책 등 각자 맡은 바 역할을 한다. 그처럼 하나의 사건을 저지르며 역할을 다양하게 분담했을 때는 일반적으로 공범에게 일어난 결과 전체에 대한 책임을 지도록 한다.[2] 한 사람의 행동인 것처럼 일사분란하게 움직였기 때문에 자기가 한 행동에 대해서만 죄를 묻지 않는다. 그래서 배후에 있는 설계자, 그러니까 모든 범행을 계획하고 역할을 나눠 주고 지휘한 두목이 있다면, 설령 그가 직접 행동에 나서지 않았다 할지라도 범죄를 저지른 것으로 본다. 머리를 맞대고 공모를 했고 누군가 공모한 계획대로 움직였다면 머리만 쓴 자도 당연히 처벌해야 한다.

갈수록 도시화, 익명화되고 그만큼 개인의 실체를 알기 어려워지는 시대 상황도 범죄를 부른다. SNS의 자기 소개란을 생각해보자. 출신지며 졸업 학교, 현재 직장까지 이런저런 칸을 채워 넣는다. 검증 절차는 하나도 없다. 성별부터 나이, 직업까지 모두 거짓으로 적어 세상에 존재하지 않는 가짜 인간을 만들어도 그만이다. 나아가 한 사람이 여러 개의 아이디를 개설해 여러 명 행세를 할 수도 있다. SNS상에서 만난 어떤 사람을 알았는데 외모며 학력이며 직장까지 완벽하다. 너무 완벽해 고개를 갸웃거리려는 찰나 그 사람의 글에 댓글을 다는 주변 친구들이 등장한다. 어릴 적 추억이며 엊그제 여행지에서 함께 맛본 음식에 관한 글, 직장에서 함께 수행 중인 프로젝트와 상사에 대한 뒷말까지. 혼자면서도 마치 여러 사람이 함께 있는 듯 공범 아닌 공범 형태의 덫을 만들어놓으니 믿지 않으려 해도 믿지 않을 수가 없다. 그렇게 완벽한 이상형에 속아 실제로는 얼굴 한번 본 적 없으면서도 이런저런 명목으로 거액의 돈을 뜯기는 일까지 벌어진다.

◇◇◇◇

2 대법원 88도1247 판결

그림자 속에 숨어 있는 검은 손길

파리스가 헬레네를 납치하게 된 배경에는 또 다른 사건이 있다. 그 시작은 바다의 요정 테티스Thetis와 영웅 펠레우스Peleus의 결혼식이었다. 결혼식과 함께 신들의 잔치가 성대하게 열렸는데 그 잔치에 유일하게 초대받지 못한 신이 있었으니, 바로 불화의 신인 에리스Eris였다. 초대하는 걸 깜빡했을 수도 있고, 아니면 아무래도 결혼식에 불화를 상징하는 에리스는 초대하지 않는 편이 낫다고 생각했을 수도 있다. 어쨌거나 에리스는 크게 화가 났고, 복수를 하려고 잔치에 참석한 신들 한가운데로 '가장 아름다운 여신의 것'이라는 꼬리표가 붙은 황금 사과를 던졌다. 당연히 잔치에 참석한 모든 여신들이 자기가 황금 사과의 주인이라고 주장하며 싸웠고, 결국 다툼 끝에 세 여신이 최종적으로 남았다. 바로 제우스Zeus의 부인인 헤라Hera, 전쟁과 지혜의 여신 아테나, 사랑의 여신 아프로디테Aphrodite였다. 하지만 세 여신이 자기들끼리 아무리 싸워도 결론이 나지 않자 차라리 인간의 눈으로 누가 가장 아름다운지 결정해달라고 하는 편이 낫겠다는 생각이 들었다. 그리고 마침 근처에서 양을 치고 있던 파리스에게 황금 사과의 주인을 결정하는 심판관 역할을 맡겼다. 아름다운 여신을 정하는 시합이니 아름다움만 가지고 싸우면 될 것을 여신들은 파리스에게 달콤한 조건을 내걸며 유혹했다. 권력을 가진 헤라는 최강의 왕국을 주겠노라 했고, 아테나는 난세를 꿰뚫는 지혜를 권했으며, 아프로디테는 사랑의 여신답게 가장 아름다운 여인을 주겠노라 했다.

페테르 파울 루벤스, 〈파리스의 심판〉, 1632~1633, 패널에 유채, 193.7×144.8cm, 영국 국립 미술관

바로크 미술의 거장 페테르 파울 루벤스Peter Paul Rubens (1577~1640)
는 이 이야기를 주제로 여러 장의 그림을 그렸는데, 영국 런던의 내셔
널 갤러리에 전시된 1633년도 작품과 스페인의 프라도 미술관에 전시
되어 있는 1639년도 작품이 가장 널리 알려져 있다. 여기서는 1633년
도 작품을 한번 살펴보자. 벌거벗은 세 여신이 경쟁적으로 파리스를 향
해 관능적인 몸짓을 보이고 있다. 오른쪽에는 100개의 눈이 달린 공작
을 부하로 부리는 제우스의 부인 헤라, 왼쪽엔 올빼미와 함께 메두사의
목이 달린 방패를 가지고 나온 지혜의 여신 아테나, 가운데 사랑의 여
신 아프로디테의 뒤에는 에로스Eros가 놀고 있다. 쟁쟁하기론 누구 하
나 뒤처지지 않는 여신들이니 파리스로서는 참으로 곤혹스러운 상황이
아닐 수 없다. 파리스의 옆에 선 전령의 신 헤르메스Hermes 역시 고민

스러운 얼굴이다. 하지만 결국 젊은 피가 끓어서였는지 파리스는 아름다운 여인을 택했고 황금 사과는 아프로디테에게 돌아갔다. 문제는 아프로디테가 주기로 약속한 가장 아름다운 여인이 바로 유부녀에다 스파르타의 왕비인 헬레네였다는 점이다. 그러니까 헬레네 납치 사건의 배후에는 아프로디테가 있었던 셈이다.

그렇다면 아프로디테는 어떤 범죄를 저질렀다고 해야 할까. 파리스가 어떤 생각을 가지고 있었는지에 따라 달라진다. 하얗게 머릿속이 비어 아무 생각이 없었는데 아프로디테 때문에 헬레네를 납치할 생각을 품게 됐다면 아프로디테는 납치의 교사범이다. 범죄를 저지를 생각이 없는 사람을 부추겨 불법행위를 하도록 만드는 것도 엄연한 범죄인데, 이런 범죄를 저지른 사람을 교사범이라고 한다. 교사범이 부추기지 않았더라면 애초에 범죄가 일어나지도 않았을 테니 법적으로는 직접 범죄를 저지른 범인과 똑같이 죄를 지었다고 본다. 따라서 이런 경우라면 아프로디테가 헬레네의 납치를 저지른 것이나 마찬가지다. 일반적으로 범죄는 스스로 한 행동 때문에 나쁜 결과가 벌어질 걸 뻔히 알면서도 일부러 행할 때 일어난다. 남을 향해 주먹을 휘두를 때는 당연히 상대방이 맞아서 다칠 것을 예상한다. 그런데 교사범의 머릿속은 조금 복잡하다. 직접 나서서 상대방을 때리지 않고 남을 시켜서 때리도록 만든다. 아무 생각이 없던 제3자가 죄를 저지르겠다고 결심하도록 만들기 위해 교사범은 자기 머릿속에 한 번, 제3자의 머릿속에 또 한 번 그렇게 이중으로 범죄의 과정을 계획한다. 교사범은 결코 주먹을 직접 휘두르지 않는다. 남에게 명령하거나 부탁하는 식이다. 범죄를 행동에 옮기는 것은 그런 교사에 넘어간 정범이다.

이렇게 한 단계를 더 거치다 보니 문제가 발생할 가능성도 그만큼 높아진다. A를 죽여달라고 청부 살인을 의뢰했는데 청부 살인범이 실수로 A가 아니라 옆집에 사는 B를 살해하고 말았다면 어떻게 될까. 그런 일이 실제로 벌어지기도 한다. 엄격하게 따진다면 범죄를 사주한 목적을 달성하지 못한 셈이지만 그래도 책임은 져야 한다. 사람을 죽이라고 사주해 사람을 죽였으니 비록 A가 아니라 B가 죽었더라도 청부 살인을 의뢰한 사람은 살인죄의 교사범이 맞다. 혹은 적당히 혼내주라고 했더니 덜컥 살인을 저질러버린 경우는 어떨까? 혼내주라는 게 어느 정도였는지 구체적으로 따져서 폭행이나 상해를 지시했었다면 최소한 그만큼의 책임은 물어야 한다. 일반적으로 범죄란 머릿속에 가지고 있었던 생각과 실제로 벌어진 결과가 일치하는 만큼만 성립한다고 보기때문이다.

하지만 파리스가 그전부터, 그러니까 아프로디테의 말을 듣기 이전부터 헬레네를 마음에 두고 있었다면 어떨까. 사실 아무리 미녀가 좋아도 나라를 주겠다는 헤라나 지혜를 베풀겠다는 아테나의 제안을 물리치고 한 여인을 택하지 않았는가. 그렇게 보면 파리스가 처음부터 헬레네에게 마음을 두고 아프로디테의 제안을 받아들였을 가능성이 있다. 헬레네는 이미 결혼한 몸이었기에 정상적인 방법으로는 그녀를 차지할 수 없다. 짝사랑 중인 파리스는 어떤 수단을 써서라도 헬레네를 손에 넣을 방법을 궁리하고 있었고, 이미 범죄도 불사할 생각이었을 수 있다. 아프로디테는 단순히 그런 마음에 불을 지폈을 뿐인지도 모른다. 그렇다면 아프로디테는 납치라는 범죄를 도와준 방조범이었다고 해야 한다. 범죄를 저지를 생각이 있는 사람에게 그런 결심을 더욱 굳게 다지도록 만들거나, 실제로 범행을 저지르는 데 어떤 식으로든 도움을 주는 범죄를 방조죄라고 한다.

방조죄는 수단과 방법에 제한이 없기 때문에 수많은 방식으로 이루어질 수 있다. 크게 두 가지 방향으로 나눌 수 있는데 우선 정신적인 도움을 주는 것이다. 예를 들어 교도소에 가도 남은 식구들의 생계는 걱정하지 말라며 안심하고 범죄를 저지르라고 응원하는 식이다. 뒷일은 걱정하지 말라며 어깨를 두들겨주는, 그런 장면 있지 않던가. 아니면 직접 기술적이나 물리적 도움을 줄 수도 있다. 절도 전과가 있는 줄 뻔히 알면서도 먹고살기 어려운데 열심히 일하라며 문을 뜯는 데 쓸 수 있는 튼튼한 드라이버를 사주었다면 굳이 말하지 않아도 속내는 뻔하다. 아프로디테는 사랑과 미의 여신이다. 여신이 약속을 했으니 파리스 입장에서는 더 이상 든든한 배경이 없다. 얼마나 용기백배했을지 충분히 짐작이 간다. 게다가 그리스 신화는 파리스와 헬레네가 만나는 순간 아프로디테가 마법을 부려 둘을 사랑에 빠지도록 만들었다고도 한다. 어느 쪽이든 아프로디테가 최소한 납치의 방조죄를 저질렀다는 사실에 변명의 여지는 없어 보인다.

생명 있는 도구와 함정수사

교사나 방조는 직접 범죄를 저지르는 사람이 따로 있고, 그 사람은 스스로 죄를 짓는다는 걸 알고 있다. 직접 손에 피를 묻히는 정범이 있고 그걸 부추기거나 도와주는 방법으로 가담하는 공범으로 범죄가 이루어진다. 이와 달리 직접적인 행위를 한 사람이 범죄인 줄 모르는 경우도 있고, 혹은 처벌받지 않는 사람을 이용해 범죄를 저지를 수도 있다. 환자가 맞을 주사제를 독극물로 바꿔치기했는데 간호사가 정상적인 약물로 생각하고 주사를 놓았다면 간호사는 아무 잘못이 없다. 단지 범죄의 도구로 이용당했을 뿐이다. 놀이터에서 놀고 있는 예닐곱 살 꼬맹이를 꼬드겨 다른 아이의 자전거를 가져오도록 했다면? 죄를 짓는다는 생각을 했든 못했든 아이들은 14세 미만이라 처벌을 받지 않는다. 이 경우 법은 다른 사람을 동원하기는 했지만 그냥 본인이 범행을 저질렀다고 본다. 이른바 간접정범이다. 꼭두각시를 조종하는 것처럼 사람을 생명 있는 도구로 써서 범죄를 벌인 것이다. 이런 식의 범죄는 여행객에게 짐을 맡아달라고 해서 마약을 들여오는 등 현실에서 의외로 쉽게 일어난다. 억울하게 이용당했을 뿐이라고 밝혀지면 다행이지만 그렇지 않으면 범인으로 몰리기 딱 좋은 구조다.

그런데 누군가 범죄를 저지르기를 바라거나 기다리기는 하지만 그 목적이 간접정범과는 다른 데 있을 때가 있다. 수사기관이 범인을 기다렸다가 행동에 나서는 순간 검거하는 이른바 함정수사이다. 여자 경찰이 사복을 입고 성매매를 하려는 듯 기다리다가 접근하는 남성을 검거하는 식이다. 피고인 입장에서는 억울할 수도 있다. 여자 경찰이 없었다면 애초에 죄를 지을 생각도 하지 않았을 거라며 말이다. 함정을 파놓고 일부러 빠뜨렸으니 수사 과정이 불법이고 그러니 재판에 부쳐서도 안 된다고 주장할 수도 있다. 아예 일리 없는 소리는 아니다. 그래서 법원은 원래 범죄에 대한 생각이 없는 사람을 수사기관이 꼬드겨 범죄를 저지르게 했다면 불법으로 본다. 수사기관이 교사범이나 마찬가지인 만큼 넘어간 사람을 처벌하지 않는다. 하지만 그게 아니라 처음부터 범죄를 저지를 생각이 있었는데 기회를 마련해주거나 조금 더 쉽게 범행을 저지를 수 있는 상황을 만들었다면 합법으로 본다. 예를 들어 술에 취해서 공원 벤치에서 잠든 사람이 있는데 범인이 이를 발견하고 기회라고 여겨 지갑을 훔칠 생각을 했다. 그러고는 범행을 위해 피해자를 조금 더 으슥한 곳으로 끌고 갔다. 그런데 범인도 피해자도 미처 알지 못한 사실이 있었다. 마침 근처에 잠복근무 중인 경찰이 있어서 범인이 피해자에게 다가가는 걸 몰래 지켜보고 있었던 것이다. 경찰은 범인이 피해자의 지갑을 훔치려는 걸 알아챘다. 만일 그때 당장 경찰이 있다는 사실을 알리며 나서면 범인은 지갑을 훔치려던 애초의 생각을 멈추고 돌아섰을 수도 있다. 하지만 경찰은 그러지 않고 일단 잠시 기다리며 지켜보다가 범인이 바지 주머니에 손을 넣어 지갑을 꺼내는 걸 보고서야 뛰쳐나가 범인을 체포했다. 이런 경우라면 경찰이 위법한 함정수사를 했다고 할 수 없다.[3] 경찰이 잠복근무를 하기는 했지만 범인은 그 사실과 상관없이 처음부터 범죄를 저지를 생각으로 피해자에게 다가섰고, 경찰은 이를 발견하고 막았을 뿐이기 때문이다.

하지만 그런 상황이 아니라 범죄를 저지를 생각이 없는 사람을 부추겨 억지로 범죄를 저지르도록 했다면 불법이다. 경찰이 단속 실적을 올리기 위해 느닷없이 아무 노래방에나 손님을 가장해 들어가서는 여자 도우미를 불러달라고 했다면 어떨까? 노래방 주인이 안 된다고 거부했지만 생떼를 쓰는 바람에 마지못해 이리저리 전화 연락을 해서 도우미를 불러줬더니 덜컥 수갑을 채웠다. 이런 경우에는 경찰의 잘못이 더 크기 때문에 당연히 노래방 사장을 벌줄 수 없다.[4]

◇◇◇◇

3 대법원 2007도1903 판결
4 대법원 2008도7362 판결

진짜 악당은 따로 있다

조직 폭력배를 다룬 영화에 자주 나오는 장면이 있다. 상대 조직과 갈등이 생기는 등 뭔가 어려운 상황에 처해서 떠들썩한 회의가 벌어졌는데, 그중에 자신이 무조건 해결하겠노라고 자리를 박차고 나서는 인물이 있다. 정작 보스는 시끄러운 회의, 분연한 결의를 아는지 모르는지 등을 돌린 채 창밖만 바라보고 있다. 그리고 결국 문제를 해결하겠다던 인물이 상대 조직에 쳐들어가 온갖 난장판을 벌였다. 이럴 때는 보스에게 어떤 책임을 물어야 할까. 구체적으로 어떤 일을 하라고 지시한 사실이 없으니 딱히 교사라고 볼 수 없다. 직접 실행에 옮긴 인물은 보스의 눈치를 살펴 그런 짓을 저질렀지만 분명히 자기 의사로, 자신이 무슨 짓을 하는지 충분히 알고 일을 벌였다. 간접정범의 형태로 죄를 묻기도 어렵다.

이런 경우도 있다. 누군가 불량배를 고용해 특정한 시간과 장소에서 자신을 공격하려 한다는 계획을 입수했다. 남의 칼을 빌려 적을 친다고 하지 않던가. 평소 갈등을 일으켰던 라이벌을 하필 그때 그 장소로 유도했다. 청부업자는 그런 줄도 모르고 나타난 사람을 목표물이라고 착각해 폭력을 행사했다. 청부업자나 애초에 그에게 사주한 자는 당연히 폭행죄로 다스려야 하지만, 라이벌을 그곳으로 유도한 사람은 어떻게 처벌할 수 있을까.

감정적으로만 보면 조직 폭력배의 보스나 라이벌을 살인 현장으로 유도한 사람이나 모두 당연히 처벌해야 할 배후의 진짜 악당이 맞다. 그런데 현실에서는 다르다. 함께 범행을 계획했거나 지시를 내린 구체적인 증거가 없으면 처벌이 어렵다. 뉴스에서도 비슷한 사건이 종종 다루어진다. 단독으로는 그런 결정을 할 능력도 권한도 없는 사람이 엄청난 짓을 저질렀는데 정작 권한과 책임을 가진 사람은 자신도 모르는 사이 부하가 한 일이라고 변명하지 않던가. 변명에서 그치지 않고 한 발 더 나아가 보고나 결재도 없이 벌어진 일이라 법적 책임은 없지만 도의적으로 사과한다는 말로 어물쩍 넘어가버린다. 억울한 피해자를 만들지 않기 위해 범죄 사실을 엄격하게 증명한다는 것이 대원칙이기는 하지만, 너무 큰 원칙이어서인지 정작 큰 물고기조차 그물망 사이로 빠져나가고 있는 건 아닌지 생각해볼 일이다.

Part 8

폭력은 필요악인가

다양한 폭력의 모습

자크 루이 다비드, 〈호라티우스 형제의 맹세〉, 1784, 캔버스에 유채, 330×425, 프랑스 루브르 박물관

남성의 폭력, 여성의 눈물

프랑스의 화가 자크 루이 다비드Jacques Louis David(1748~1825)는 역사적 사건이나 인물을 즐겨 그렸는데, 젊은 시절 스승과 함께 로마로 유학을 떠났던 경험 때문인지 특히 고대 로마를 좋아했다. 이 그림 〈호라티우스 형제의 맹세〉 역시 로마의 역사가 티투스 리비우스Titus Livius Patavinus(BC 59~AD 17)가 지은 『로마 건국사』에 등장하는 이야기를 배경으로 하고 있다.

아직 거대한 제국을 이루기 전, 도시국가에 불과했던 로마는 경쟁국이었던 알바Albains와 오랜 전쟁을 치르고 있었다. 이미 많은 피를 흘린 두 나라는 전면전을 치르기에는 너무 지쳐버렸다. 결국 전쟁을 끝내기 위해 그들은 각각 세 명씩 대표 전사를 뽑아 그들이 벌인 결투 결과에 따라 승패를 정하기로 했다. 그렇게 뽑힌 로마 대표가 호라티우스Horatius 일가의 삼형제였으며, 알바에서는 큐라티우스Curiaces 가의 세 아들이 대표가 되었다. 그림 왼쪽에 손을 뻗어 나라를 위해 목숨을 바치겠다고 엄중하게 맹세하고 있는 세 남자가 바로 호라티우스 형제고 그들에게 무기를 건네며 승리를 기원하고 있는 남자는 형제의 아버지다. 물론 어떻게 보면 수백, 수천의 목숨을 건 전투를 치르느니 소수의 엄선된 전사들이 대신 결투를 해서 전쟁의 승패를 결정하는 편이 더 현명할 수 있다. 하지만 그렇다고 해도 피를 흘려 문제를 해결한다는 점에서는 마찬가지 아닐까?

게다가 역사는 승자의 입장에서 쓰이기 마련이다. 큐라티우스 형제 역시 나라의 운명을 두고 결투에 나서며 목숨을 걸고 승리를 다짐하기는 마찬가지였을 것이다. 그러나 결국 호라티우스 형제가 승리했고, 로마가 역사의 주인공이 됐기에 그들이 그림의 주인공이 되었다. 그렇다면 그들에게 쓰러진 큐라티우스 형제의 이야기는 그걸로 끝난 것일까. 안타깝게도 현실은 그렇지 않았다. 비장하게 맹세하는 형제의 맞은편에 슬픔에 젖은 세 명의 여인이 있다. 흰옷을 입은 여인은 바로 형제의 누이동생인 카밀라Camille고 그녀가 어깨에 손을 얹고 기대 있는 여인은 오빠의 부인인 사비나Sabine다. 그런데 사비나는 바로 큐라티우스 가문에서 시집온 여인이었다. 뿐만 아니라 카밀라는 큐라티우스 가의 아들과 약혼한 사이였다. 공교롭게도 두 집안은 사돈 집안이었고, 누가 이겨도 그건 그들에게 사랑하는 사람의 죽음을 뜻했다. 형제의 어머니는 손자들을 잔인한 운명으로부터 보호하려는 듯 감싸 안아보지만, 형제의 아버지는 오히려 아들들에게 칼과 함께 피의 유산을 넘기고 있다. 그리고 아이들에게 아버지들은 외삼촌들을 살해한 살인자가 됐다. 뿐만 아니다. 호라티우스 형제는 결국 큐라티우스 형제를 이기고 승리했지만, 그들 역시 삼형제 중 둘이 죽고 한 명만이 살아남았다. 살아 돌아온 마지막 형제는 누이동생인 카밀라가 약혼자의 죽음을 슬퍼하며 자신을 원망하자 이에 격분해서 여동생마저 죽이고 만다. 나라를 위해 적을 처단했는데, 그걸 탓한다면 반역 행위나 마찬가지라는 것이 그 이유였다. 하지만 그가 아무리 나라를 구한 용사고, 끓어오르는 애국심 때문에 여동생을 죽였다고 해도 살인죄로 기소되는 건 어쩔 수 없었다. 그런데 형제의 아버지는 오히려 딸을 죽인 아들을 칭찬하며 나라를 위해 당연한 행동을 했다며 옹호했다.

영웅들의 행적이라지만 실상 거기에는 피와 눈물로 얼룩진 슬픔만이 가득했던 셈이다. 다비드는 이 작품을 통해 개인의 감정을 넘어선 애국심을 강조하고 싶었는지 모르지만, 오늘날을 살아가는 우리 눈에는 폭력에 얼룩진 비극적 가족사가 먼저 들어온다. 형제의 칼부림에 자매들이, 어머니와 딸이 피눈물을 흘려야 했던 적이 어디 한두 번이던가. 남성이 이끌어온 지금까지의 인류 역사는 이처럼 폭력으로 얼룩져 있다. 개인과 개인 사이, 집단과 집단, 국가끼리도 힘으로 싸워왔고, 여전히 싸우고 있다. 어느 쪽은 악이라 불리고 어느 쪽은 선이라 불리지만 양쪽이 뭐가 다른지 구별하기 어려울 때도 있다. 서로가 없으면 존재하기 어려운 적대적 의존관계일 때도 많다. 범죄를 막기 위한 폭력이 자행되었고, 최근까지도 인류는 죄인을 처벌하며 폭력을 썼다. 아니, 문명사회라는 오늘날에도 싱가포르처럼 태형 등의 신체형을 유지하고 있는 나라가 있다. 집행하지 않고 있을 뿐이지, 우리나라에도 최악의 폭력인 사형 제도가 법률상으로는 버젓이 남아 있다.

폭력의 다양한 형태

법은 직접적이든 간접적이든, 또는 사람을 향한 것이든 물건에 대한 것이든 상관없이 물리적으로 힘을 사용하는 모든 행위를 폭력으로 보고 원칙적으로 금지하고 있다. 그 정도에 따라, 혹은 폭력 그 자체가 목적이었는지 아니면 다른 목적을 달성하기 위한 수단으로 쓰였는지에 따라 죄명과 처벌이 달라질 뿐이다. 학교에서는 '체벌'이라는 이름으로, 군대에서는 '기합'이라는 이름으로 가해졌던 폭력을 추방하려는 움직임은 법의 입장에서 보면 당연한 일이다. 사람의 신체에 직접적으로 피해를 주는 분명한 불법행위일 뿐이기 때문이다. 격투기 같은 스포츠 경기에서, 혹은 경찰이 공권력을 집행하는 과정에서 벌어지는 일도 엄연한 폭력이지만 사회적으로 받아들일 수 있는 범위 안에 있기에 예외적으로 허용할 뿐이다.

법이 범죄로 금지하는 수많은 행위가 폭력에서 시작되거나, 혹은 폭력과 관계 있다. 형법에 나오는 범죄를 살펴보면 실제로 그렇다는 사실을 쉽게 알 수 있다. 형법은 범죄로부터 보호하려는 대상이 무엇인지에 따라 점차적으로 범위를 넓히며 범죄를 분류한다. 보호의 대상은 개인의 생명과 신체에서부터 시작해 재산과 명예에 이르며, 개인들의 모임인 사회, 그리고 가장 큰 사회인 국가의 기능으로 확장된다. 형법의 순서만 봐도 폭행죄, 상해죄, 살인죄처럼 폭력과 직접적으로 관련된 범죄가 가장 먼저 등장한다. 이처럼 생명과 신체를 보호하는 데서부터 범위를 점차 넓혀, 생명을 유지하기 위해서 하는 경제활동을 보호하는 데로 나아간다. 안정된 생계 활동을 위해서 절도, 강도, 사기, 횡령 같은 경제 범죄를 처벌하도록 하고 있다. 이 중에서 강도나 공갈은 재산을 목적으로 폭력을 사용하는 범죄다. 또한 혼자 사는 세상이 아닌 만큼 사람은 다른 사람과의 관계에서 외부적 명예를 존중받을 필요가 있기 때문에 명예훼손죄와 모욕죄와 같은 범죄도 처벌하도록 되어 있다. 언어 폭력을 막기 위해서다. 이런 개인적인 범죄를 넘어서면 여러 사람이 모여 이룬 사회를 지키기 위해 범죄로 정해놓은 것들이 있다. 방화죄, 일수죄, 폭발물 사용죄 등이 바로 이에 해당한다. 불은 인간의 힘을 넘어서는 폭력일 뿐 아니라 내 집, 네 집을 가리지 않고 번지기에 방화죄로 막고 있다. 폭발물은 불에서 한 발 더 나아간 폭력이다. 일수죄는 인위적으로 물길을 틀거나 둑을 무너뜨려 물의 힘을 폭력으로 쓰는 것을 막기 위해 정해놓은 범죄다. 마지막으로 사회보다 상위 개념인 국가를 보호해야 하는바, 국가를 대상으로 하는 범죄에도 폭력이 그 수단으로 동원되는 경우가 많다. 공권력을 속이거나 혹은 폭력으로 위협하면 공무집행방해죄가 성립되고, 국가의 일을 금전으로 매수해서는 안 되기 때문에 뇌물죄를 처벌한다. 더 나아가서 거대한 폭력을 동원한 쿠데타를 의미하는 내란죄, 외부의 폭력과 손을 잡은 외환죄 같은 어마어마한 범죄도 있다. 이처럼 형법 체계 전체를 살펴봐도 많은 범죄가 폭력과 관련돼 있다는 사실을 알 수 있다.

사용된 폭력을 그 정도에 따라 나눠볼 수도 있다. 폭행죄가 가장 기본이다. 여기서 폭행이란 사람의 몸을 향하여 행해지는 모든 종류의 물리적인 힘을 가리킨다. 몸에 직접적으로 손을 대지 않아도, 사람을 다치게 하지 않았어도 폭행죄가 성립할 수 있다. 머리카락을 강제로 잘랐다고 아프지는 않겠지만 폭행이다. 몸을 직접 때리지 않았더라도 벽에 몰아붙여놓고 주먹으로 벽을 때리며 폭력으로 위협할 수 있다. 이 역시 폭행죄다. 강도죄처럼 다른 사람을 물리적으로 제압하고 범죄를 저지를 때는 보다 강도 높은 폭력이 사용된다. 강간죄 역시 마찬가지다. 법률 용어로는 똑같은 폭행이지만 이때는 상대방의 반항을 억압할 만큼의 강도 높은 폭력이 행사된다. 수면제 같은 약물을 몰래 먹였을 때도 사람의 몸에 물리적인 충격을 주어 제압한 것이므로 폭행에 해당한다.

그리고 여러 사람이 군중을 이루어 질서를 흐트러뜨리며 공공기물을 부수는 따위의 폭행은 소요죄라고 부른다. 이때는 사람에 대한 것이냐 물건에 대한 것이냐를 가리지 않고 얼마나 강력한 것인지도 가리지 않는다. 모든 종류의 물리적인 힘을 폭행으로 본다. 한꺼번에 우르르 몰려다니며 공공기물을 파손하면서 세력을 과시하는 행위 자체를 범죄로 본다. 그보다 더 큰 폭력으로 악화되면 사회나 국가를 위협할 수도 있기 때문이다.

폭력과 관련된 범죄는 이처럼 광범위하고 종류와 힘의 정도도 다양하기에 특별법까지 만들어두고 있다. 법률은 민법, 형법, 상법처럼 일반적이고 보편적인 원칙을 두고, 그에 더해 깊이 있게 다뤄야 할 분야에 대해서는 특별법을 따로 만들어 쓴다. 특별법 역시 일반 원칙을 그대로 따르지만 특정 영역에 한해서 일반법에 우선해 적용한다. 폭력에 대해서는 집단으로 또는 상습적으로 폭력을 쓰거나 흉기, 위험한 물건을 사용했을 때 「폭력행위 등 처벌에 관한 법률」로 무겁게 처벌한다. 흉기란 칼, 총처럼 처음부터 사람을 해칠 수 있게 만들어진 물건이고 위험한 물건이란 쓰기에 따라 사람을 해칠 수 있는 도구를 뜻하는데, 이두 가지에 대해 차별 없이 똑같은 죄로 처벌한다. 홧김에 술병 따위를 집어 들었다가는 법적으로 총칼을 쓴 것과 마찬가지로 무거운 책임을 질 수 있으니 유의해야 한다. 맨손이었고 특별히 상대방이 다치지 않았다면 설령 싸움을 했더라도 서로 합의만 하면 아예 없었던 일로 만들 수 있다. 단순한 폭행죄는 이른바 반의사불벌죄, 그러니까 피해를 입은 사람이 원하지 않으면 처벌할 수 없는 범죄다. 서로 그만하자고 하면 그걸로 끝이다. 아예 국가가 개입할 여지가 없어진다. 그런데 맨손이 아니라 무언가를 손에 집어 들면 특별법에 따라 1년 이상의 징역형으로 처벌받을 만큼 죄가 무거워지고, 합의를 해도 여전히 국가가 형벌권을 유지한다. 하늘과 땅 차이다. 물론 다음과 같은 허풍은 거짓말이다. 권투 선수의 주먹은 흉기로 취급받는다거나 안경 쓴 사람의 얼굴을 때리면 살인 미수라는 식 말이다. 권투 선수한테 맞으면 많이 아플 테고, 경우에 따라 크게 다칠 수 있으니 아무래도 일반 폭행이 아니라 상해, 중상해로 처벌할 가능성이 높기는 하다. 하지만 그건 피해가 커서이지 권투 선수의 주먹이 '핵주먹'이라고 특별법을 적용해서가 아니다.

폭력에 대한 특별 대우

죄가 밉지 사람이 밉냐는 말이 있다. 설령 결과가 나쁘더라도 일부러 벌인 일이 아니라면 모든 결과에 책임을 묻기는 가혹하다. 실수라도 남에게 손해를 끼쳤다면 물어줘야 하는 민사에 관한 법과 달리, 형법은 원칙적으로 실수에 대해서는 벌을 주지 않는다. 범죄란 주관적으로 가졌던 나쁜 생각과 그 생각을 실천에 옮겨 벌어진 객관적인 나쁜 결과의 결합물이다. 속으로 아무리 험악한 짓을 꾸몄더라도 행동으로 옮기지 않았다면 처벌할 수 없다. 반대로 결론만 놓고 보면 끔찍한 일이지만 의도한 것이 아니라면 현대의 법률은 원칙적으로 형벌로 다스리지는 않는다. 나쁜 일인 줄 알면서 일부러 저질렀을 때를 범죄라고 본다. 실수에 대해서는 예외적으로만 범죄로 보고 책임을 묻는다. 이를테면 다른 사람에게 피해를 줄 수도 있는 위험한 일을 한다면 특별히 조심해야 한다. 그럴 때 부주의해서 누군가를 다치게 만들었다면 일부러는 아닐지라도 단순히 손해배상만으로 끝내서는 안 된다고 정해놓았다. 형벌로 처벌을 해야 위험한 일이라는 사실을 알고 미리 조심해서 다른 사람들에게 피해를 주지 않을 수 있다고 판단하기 때문이다. 대표적인 예가 자동차 운전이다. 지금이야 너무나 흔해졌지만 자동차가 처음 등장했을 때는 사람을 죽일 수도 있는 물건을 민간인이 소유하고 운전하는 것이 과연 옳은지 치열한 법적 공방이 벌어지기도 했다. 그렇지 않은가. 내가 빨리 편하게 가자고 부주의해서 다른 사람을 다치거나 죽게 만든다면 단순히 손해배상으로 끝낼 문제가 아니다.

폭력과 관련된 범죄 중에는 폭행치사, 상해치사처럼 어딘가에 도달했다는 '치致' 자가 들어간 것들이 있다. 폭행을 했는데 그만 사망에 이르고 말았다는 의미다. 처음부터 죽일 생각을 했다면 살인죄인데 그럴 의도까지는 없었고 폭행만 의도했는데 사망했다면 폭행치사이고, 실수라 할지라도 예외적으로 처벌한다. 폭행이나 상해가 가진 위험성 때문이다. 물론 폭력의 끝이 어디일지는 가늠하기 어렵다. 그렇게까지 될 줄 몰랐다고 반론할 수도 있다. 하지만 폭력이란 특별히 좋지 않은 것이기에 특별히 나쁜 대우를 한다. 게다가 폭행이나 상해가 있었다고 해서 무조건 결과 전부에 책임을 지우는 것도 아니다. 특별히 위험한 일로 이어질 수 있다고 충분히 예상할 수 있었음에도 폭력을 행사했을 때에 한정해 적용한다. 직장 동료끼리 사소한 시비가 생겨 삿대질을 하며 다퉜다. 그런데 뒷걸음질을 치며 동료가 그만 무언가에 발이 걸려 넘어졌고 머리를 부딪쳐 사망에 이르렀다. 삿대질도 엄연한 폭행이니 사망에 대한 책임을 져야 할까. 법원은 삿대질로 인해 넘어질 수 있다는 것까지는 알 수 있었다고 할지라도 그렇게 넘어져 사망하리라는 것까지 예상하기는 어렵다고 봤다.[1] 그래서 폭행죄로만 처벌하고 살인에 대한 책임은 묻지 않았다.

폭력에 대한 특별대우는 거기서 그치지 않는다. A는 평소 동네 사람들과 사이가 좋지 않아 걸핏하면 다투었다. 이날도 A는 B와 목청을 높여 싸우다 멱살잡이까지 할 정도로 심하게 싸웠다. 기운이 빠져 주저앉아 있었는데 하필 C가 지나가다가 기회다 싶어 A에게 싸움을 걸어왔다. 두 차례 격투를 치른 A는 파김치가 돼 집에 돌아와 드러누웠는데 그만 다시 일어나지 못했다. B, C 그 어느 누구도 A를 죽일 생각은 없었다. B와 C가 합심해서 A를 상대로 폭력을 휘두른 것도 아니다. 하지만 싸움을 제대로 했으니 주먹질, 발길질을 주고받다 잘못하면 크게 다치거나 죽을 수도 있다는 정도는 알았다고 봐야 할 것이다. 문제는 누구의 폭력이 결정적으로 A의 죽음을 불렀느냐는 것이다. 원래 이처럼 두 개 이상의 행위가 있었지만 직접적인 역할을 한 쪽을 알 수 없다면 원칙적으로 결과에 대한 책임을 물을 수 없다. 범죄를 완성하지 못했다고 봐서 형법은 기수가 아니라 둘 다 미수로 처벌한다.[2] 범죄를 밝혀낼 책임은 국가에 있고 알 수 없다면 그 책임은 국가가 져야 한다. 하지만 폭행이나 상해에 대해서는 그렇게 보지 않는다. 가담자 모두에게 발생한 결과에 대해 유죄로 처벌한다.[3] 이에 대해 지나치다고 반대하는 목소리도 높다. 하지만 폭력은 폭력을 낳고 어디서 끝날지 모른다. 게다가 집단적인 폭력에 대해서는 특별법으로 맞서는 것이 법의 태도라는 점을 생각하면 설령 가해자들끼리 짜고 벌인 일이 아니더라도 수차례

◇◇◇◇
1 대법원 90도1596 판결
2 형법 제19조(독립행위의 경합)
　동시 또는 이시의 독립행위가 경합한 경우에 그 결과 발생의 원인된 행위가 판명되지 아니한 때에는 각 행위를 미수범으로 처벌한다.
3 형법 제263조(동시범)
　독립행위가 경합하여 상해의 결과를 발생하게 한 경우에 있어서 원인된 행위가 판명되지 아니한 때에는 공동정범의 예에 의한다.

이뤄진 폭력에 대해서는 그만큼 무거운 책임을 묻는 것이 옳다고 할 것이다.

폭력에 의한 자의적인 지배

이토록 법이 폭력을 구구절절하게 반대하는 이유는 역설적으로 그만큼 인류의 역사가 폭력으로 얼룩졌기 때문이다. 예수의 탄생을 기준으로 삼은 서구의 달력에 따르더라도 현대적인 국가의 모습은 2천 년이 걸려서야 비로소 만들어졌다. 그동안의 국사, 세계사 교과서를 떠올려보라. 몇 세기에 어느 국가가 어떻게 발전했다가 스러져갔는지, 국가 간의 전쟁, 국가 안에서의 권력을 둘러싼 수십 년의 내란. 지금도 격렬하게 군비 경쟁을 벌이고 있는 모습을 봐도 폭력에 의한 지배, 힘을 통한 견제는 이어지고 있다.

폭력은 이긴 자가 모든 것을 차지하는 습성을 지녔다. 강한 것이 곧 정의인 셈이다. 성공한 쿠데타는 처벌할 수 없다는 말이 있지 않던가. 국제법상 한 나라의 영토라고 부르기 위한 요건으로 '실효적 지배'를 꼽는다. 표현을 그럴 듯하게 해서 그렇지 누가 그 땅에 먼저 깃발을 꽂고 제 마음대로 할 수 있었느냐 하는 말이다. 힘, 폭력은 필연적으로 지배와 피지배 개념으로 이어진다. 상대방이 원하든 원하지 않든 힘으로 눌러 지배하는 행위는 인류가 발전시켜온 가치에 정면으로 반한다.

헌법재판소는 독재와 민주를 대비시키며 폭력에 대해 설명한다. 폭력이 인간의 존엄과 자유, 민주주의를 위협한다고 말이다. 그리고 다수의 의사에 의한 국민의 자치, 자유, 평등의 기본 원칙에 의한 법치주의적 통치 질서를 어렵게 만드는 것을 폭력적 지배와 자의적 지배라고 정의한다.[4] 구성원들 간의 합의로 함께 살아가는 것이 아니라 이긴 자가 마음대로 하는 폭력의 원리는 민주주의의 반대 개념이다. 사실 폭력은 참으로 간단하고 명확한 방법으로 보일 때가 많다. 법보다 주먹이 가깝다고들 하지 않던가. 민주주의 한다면서 답도 없이 다툼만 벌이고 있는 의원님들을 지적하면서 효율적인 강한 정권이 뭐가 나쁘냐고 반문하는 사람도 없지 않다. 민주주의를 하더라도 다수결의 원칙만 받아들여 빨리빨리 결론만 얻으면 되는 것 아니냐고 주장하기도 한다. 국회에서 다수당이 일방적인 절차 진행을 해도 다수결에 의한 결론이니 승복해야 한다고 말하는 이도 있다. 그러나 이는 민주주의의 참뜻을 오해하는 주장이다. 민주주의는 결론만이 아니라 과정까지도 중시해야 한다. 소수로 보일지라도 의미 있는 의견은 충분히 수렴해야 한다. 그것이 민주주의다. 그렇지 않으면 다수라는 숫자에 의한, 힘에 의한 강요나 다를 바 없다. 폭력적 지배인 셈이다. 다이너마이트를 발명한 알프레드 노벨 Alfred Bernhard Nobel(1833~1896)은 화약 때문에 전쟁의 파괴력이 커졌지만 언젠가는 그 큰 파괴력 덕분에 평화가 찾아올 것이라고 주장하기도 했다. 핵무기 때문에 잘못하면 서로 너무 큰 피해를 입을 것을 우려해 국가들이 다소 몸을 사리는 것은 현실이다. 그러나 핵무기 사용에 이르지 않는 국지전은 여전히 많다. 핵무기만 피해서 상대방보다 더 큰 폭력, 무기를 갖추기 위한 노력은 전혀 줄어들지 않았다. 힘으로 힘을 누른다는 발상은 끝없는 폭력의 연속을 낳을 뿐이다.

◇◇◇◇
4 헌법재판소 89헌가113 전원재판부

남녀, 세상 절반끼리의 폭력

니콜라 푸생, 〈사비니 여인들의 약탈〉, 1637~1638, 캔버스에 유채, 159×206cm, 프랑스 루브르 박물관

　언제나 그런 것은 아니지만 국가의 시작과 끝에는 폭력이 자리한 경우가 많다. 로마 역시 마찬가지였다. 프랑스의 화가 니콜라 푸생은 로마 건국 과정에서 벌어진 잔혹하고 폭력적인 사건을 그의 작품 〈사비니 여인들의 약탈〉을 통해 적나라하게 묘사했다. 로마를 세운 로물루스 Romulus는 국가를 키우기 위해 일종의 인구정책을 세웠다. 로마의 용맹한 군인들과 이웃 나라 사비니의 아름다운 여인들을 결혼시켜 2세를 많이 얻겠다는 것이었다. 목적은 그럴듯한데 방법이 문제였다.

　그림 왼쪽 위에서 망토로 몸을 감싸고 혼란을 지휘하고 있는 사람이 로물루스다. 그는 대규모 잔치를 열어 사비니 사람들을 초청했다. 분위기가 무르익어 사비니 사람들이 경계심을 풀었을 때 로물루스는 군인들을 풀어 사비니의 여인들을 납치했다. 그림의 뒤편으로 격투를 벌이는 사내들이 보이고, 앞쪽은 울부짖으며 도망치려는 여인들을 군인들이 강제로 끌고 가는 모습으로 채워졌다. 강렬한 색깔이 대비되며 혼란과 공포를 한눈에 보여주고 있다. 그림 중앙의 주저앉은 노파와 바닥을 기는 아이들은 마치 무력한 사비니 사람들을 대표하고 있는 듯하다.

로물루스가 사비니를 약탈했던 것처럼 여성은 오랜 역사 속에서 욕망의 대상으로 존재했다. 인류의 절반이 폭력에 의한 지배 대상이었던 것이다. 성경의 십계명은 네 이웃의 아내를 탐하지 말라고 했다. 남성에게 다른 남자의 것을 빼앗지 말라고 했지 부부로서의 순결함을 가르친 것은 아니다. 황제와 제후, 귀족 등 지위에 따라 남자가 공식적으로 가질 수 있는 여성의 숫자를 정해놓기도 했다. 21세기에 이르렀지만 여전히 일부다처제가 합법인 나라도 있다. 사내들은 여자를 차지하기 위해 길고 긴 싸움을 벌여왔다. 신분제도 이전에, 계급이라는 차별 이전에, 성적 도구로서 여성은 이중의 차별을 겪어왔다. 다른 사람의 자유를 박탈하고 동등한 인간이 아닌 존재로 차별하는 것이 폭력이다. 그 첫 번째 대상이 어머니고 딸이었던 셈이다.

사비니 여인들이 그랬던 것처럼 로마 시대, 아니 그 이전부터 현재까지도 여성과 아이는 폭력의 가장 큰 희생자다. 위안부 할머니들을 떠올려보라. 20만 명의 소녀들이 강제로 끌려가 단 238명이 살아 돌아왔다. 돌아오신 분들도 대부분 평생 씻을 수 없는 상처를 안고 살다 가셨다. 이처럼 극단적인 사례만 있는 것이 아니다. 『박완서 소설어 사전』에는 "여자와 북어는 팰수록 맛이 난다"라는 어처구니없는 속담이 기록돼 있다. 얼마 되지 않은 과거의 일이다. 아니 과거의 일이라고 단정할 수 없을지도 모른다. 사랑싸움이라며 데이트 폭력이, 집안일이라며 가정 폭력이 여전히 넘쳐나고 있다. 2010년부터 5년 동안 데이트 상대로부터 폭력을 당했다며 경찰에 도움을 요청한 건수는 3만 6천여 건에 이른다. 그 양상도 다양해서 폭언이나 협박, 자해로 정신적인 폭력을 가하고, 손발이나 흉기로 직접 몸에 가해를 가하고, 원치 않는 성관계를 강요하거나 은밀한 모습을 사진이나 동영상으로 찍어 유포하는 짓들을 한다. 심지어 살인에 이른 경우도 300여 건에 이른다. 아동을 대상으로 저지른 것까지 포함해 가정 폭력도 만만치 않다. 2010년대 중반 무렵을 기준으로 연 3만 건 정도가 일어난다. 경찰에 신고된 건수를 집계한 것이니 알려지지 않은 피눈물이 얼마나 될지 짐작조차 하기 싫다. 그들은 생명이 걸린 전쟁을 치르고 있는 것이다. 그들만의 힘겨운 싸움으로는 해결이 쉽지 않다. 그나마 법과 제도가 어느 정도 마련돼 있기는 하다. 가정 폭력을 막기 위한 특별법이 있어서 수사기관이 적극적으로 개입할 수 있다. 처벌에만 초점을 두지 않고 긴급한 격리와 같은 보호 조치, 가해자에 대한 심리치료 등 근본적인 대책도 마련하고 있다. 데이트 폭력에 대해서도 경찰이 전담 부서를 창설하는 등 강력하게 대처하고 있다. 이제는 그런 법과 제도를 충분히 활용할 수 있도록 주위에서 관심을 갖고 도와야 할 때다.

사랑과 폭력은 결코 함께 어울리지 못한다는 것을 모든 사람이 인식해야 한다. 샹송 가수 파트리샤 카스 Patricia Kaas(1966~)가 부른 〈남자의 세상 It's a man's world〉이라는 노래가 있다. 지금까지의 세상은 남자의 세상이었다. 하지만 앞으로는 달라져야 하지 않을까.

남자는 자동차를 만들어 우리에게 온 세상을 볼 수 있게 했지요.

남자가 만든 기차가 무거운 화물을 실어 날랐습니다.

전기로 빛을 밝혀 우리를 어둠으로부터 꺼낸 것도 남자였습니다.

노아가 만든 방주처럼 남자는 배를 만들어 물 위에 띄웠습니다.

이 세상은 남자가 만든 세상이랍니다.

하지만 여자가 없다면 그 모든 것은 모두 아무 소용없겠지요.

남자들이 만들어온 역사, 폭력에 맞설 방법은 또 다른 폭력밖에 없을까. 여기 로물루스에게 약탈당했던 바로 그 여인들이 반복되는 폭력을 막았던 역사가 있다. 전쟁터 한복판에 나타난 여인으로 인해 모두가 그대로 멈춰버렸다. 치켜든 창이 사내의 손을 떠나 다른 사내의 심장을

자크 루이 다비드, 〈사비니 여인들의 중재〉, 1799, 캔버스에 유채, 385×522cm, 프랑스 루브르 박물관

향해 날아가려는 순간이었다. 앞발을 치켜들고 적들을 향해 내달으려던 말도 고삐가 당겨진 채 동작을 멈췄다. 가만 보니 전쟁을 멈춘 것은 흰 옷의 여인 한 명이 아니다. 한 손으로는 아이를 그리고 다른 한 손으로는 장수의 다리를 붙들고 있는 다른 여인이 보인다. 벌거숭이 아이들이 천연덕스럽게 바닥을 뒹굴고 고슴도치 가시처럼 곧추선 창들을 아이로 막아 보이는 여인이 있다. 정면 승부를 펼치고 있는 두 사내부터 멀리 보이는 성벽까지 여인들이 나타나기 전만 해도 싸움이 한창이었던 것으로 보인다. 도대체 전쟁터 한복판에서 무슨 일이 벌어진 것일까.

자크 루이 다비드의 〈사비니 여인들의 중재〉는 니콜라 푸생이 묘사한 〈사비니 여인들의 약탈〉로부터 3년이 흐른 뒤의 사건을 다룬 작품이다. 중앙에서 충돌하고 있는 전사들 중 오른쪽이 약탈을 주도했던 로물루스이다. 그의 방패에는 늑대의 젖을 먹고 자랐다는 탄생의 신화를 담은 그림과 ROMA라는 글자가 선명하게 새겨져 있다.

딸과 아이를 빼앗긴 사비니 남자들은 복수의 칼을 갈고 로마로 쳐들어왔다. 하지만 이미 사비니 여인들은 로마의 남자들과 부부의 연을 맺은 뒤였다. 그림 한복판에서 마치 마법을 부려 시간을 정지시킨 것처럼 보이는 여인이 바로 로물루스의 아내가 된 헤르실리아Hersilia다. 그녀는 서로에게 창과 칼을 겨누고 있는 두 남자 사이에 몸을 던져 그들을 막고 있다. 남자들끼리는 원수지만 여자들 입장에서 한쪽은 아버지, 오라버니요, 한쪽은 남편이자 자식들의 아버지였다. 헤르실리아는 사비니 여인들을 설득했고, 여인들은 아이들을 안고 전쟁터에 뛰어들어 결국 전쟁을 중단시키고 평화협정을 낳았다. 남자들은 과거에 사로잡혀 빼앗고 빼앗기며 죽음에 힘을 쏟았지만, 같은 시간 동안 여인들은 현재의 삶과 미래의 아이들을 택했다. 그들은 자신이 가질 수 없다면 남에게 줄 수도 없는 소유욕의 대상이 아니라, 생명의 어머니라는 사실을 여실히 증명해냈다. 그림은 폭력으로는 되풀이되는 비극을 결코 끊을 수 없다는 것을, 폭력은 필요악이 아니라 악일 뿐이라는 역사적인 교훈을 보여주고 있다.

Part 9

삶과 죽음
살인과 존속살인

살인이란 무엇인가

1986년부터 1991년까지 총 열 차례에 걸쳐 일어났던 화성 연쇄살인 사건을 소재로 다룬 〈살인의 추억〉이라는 영화가 있다. 살아 있는 사람은 추억이라는 단어를 쓸지 모르지만, 당하는 사람으로서는 존재 자체가 과거로 묻히는 것이 살인이다. 살인은 사람이 저지르는 최악의 범죄이며, 두말할 나위 없이 가장 중대한 범죄다. 만일 같은 지역에서 반복해서 일어나면 수사기관 입장에서는 악몽일 수밖에 없다. 살인은 일어나서는 절대로 안 될 일이지만, 안타깝게도 가장 오래되고 대표적인 범죄이기도 하다. 성경을 기준으로 삼으면 인류 역사상 최초로 저질러진 죄이기 때문이다. 살인자들은 하나님의 사랑을 독차지하는 것처럼 보이는 동생 아벨Abel을 죽인 카인Cain처럼, 감정 때문에 혹은 경제적인 이유 때문에 피해자를 돌아올 수 없는 곳으로 떠나 보낸다.

형법은 살인자에 대해 너무나 간단하게 '사람을 살해한 자'라고만 정의하고 있다. 이러저러한 죄라고 풀어놓지 않은 이유는 살인이 너무나 다양한 형태로 이루어지기 때문이다. 여기서 '사람'은 생명이 있는 존재인 한 가능한 넓은 범위를 대상으로 한다. 아직 어머니 몸에서 빠져

나오지 않아 혼자서는 숨조차 쉴 수 없는 태아라도, 기형이거나 중병을 앓고 있어 의사소통을 할 수 없는 사람이라도, 사형장으로 걸어가고 있어 몇 분 후 죽을 것이 확실한 사형수라 할지라도 보호해야 할 생명이라는 점에서는 똑같이 본다. 착각으로 원래 목표했던 사람이 아닌 다른 사람을 해쳤더라도 살인죄임은 분명하다. 생명을 빼앗는다는 인식이 중요하지 누구를 해쳤느냐는 중요하지 않다. 누구 목숨이든 그 값어치에 차이가 날 수는 없지 않은가.

따로 구체적으로 명시하지 않고 '살해'라고만 정의한 것 역시 어떤 수단, 방법이든 사람을 해치는 행위라면 모두 포함되기 때문이다. 호흡을 막든, 몸의 중요한 부위에 큰 충격을 주든, 위험한 곳에서 밀어 떨어뜨리든 모두 똑같다. 적극적으로 힘을 쓰지 않았더라도 구해줘야 할 위험한 상황에서 나서지 않아도 마찬가지로 살해로 본다.[1]

가끔 텔레비전 뉴스에서 살인자를 향해 범행 이유를 물으면 고개를 푹 숙인 채 그럴 생각이 아니었노라고 대답하는 장면이 나오곤 한다. 하지만 아무리 그리될 줄 몰랐다고 해도 정말로 뜻밖의 실수가 아니었던 이상 사람을 해치겠다는 생각으로 행동에 옮겼다면 살인죄를 저질렀다고 봐야 한다. 이럴 때는 사건을 둘러싼 여러 가지 사정에 비춰 범인의 머릿속에 어떤 생각이 있었는지 추리해볼 수밖에 없다. 이를테면 인체의 급소를 잘 알고 있는 무술교관 출신이 여성의 목 부위 설골이 부러질 정도로 공격했다면, 피해자가 죽을 수도 있다는 걸 알면서 저지른 범죄라고 봐야 한다.[2]

◇◇◇◇

1 대법원 91도2951 판결
2 대법원 2000도5590 판결

소중한 생명이기에 그만큼 특별한 문제도 있다. 사람은 누구나 자신에 관한 일을 마음대로 할 권리가 있다. 자기결정권이라고 한다. 성관계를 누구와 어떻게 할지, 디지털 시대에 개인정보를 어디까지 유통하도록 허용할지, 어떤 옷을 입고 어떤 머리 스타일을 할지 등이 여기 포함된다. 그렇다면 과연 자신의 생명 역시 성관계나 옷과 머리 모양처럼 자신의 의지대로 할 권리가 있을까? 만일 스스로 목숨을 끊고 싶다고 누군가에게 부탁한다면, 그 부탁을 들어준 사람은 살인자일까 아닐까? 법에서는 본인이 죽고 싶어했다 해도 그 부탁을 들어주는 행동은 범죄로 보고 있다. 혹시라도 당사자가 부탁했다는 사실이 면죄부가 될까 봐아예 보통 살인죄와는 별개의 범죄로 정해놓았다. 만일 사망한 본인으로부터 '죽여달라'는 부탁을 받고 살인을 저질렀다면 촉탁살인죄, 적극적으로 요구하지는 않았더라도 피해자가 거부하지 않고 순순히 응했다면 승낙살인죄다. 생명은 설령 그 주인이라 할지라도 마음대로 해서는안 된다고, 자기결정권을 넘는 문제라고 본다. 물론 이러한 죄가 성립되려면 사망한 본인이 농담이나 일시적인 충동이 아니라 진지하게 자신을 죽여달라고 부탁했거나, 죽여도 좋다고 승낙했어야 한다. 그렇지않으면 보통의 살인죄이다. 아무래도 촉탁, 승낙에 의한 살인죄는 조금더 가볍게 처벌하기 때문에 엄격하게 따져야 한다. 경제적 이유로 혹은정서적인 어떤 이유 때문에 '자살 카페' 같은 곳에 모여 서로가 서로의목숨을 거둬주기로 약속하고 실행에 옮기는 행위가 전형적인 촉탁, 승낙 살인죄의 모습이다.

이렇게 어떠한 이유로든 타인의 생명을 빼앗는 행동을 모두 처벌한다면 간단하겠지만, 아직 가장 민감한 주제가 남아 있다. 바로 안락사혹은 존엄사와 관계된 문제다. 견디기 어려운 정도의 고통이 계속되는 상황에서조차 목숨을 버리는 것을 허용하지 말아야 할까. 이 문제에 관해서는 우리나라뿐만 아니라 전 세계적으로 생명의 존엄성을 강조하면서 반대하는 입장과 생명은 존엄하기에 더더욱 스스로가 원하지 않는 고통으로부터 벗어날 수 있도록 도와줘야 한다는 입장이 첨예하게 맞서고 있다. 그리고 각각 허용하는 조건은 조금씩 달라도 스위스, 네덜란드, 벨기에 등과 미국의 일부 주는 존엄사를 허용하고 있다.

그렇다면 우리나라의 경우는 어떨까? 현재까지 우리나라는 약물 등 무엇을 이용하든 적극적으로 생명을 끊는 행위는 명백한 불법으로 보고 있다. 다만 소극적으로 치료를 중단하는 행위에 대해서는 허용 여부를 두고 사회적 논의가 있었다. 1997년 보호자의 요청에 의해 의사가 환자를 집으로 호송하게 한 다음 호흡 보조장치를 떼도록 해서 결국 환자가 사망했을 때 법원은 의사에게 살인 행위를 적극적으로 도운 방조범이라는 판결을 내렸다.[3] 그런데 2009년에는 의식불명 상태로 인공호흡기에 의지해 숨만 쉬고 있던 환자의 가족들이 법원에 무의미한 연명 치료를 중단해달라는 요청을 했고 대법원이 이를 받아들이기에 이르렀다.[4] 2016년, 국회는 더 이상 치료가 불가능한 상황이라면 억지로 생명을 유지시키는 연장 장치를 뗄 수 있도록 했고 이 법은 2018년부터 시행된다. 환자 본인이 심폐소생술, 혈액투석, 항암제 투여, 인공호흡기 착용을 중단할 자유를 행사할 수 있도록 한 것이다. 그런데 '정말로 생명에 대한 자기결정권을 행사할 수 있는 상황인가'에 대해서는 반드시 한 번 더 생각해봐야 한다. 예를 들어 경제적 여유가 없어 계속 치료할

◇◇◇◇

3 대법원 2002도995 판결
4 대법원 2009다17417 전원합의체 판결

수 없는 상황에서 마지못해 죽음을 택해야 한다면 자기결정권 운운은 사치일 뿐이다.

생명을 귀하게 여기는 법의 태도는 자살과 관련한 처벌에서도 엿볼 수 있다. 물론 이미 목숨을 끊은 사람에게 적용하는 범죄는 아니다. 종교에 따라 자살을 엄격하게 금지하기도 하지만 자살하면 지옥에 보내겠다고 법에 적어놓을 수는 없는 노릇 아닌가. 혹시 누군가의 부추김 때문에 자살을 했다면, 혹은 이미 죽음을 결심했더라도 실행하기 쉽게 도와줬다면 자살에 대한 교사, 방조죄로 처벌한다. 함께 죽자며 물에 뛰어들었는데 혼자만 살아남았다면 죽은 사람에 대해 책임을 져야 한다. 죽지 못해 살아남았을 수는 있지만, 못 죽은 죗값을 치러야 하는 셈이다. 단순히 도와주는 것을 넘어 직접적인 수단으로 죽음을 앞당겼다면 앞서의 촉탁이나 승낙에 의한 살인죄로 바뀔 수 있다. 물론 자살의 의미가 무엇인지 죽는 이가 명확하게 알고 있어야 하기에 어린 자식들에게 '엄마가 있는 하늘나라에 가자'고 부추겨 죽도록 만들었다면 자살 교사가 아니라 살인죄다.

아버지를 거세한 아들

그리스 신화의 족보는 태초의 신인 하늘 우라노스Uranus와 대지 가이아Gaia의 결합으로 시작된다. 이들 사이에 열두 명의 티탄Titan과 외눈박이 키클롭스Cyclops 삼형제, 팔이 100개에 머리가 50개인 헤카톤케이르Hecatoncheires 삼형제가 태어났다. 그런데 아비인 우라노스는 거대한 자식들을 흉측하게 여겨서인지 어머니 가이아의 자궁 속 지하세계인 타르타로스Tartarus에 가둬놓았다. 가이아는 분노 끝에 자식들을 탈출시킬 계획을 세웠고 티탄 중 막내인 크로노스Cronus를 시켜 일을 벌이게 한다. 그런데 그 방법이 엽기적이었다. 바로 우라노스의 성기를 자르게 한 것이다.

조르조 바사리, 〈아버지 우라노스를 거세하는 크로노스〉, 16세기, 패널에 유채, 이탈리아 피렌체 베키오 궁전

조르조 바사리Giorgio Vasari(1511~1574)는 천체의 회전을 상징하는 거대한 기구를 배경으로 누워 있는 흰 수염의 우라노스와 그의 성기 부위에 낫을 들이대고 있는 크로노스의 모습으로 이 순간을 표현했다. 그림의 오른쪽 위를 보면 가이아가 크로노스에게 낫을 건네고 있다. 거세당한 우라노스는 피를 흘리며 도망치면서 크로노스 역시 자식들에게 자신과 똑같은 꼴로 배신당할 거라고 저주했다. 우라노스가 흘린 핏방울은 다시 가이아의 몸에 스며들어 복수의 여신과 요정으로 잉태되었고, 바다에 던져진 성기와 파도의 거품이 만나 미의 여신 아프로디테가 태어나기도 했다.

성기는 생명, 후사를 상징한다. 아프로디테를 마지막 자손으로 우라 노스의 시대는 막을 내렸다. 우라노스는 신이기에 목숨을 잃지는 않았 지만, 어떻게 보면 크로노스가 '신'으로서의 아버지를 죽이는 데는 성 공했다고 볼 수 있다. 그렇다면 우리 형법에 따라 존속살해죄를 저질렀 다고 볼 수도 있지 않을까. 보통 살인죄가 징역 5년 이상인 데 비해 존 속살해죄는 7년 이상으로 더 무겁게 처벌하고 있다. 누구를 죽였느냐, 범죄의 대상에 따라 아예 죄목을 다르게 만든 예외적인 경우이다. 사 람 목숨에 차이를 두지 말자고 반대하는 의견도 있지만 부모에 대한 윤 리의식을 법으로까지 확장해 반영한 것이다. 도대체 어떤 자식이 부모 에게 흉수를 뻗는 것일까. 여러 가지 이유, 변명이 있겠지만 법은 특별 히 상속을 앞당기기 위해 부모를 해치는 사례를 주목한다. 크로노스가 자신의 시대를 열기 위해 우로노스를 제거한 것처럼 말이다. 살아 있는 부모에게 불효하는 것을 넘어서 천륜을 어기는 끔찍한 일이 신화뿐만 아니라 현실에서도 그대로 벌어진다.

사람은 죽는 순간 모든 권리와 의무로부터 자유로워진다. 법적으 로 더 이상 사람이 아니다. 세상을 다 가졌다 해도 심전도기가 '삐이~' 하고 길게 울리는 순간 그걸로 끝이다. 사망과 동시에 상속이 이뤄지 고 손을 떨어뜨리는 동시에 모든 것은 살아 있는 자들의 손에 쥐여진 다. 빈손으로 왔다 빈손으로 간다. 그러나 법은 그걸 노리고 부모를 혹 은 함께 상속받을 형제자매를 해치는 일을 결코 용납하지 않는다. 상속 받을 자격 자체를 박탈해버린다. 용서받지 못할 욕심을 부린 대가로 한 푼도 가질 수 없게끔 한다. 나쁜 마음을 품을 여지를 없앤 것이다.

이렇듯 극단적인 결말에까지 이르지 않더라도 부모, 자식 사이의 갈 등은 드문 일이 아니다. 우라노스 역시 자식들을 못 믿어 지하세계에 가둬놓지 않았던가. 윤리적으로 효도를 강조하는 이유 역시 어쩌면 내 버려두면 자식 노릇 못하는 경우가 많다는 반증일 수도 있다. 오죽하면 자식이 아니라 원수라 탄식을 하고, 호적에서 파버리겠노라는 협박 아닌 협박을 하겠는가. 그나마 불효자에게 다행인 점은 호적이 가족관계 등록부로 바뀌면서 파버리고 싶어도 그럴 수 없게 되었다는 점일까? 양 자라면 모를까 친자식은 법적으로 남남이 될 방법이 없다. 달리 천륜이 아닌 것이다. 법으로까지 그렇게 정해놓는 바람에 호적에서 팔 수 없게 되었더라도, 평생 피땀 흘려 모은 재산만큼은 물려주기 싫을 수도 있 다. 그만큼 자식이 미워서 그럴 수도 있고, 재산이라도 안 남겨야 자식 이 스스로 정신을 차리고 열심히 살아가지 않을까 하는 가슴 아픈 기대 때문일 수도 있다. 그렇다면 남겨질 재산에 대해 어떻게 유언해야 할지 고민이 될 수밖에 없다. 법은 유언을 남기는 방법을 아주 엄격하게 정 해놓았다. '자필증서, 녹음, 공정증서, 비밀증서, 구수'라는 다섯 방식 만을 인정하고 각각 일정한 형식을 갖춰야만 한다. 이를테면 내용을 쓰 고 일시, 장소를 정확하게 기재하도록 한다. 차후 유언 내용을 바꿀 수 있다는 점에서 일시가 필요하고, '서울 사는 김 서방'처럼 누구를 가리 키는지 명확하지 않은 일이 벌어지지 않도록 주소를 구체적으로 써야 한다. '어느 봄날 광화문에서 남기는 마지막 말'이라는 식으로 쓰면 유 언장 전체가 무효다. 스마트폰이 일반화되다 보니 녹음 기능을 이용하 는 경우가 종종 있는데 제3자인 증인의 목소리가 함께 녹음돼 있지 않 으면 역시 무효다. 또렷한 정신 상태일 때 작성해야 하기에 병환 중에 다른 사람이 이러저러하면 되겠냐고 묻는 말에 '응, 응' 하며 고개를 끄 덕인 정도로는 효력을 인정받지 못할 가능성이 높다. 어쩌면 부모의 본 뜻임을 뻔히 알면서도 내용이 마음에 안 들어서 이런저런 흠결을 찾아내 아예 무시하는 경우도 있을 것이다.

　유언의 내용이 명확하더라도 문제는 여전히 남는다. 우리 법은 상속의 순위와 받을 수 있는 재산의 비율을 정해놓고 있다. 직계비속, 직계존속, 형제자매, 사촌 이내의 혈족 순으로 상속인이 될 수 있다. 배우자는 항상 0순위일뿐더러 다른 상속인보다 상속 지분도 50퍼센트 더 받는다. 자녀가 둘이라면 배우자가 1.5, 자식들이 1대 1로 나눠 갖는다. 그런데 열 손가락 깨물어 아프지 않은 손가락 없다고 하지만 현실은 다를 수 있다. 어느 누가 특별히 마음에 들거나 누군가는 특별히 싫어서 한 푼도 주기 싫을 수 있다. 아니, 자식을 위해서라도 재산을 안 남기는 편이 좋다고 생각해 어느 한 사람에게만 전부 주거나 다른 누구에게는 아예 안 줄 수도 있다. 그럴 경우에조차 상속을 못 받은 자식이 정말 빈손이 되는 건 아니다. 원래 받을 수 있었던 상속분의 절반에 해당하는 만큼은 부모의 뜻과 다르게 받아낼 수 있다. 많이 받은 다른 상속인에게 원래 자신이 상속받을 수 있었던 몫의 절반을 청구할 수 있기 때문이다. 이른바 유류분遺留分 청구다. 상속 재산이 얼마인지 유류분이 얼마인지 따질 때는 살아생전 미리 한몫 크게 받은 사람이 있다면 그 재산까지 포함해서 계산하기도 한다. 다른 형제가 많이 받아가서 자기 몫이 줄었다면 유류분에 해당하는 만큼은 돌려달라고 청구할 수 있다. 아무리 명확하게 유언으로 누군가에게는 한 푼도 주지 말라고 해도 법이 그 뜻을 무시하는 셈이다. 죽은 자는 더 이상 말을 못한다.

　이처럼 남겨질 재산을 마음대로 처리할 수조차 없고 어쩌면 그 때문에 자식들끼리 싸우는 꼴까지 봐야 할 수도 있다. 한 푼이라도 더 가지려고 안달하는 모습 때문에 마음 편히 떠날 수도 없는 일이 벌어지는 것이다. 이리 보고 저리 봐도 돈은 걱정거리인가 보다. 그 꼴이 보기 싫어서 생전에 재산 정리를 할 수도 있다. 기왕 물려줄 재산 미리 달라며, 돌아가실 때까지 걱정 없이 모시겠다며 먼저 나서는 자식도 있을 수 있다. 그 말에 속아 있는 재산 다 끌어 모아서 자식 앞으로 옮겨줬지만 정작 믿었던 자식이 남보다 못한 존재로 바뀌어 병든 부모를 나 몰라라 하면 어떻게 해야 할까. 그러면 부모는 어쩔 수 없이 법의 힘을 빌려서 줬던 재산을 되찾으려 한다. 마음 같아서야 불효자식에게서 재산을 몽땅 빼앗아 돌려받고 싶겠지만 쉬운 일은 아니다. 일단 남에게 줘버린 물건은 나중에 마음이 바뀌었다고 돌려받을 수 없다는 원칙이 있기 때문이다. 애초에 이런 일을 막으려면 미리 문서를 만들어 조건을 붙여야 한다. 구체적으로 매월 얼마씩, 어떤 정도의 수준으로 부양할 것이라는 각서를 받고, 제대로 하지 않으면 받았던 재산을 반환해야 한다고 말이다. 하지만 그런 각서를 받았더라도 이미 재산을 탕진해버렸다면 현실적으로 돌려받을 방법은 없다. 자식 이기는 부모 없다지만 노년을 위한 필요 재산은 미리 처분하지 말라고 간곡히 말하고 싶다.

대를 이은 비극

『시절 하나 온다, 잡아먹자』. 프란시스코 고야의 그림 〈자식을 잡아먹는 사투르누스〉를 보면 이경림 시인의 시집 제목이 떠오른다. 사투르누스Saturn는 바로 크로노스의 로마식 이름이다. 우라노스를 쫓아내고 절대자의 자리에 오른 크로노스지만 그렇다고 불안감까지 없어지지는 않았다. 크로노스는 우라노스가 남긴 저주를 두려워했고, 자기 자식들이 자라서 새로운 시절이 오는 것을 거부했다. 결국 자식이 태어나는

족족 잡아먹는 크로노스를
보고 그의 아내 레아Rhea는
갓 태어난 아이와 비슷한 크
기의 돌덩이를 아이라고 속
여 크로노스가 먹게 만들었
다. 그 아이가 바로 그리스
신화 속 최고신인 제우스다.
살아남은 제우스는 성장한
이후 아버지를 쫓아내고 그
뱃속에 있던 형제들까지 되
살려냈다.

흐르는 세월의 무상함을
3대에 걸친 잔혹사로 표현
하고 싶었던 것일까. 고야는
이야기의 정점인 자식을 잡
아먹는 크로노스의 모습을

프란시스코 고야, 〈자식을 잡아먹는 사투르누스〉,
1819~1823, 캔버스에 유채, 146×83cm, 스페인 프라도 미
술관

어둠과 광기로 그려냈다. 시커먼 어둠 속에서 거인이 두 눈을 희번덕거
리며 무기력하게 늘어진 자신의 아이를 먹고 있다. 거인과 아이라고는
해도 고통 없이 한입에 꿀꺽할 수 있는 정도의 차이는 아니다. 벌겋게
흘러내린 피가 죽음의 상처를 역력히 보여주고 있다.

고야는 80대에 이르러 이 그림을 그렸다. 게다가 누구에게 주기 위해
서가 아니라 말년을 보낸 자신의 집에 그렸다. 혹자는 당시의 암울했던
시대상을 반영했다고도 하고, 누구는 흘러가는 세월에 대한 고야 자신
의 분노라고도 한다.

크로노스처럼 태어난 직후의 어린 자식을 죽이는 일 역시 현실에서도 종종 벌어진다. 형법은 직계존속이 일정한 사정 때문에 분만 중이거나 분만 직후의 어린 자식을 죽였을 때 영아 살해죄라고 한다. 그 사정이란 뭔가 아이를 반길 수 없는 상황이다. 성폭행에 의한 임신이었다거나 기형아를 출산했다거나 하는 예를 들 수 있다. 그렇더라도 말 못하는 어린 자식에게 끔찍한 짓을 저지를 수 있느냐고, 용서받을 수 없다고 할 만하다. 그러나 용서까지는 아니지만 형법은 일반 살인죄보다 약하게 처벌하도록 하고 있다.

시신 없는 살인 사건

범죄 중 가장 무거운 살인죄이니 만큼 죄도 엄격하게 물어야 하는데 문제가 있다. 민사, 형사를 불문하고 신이 아닌 이상 정말로 어떤 일이 있었는지를 완벽하게 알아내기는 아마도 불가능할 것이다. 특히나 살인죄의 경우 피해자가 이미 죽어 어떤 말도 할 수 없기에 더더욱 그렇다. 자식을 잡아먹은 크로노스를 보라. 누군가를 죽였다면 시신이라도 있어야 하는데 그런 증거마저 남기질 않았다. 이럴 때는 그럴듯한 추측을 할 수 있도록 최대한 많은 증거를 퍼즐 조각처럼 모아 사건을 재구성해보는 수밖에 없다. 그렇게 맞춘 그림이 누가 봐도 그럴듯하다면 그런 사실이 있었던 것으로 보고 그에 따른 법을 판사가 적용한다. 그래서 재판에서는 누가 어떤 증거를 낼 수 있느냐가 법률 이론보다 훨씬 중요할 때가 많다.

통틀어 증거라고 부르지만 그 종류는 다양하다. 법정에서 사람을 불러다 놓고 물어보면서 얻는 인적 증거, 범행 도구나 피해 물품과 같은 물적 증거, 당사자들끼리 주고받은 서류 같은 서증으로 나눌 수 있다. 사건과 얼마나 관련이 있느냐에 따라 범인의 자백, 위조한 지폐 자체, 현장을 목격한 증인의 증언과 같은 직접 증거가 있고, 사건 자체는 아니지만 사건이 있었다는 정황을 알려주는 간접 증거도 있다. 이를테면 현장에서 발견한 지문이나 머리카락은 사건 자체에 대한 증거는 아니지만, 그 사람이 그 장소에 있었다는 사실은 알려준다.

살인죄에서는 사람을 살해했다는 사실을 증명해야 한다. 사람이 있어야 하고, 범인이 그 사람을 죽이는 행동을 했다는 증명이 있어야 한다. 그런데 크로노스가 자식을 먹어버렸던 것처럼, 현실에서도 종종 시신을 찾을 수 없는 경우가 있다. 범인이 시신을 어딘가에 버리거나 도저히 찾을 수 없게끔 훼손했기 때문이다. 범죄의 희생자라는 사실을 미처 모르고 화장을 했는데, 나중에 뭔가 커다란 의혹이 제기되는 경우는 매우 흔하다. 이런 때에도 수사를 하고 범인을 법정에 세워 정의를 구현할 수 있을까. 살인죄는 사형, 무기, 5년 이상의 징역형에 처해지는 중대한 범죄다. 그런 만큼 범죄를 저질렀다는 사실을 엄격하게 입증해야 한다. 자칫하면 글자 그대로 생사람 잡을 수도 있다. 하지만 입증이 불가능하다면 살인범들이 시신 유기에 더욱 혈안이 될 테니, 결국 아주 꼼꼼하게 주변을 맞춰나가는 방법밖에 없다. 사람이 그려진 퍼즐이 있다고 치자. 그런데 하필 사람 부분만 없어졌다. 그렇더라도 나머지 조각들, 간접 증거를 빠짐없이 모아 붙여놓았더니 빈자리가 영락없이 사람이라면 유죄로 처벌할 수 있다.

법원은 크게 두 가지 사실을 요구한다. 시신은 없을지언정 피해자가 죽었다는 사실을 증명하고, 그 죽음이 범인의 행위 때문이라는 것을 증명해야 한다.[5] 짐작하겠지만 결코 쉬운 일은 아니다. 시신이 어디에 있는지 어떻게 죽였는지 범인이 입을 다물어버리면 백사장에서 바늘 찾기밖에 방법이 없다. 주변 사람들을 탐문하고, 짐작되는 지역의 CCTV를 전부 뒤지고, 용의자와 피해자 사이의 통신 내역과 위치를 추적하는 등등의 일이 벌어진다.

그런데 사실 모든 사건에 반드시 존재하는 목격자가 있기는 하다. 바로 범인이다. 사건의 진실을 유일하게 아는 사람이다. 살인을 저지르면서 피해자를 바라보지 않을 수는 없다. 범인의 머릿속을 들여다볼 수 있다면 어떨까. 지금이야 고작 거짓말 탐지기 정도의 수준이고, 그나마 법원은 거짓말 탐지기의 결과도 믿지 않는다. 과학기술이 법적인 사실로 인정할 만큼 사실관계를 정확하게 밝혀내지 못한다는 것이다. 하지만 미래에는 달라질 수 있다. 망막과 시신경을 거쳐 두뇌에 전달된 정보를 기록한 것이 인간의 시각 기억이다. 살인과 같이 강렬한 정보는 글자 그대로 뉴런을 불타게 만드는 활발한 기록이 이뤄진다. 이론적으로는 그런 시각 정보의 재구성이 가능하다고 한다. 마치 컴퓨터에 파일로 저장된 동영상을 모니터에 보여주는 것처럼 말이다. 범인이 범행을 저지르면서 자신의 눈으로 본 마지막 장면을 법정의 화면에 띄울 수 있다면 모든 문제는 한꺼번에 해결될 것이다. 아직은 요원한 일이지만 실제로 진행 중인 연구이다. 언젠가는 피고인의 기억을 압수, 수색하는 일이 벌어질지도 모른다.

◇◇◇◇
5 대구고등법원 2010노456 판결

Part 10

육체보다 정신,
몸보다 마음

성범죄와 인간의 자유의지

테오도르 샤세리오, 〈아폴로와 다프네〉, 19세기, 캔버스에 유채, 53×35cm,
프랑스 루브르 박물관

마음을 얻지 못한 자가 얻을 수 있는 것

성性은 모순된 존재이다. 인간이 가진 가장 강력한 본능 중 하나면서도, 강요당하는 자에게는 말할 수 없는 고통일 수 있기 때문이다. 그리스 로마 신화에서 태양의 신인 아폴론은 흔히 월계관을 쓴 모습으로 묘사된다. 그런데 이 월계관에는 강요하는 자와 강요당하는 자에 얽힌 슬픈 이야기가 있다.

그리스 로마 신화에 등장하는 수많은 신들 가운데 최고의 명사수는 단연 아폴론이지만, 정작 활과 화살로 가장 유명한 이는 큐피드(에로스)가 아닐까? 아폴론의 화살은 사냥감의 목숨을 빼앗지만, 큐피드의 화살은 사냥감의 마음을 빼앗을 수 있으니 말이다. 그런데 명사수임을 자부하는 아폴론으로서는 활과 화살을 들고 동네방네 활보하는 큐피드가 마음에 들지 않았던 모양이다. 아폴론은 큐피드를 놀리며 무시했고, 자존심에 상처를 입은 큐피드는 앙심을 품고 아폴론을 골탕 먹일 계획을 세웠다. 큐피드에게는 두 가지 화살이 있었는데 금으로 된 촉으로 만든 화살은 사랑에 빠지게 만들고, 납으로 된 촉으로 만든 화살은 상대방을 미워하게 만든다. 큐피드는 아폴론에게 금으로 된 화살을 쏘고, 강의 신 페네이오스Peneus의 딸, 다프네Daphne에게는 납으로 된 화살을 쏘았다. 큐피드의 화살을 맞은 아폴론은 숲속을 거닐던 다프네를 보고 한눈에 반해서 다짜고짜 달려들었는데, 다프네는 원래부터 이성에 눈도 뜨지 않은 순결한 처녀인데다 큐피드의 납 화살까지 맞았으니 이런 아폴론이 달가울 리 없었다. 본능적으로 성적인 위협을 느낀 다프네는 심장이 시키는 대로 그 자리를 피하기 위해 필사적으로 도망쳤다. 그러나 아무리 있는 힘을 다해 도망쳐도 아폴론은 끈질기게 따라붙었고, 결국 아버지인 페네이오스가 지배하는 강가에 이르렀을 때 다프네는 아버지에게 원치 않는 사랑을 강요당하기 싫으니 차라리 모습을 바꿔달라고 간청했다. 순간 그녀의 우유빛 피부는 칙칙한 회색의 나무껍질로 변하기 시작했다. 섬섬옥수처럼 뻗었던 팔과 손가락이 움직임을 멈추며 그대로 뻣뻣한 가지로 변해갔다. 로마의 시인 오비디우스Publius Naso Ovidius(BC 43~AD 17)는 그의 작품 「변신 이야기」에서 그 순간을 이렇게 묘사했다. "아폴론은 눈물을 흘리며 나무로 변한 다프네라도 안으려 했지만 나무마저 기어이 뒤로 몸을 물렀다"고. 아폴론이 얼마나 싫었으면 나무가 되어서조차 아폴론의 손길을 피하려 했을까. 아폴론은 월계수로 변한 다프네의 가지를 엮어 관을 만들어 썼다. 아폴론이 쓰고 있어서 승리의 상징으로 여겨지는 월계수관은 사실 다프네의 상처받은 몸이었던 것이다. 설령 육체를 가진다 해도 마음을 얻지 못한 사내가 안을 수 있는 것은 온기 없는 나뭇가지뿐이라는 가르침이다.

아폴론과 다프네의 이야기는 많은 미술 작품의 소재로 쓰였다. 특히 프랑스의 화가 테오도르 샤세리오Théodore Chassériau(1819~1856)가 그린 〈아폴로와 다프네〉에는 화가 특유의 관능미와 예리한 감수성이 드러난다. 발끝부터 점차 단단한 월계수나무의 뿌리로 변해가는 다프네

앞에 아폴론이 무릎을 꿇고 있다. 다프네의 허리로 뻗은 아폴론의 팔은 필사적으로 남아 있는 부드러움이라도 느껴보려고 하지만, 다프네는 그것마저 거부하는 듯 팔을 위로 뻗고 몸을 뒤로 빼고 있다. 나무로 변해가는 다프네의 마지막을 붙잡고 안타까움에 어쩔 줄 모르는 아폴론과 달리, 눈을 지그시 감은 다프네는 드디어 아폴론에게서 해방되었다는 듯 편안한 표정이다. 비록 나무로 변할지라도, 좋아하지 않는 남자에게서 벗어나는 편이 편안하고 안심되는 것이다.

성범죄의 유형과 판단 기준

다프네를 봐도 알 수 있듯이 성은 육체보다 정신, 마음에 무게가 있다고 할 것이다. 법이 보호하고자 하는 대상도 그렇다. 누구와 어떻게 성과 관련된 행동을 할지 스스로 자유롭게 결정할 수 있어야 한다는 성적 자기결정권 그 자체를 권리로 보고 보호해준다. 이는 인간이 가진 가장 기본적인 권리로서 헌법으로부터 비롯한 것으로 여긴다. 그렇기에 육체적으로 상처를 입지 않았고 극히 짧은 순간 벌어진 행동이라도 정신적인 피해를 입혔다고 볼 수 있으면 강력하게 처벌한다.

형사처벌을 하는 성범죄는 크게 두 가지로 나눌 수 있다. 먼저 폭력을 사용하거나 겁을 줘서 강제적으로 성관계를 갖는 성폭행이 있다. 범죄의 정도를 피해자의 입장에서 판단하기에 성관계가 끝까지 이어졌는지 그렇지 않은지, 가해자가 성적 만족을 느꼈는지 아닌지는 전혀 문제 삼지 않는다. 술이나 약물을 사용해서 정신을 잃게 만드는 행위도 피해자가 자유롭게 결정할 수 있는 권리를 박탈하기에 폭력의 일종으로 본다.

성관계에까지 이르지는 않았지만 피해자에게 성적 수치심을 불러일으킬 만한 직접적인 행동을 했을 때는 강제 추행으로 처벌한다. 강제 추행 역시 폭력을 쓰거나 겁을 줘서 피해자를 꼼짝 못하게 하는데, 반드시 먼저 폭력을 써야 한다거나 하는 시간적인 순서가 있지는 않다. 예를 들어 지하철처럼 사람이 많은 공간에서 은밀한 부위를 밀착시키거나 노래방의 회식 자리에서 주변에서 미처 말릴 새도 없이 덥석 끌어안는 행동도 모두 강제 추행에 해당한다. 그래서 법원은 폭행이나 협박이 먼저 이루어질 필요가 없고 폭행이 어느 정도였는지, 얼마나 강한 힘을 사용했는지도 따지지 않는다.[1] 손을 뻗어 만지는 순간 폭행인 동시에 추행이 된다. 가해자가 만취 상태여서 힘으로만 따지면 피해자가 쉽게 물리칠 수 있었다 하더라도 여전히 강제 추행이다. 가해자가 보기에는 별것 아닌 접촉이었다 해도 피해자나 다른 사람들이 보기에 성적으로 수치심을 느낄 만한 행동이었다면 강제 추행으로 처벌해야 한다. 알 수도 없고 알고 싶지도 않은 파렴치한의 머릿속에 무슨 생각이 있었는지 꺼내놓을 필요도 없다는 의도다.

그렇다면 다프네가 겪은 이 사건을 법적으로는 어떻게 봐야 할까. 아폴론이 나타나 다짜고짜 덮쳤으니 다프네는 아마도 강제 추행의 정도를 넘어 성폭행을 당할 위협을 느꼈을 것이다. 다프네는 필사적으로 도망쳤는데 이것은 분명한 거부의 의사이다. 그럼에도 불구하고 아폴론이 추적을 계속했으니 그 자체로 폭력을 사용한 것과 마찬가지다. 다만 성폭행을 저지르지는 않았으므로 강간 미수범으로 볼 수 있다. 다프

◇◇◇◇
1 대법원 2001도2417 판결

네는 다행히 아버지의 도움을 받아 월계수로 변해서 위기를 모면했지만 만일 절벽이나 물에 빠지기 쉬운 강변같이 위험한 장소에서 추격전을 벌인 나머지 다프네가 사고로 죽고 말았다면 아폴론에게 강간치사에 대한 책임을 물어야 한다.

앞에서도 말했듯이 성은 육체보다 정신이나 마음에 무게가 있고, 성폭행이나 강제 추행과 같은 성범죄를 처벌하는 이유도 육체보다 정신적인 부분을 보호하기 위해서다. 하지만 그렇기 때문에 적절한 규제가 이뤄지고 있는지 더욱 의심스러운 영역이 있다. 바로 성희롱이다. 성희롱은 성과 관련된 말이나 행동으로 상대방에게 불쾌감을 주는 것을 가리키는데, 대개 가해자가 물리적으로 힘이 센 경우뿐만 아니라 직장 내 상하 관계처럼 당하는 사람이 거부하기 어려운 관계에서 벌어진다. 대표적으로 노골적인 음담패설, 신체의 특정 부위를 가리키며 하는 자극적인 말, 제 눈에나 즐거울 음란물 따위를 스마트폰으로 보내오는 등의 행위가 이에 속한다. 성희롱은 직접적인 신체 접촉이 없기는 하지만 성적으로 싫은 일을 억지로 당한다는 점에서 성폭행, 강제 추행과 마찬가지로 엄연한 성폭력의 하나다. 더군다나 피해자들이 쉽게 저항할 수 없어서 점점 도가 심해지기도 한다. 한두 번으로 끝나지 않고 지속적으로 이어지다 보면 당하는 입장에서의 고통은 한순간의 강제 추행보다 훨씬 심할 수 있다. 그렇지만 들통이 나더라도 피해자의 몸에 직접적인 성적 행위를 하지는 않았으므로 형사처벌을 할 수 없다. 가해자들은 그런 뜻이 아니었다며 적당히 얼버무리려 하기 십상이다. 더구나 단체의 내부에서 조직적으로 이뤄지는 경우에는 피해를 드러내기조차 어렵다. 민사상 손해배상을 청구할 수는 있지만 그 역시 현실적인 대책은 아니다. 우리 법원은 정신적 피해에 대해 어지간해서는 손해배상을 판결해주지 않는다. 피해가 눈에 보이지 않기 때문에 이를 계량해 손해배상 액수를 정하기 어렵다는 이유에서다.

기본적으로 물질적인 피해에 대해서만 배상을 인정하고, 돈을 받으면 정신적인 피해나 화는 풀린다고 보는 것이 법원의 입장이기도 하다.[2] 게다가 손해배상에 관한 소송의 일반적인 원칙에 따라 정신적인 피해로 입은 손해가 얼마인지 피해자로 하여금 입증하라고 한다. 몇 날 며칠 밤잠을 이루지 못한 피해를 얼마라고 봐야 할 것인가. 그래서 정신병원에서 치료라도 받았다면 치료비만으로 피해가 회복됐다고 볼 수 있을까. 손해배상이라도 적극적으로 해주지 않는 한 용기 있게 나서기 어렵다. 우리 법원이 정신적인 피해에 대한 배상을 어지간해서는 인정하지 않다 보니 생기는 문제점 중 하나다. 법은 성범죄는 몸이 아니라 마음부터 파괴하는 범죄라는 것을 이해해주지 않는다. 게다가 직장에서 성희롱을 문제 삼으려면 일자리를 잃을지도 모르는 위험을 감수해야 한다. 만약 조직적으로 행해졌거나, 알고도 회사에서 묵인했다면 징벌적 손해배상이라도 이뤄져야 한다. 징벌적 손해배상이란 사회정의에 어긋나는 행동에 대해 일종의 벌금을 부과하는 것처럼, 실제 손해보다 훨씬 큰 고액을 배상하도록 만드는 것이다. 상대적으로 훨씬 우위에 있는 기업이나 정부에 개인이 맞서 싸울 수 있는 제도적 장치 중 하나인데 우리는 도입하지 않고 있다.

◇◇◇◇

2 대법원 96다31574 판결

망상이 낳는 범죄

인터넷 어딘가에서 여성이 고개를 돌리는 방향에 따라 그것이 Yes, 혹은 No를 의미한다는 황당한 글을 본 적 있다. 키스라도 하려는데 이쪽으로 돌리면 진짜 싫어하는 거고, 저쪽으로 돌리면 그저 빼는 거니까 굽히지 말고 밀어붙이라는 내용이었다. 생각하면 할수록 어이없는 글이지만 성범죄 관련 사건을 다룰 때면 꼭 한 번씩 생각이 난다. 실제로 그만큼 어이없는 망상에서 시작되는 성범죄가 상당수 있기 때문이다.

성범죄 중에서도 특히 성폭행 재판이 벌어지면 피고인들은 합의에 의한 관계였다는 변명을 가장 많이 한다. 범죄의 특성상 은밀한 장소에서 단 둘이 있을 때 벌어지기 때문에 끝까지 잡아떼면 알 수 없을 거라고 착각하는지도 모른다. 하지만 단 둘이 있을 때 벌어진 사건이라고 해서 증거가 없을 리 없다. 둘만 남게 되기까지 있었던 일이 모두 간접적인 증거가 되기 때문이다. 목격자도 있을 수 있고 CCTV에 찍혔을 수도 있다. 만일 피해자가 폭행을 당했다면 몸에 생긴 상처도 모두 증거가 된다. 그렇게 증거를 모아 가해자와 피해자, 둘 중 누구의 말이 상황과 더 맞아떨어지는지 판단한다.

과거에는 힘들고 부끄럽다는 이유로 피해자들이 적극적으로 나서지 않았다. 하지만 여성의 권리에 대한 의식이 높아지면서 그런 일이 현저히 줄어들었다. 뿐만 아니라 예전에 비해 성폭력 피해자를 위한 제도적인 뒷받침도 많아졌다. 대표적으로 국선 변호인이 피해자를 도와 수사 단계에서부터 법적 조언을 해주는 제도가 있다. 아무래도 쉽게 꺼내기 힘든 이야기이니 만큼 법적으로 중요한 사실과 필요한 내용만 골라 밝히고 나머지는 굳이 말하지 않을 수 있도록 돕는다.

그런데 간혹 거짓말이 아니라 진짜 합의에 의한 관계라고 믿고 있는 피고인도 있다. 이를테면 피해자가 적극적으로 반항하지 않았으니까 허락한 것이나 같다는 입장이다. 하지만 입장을 바꾸어 생각해보자. 상대적으로 힘이 약한 여성이 남성과 단 둘이 있는 공간에서 얼마나 적극적으로 반항할 수 있겠는가. 아마도 피해자는 어설프게 반항하다가는 목숨을 잃거나 더 심한 꼴을 당할 수도 있다고 생각해서 제대로 된 반항조차 못했을 수 있다. 그럴 경우 가해자는 성폭행을 저질러놓고서도 합의였다고 착각하곤 한다. 술자리에서 벌어지는 야한 게임은 또 어떤가? 취해서 손을 잡거나 포옹을 하거나 했으니까 암묵적으로 성관계에 동의한 거라고 생각하는 사람도 있을 수 있다. 하지만 손을 잡았으니까 끌어안아도 좋고, 끌어안았으니까 입술도 허락한 것 아니냐는 주장은 인정받을 수 없다. 그 어떤 상황이라도 싫다고 하면 하지 말라는 뜻이다. 또는 피해자가 상대방을 이성으로조차 여기지 않았을 가능성도 있다. 나이 차이가 너무 난다거나 해서 상대방을 이성으로 인식하지 않았기 때문에 어느 정도의 신체적 접촉도 거리낌 없이 했을 수 있다. 이럴 때 턱없이 높은 자존감을 가진 일부 남자들은 피해자의 행동을 전혀 엉뚱하게 해석해버린다. 결국 남녀의 차이에 대한 무지가 범죄로까지 이어졌다고 볼 수 있다. 하지만 이성異姓에 아무리 정신이 팔려도 이성理性, 제정신을 찾을 줄 알아야 한다. 착각으로 인해 졸지에 성범죄자가 되다니, 어느 한편으로는 안타깝기도 하지만 그렇다고 용서받을 수 있는 건 아니다.

　　2013년까지는 피해자의 고소가 있어야 성범죄자를 처벌할 수 있었다. 그래서 종종 합의를 강요당하는 일이 벌어지기도 했다. 합의금을 빌미로 피해자에게 2차 피해를 입혔던 것이다. 어찌 보면 성범죄를 저질러도 돈과 권력으로 해결할 수 있도록 법이 허락하고 있었던 셈이다. 다행히 이와 같은 친고죄 조항이 폐지되면서 성범죄에 대한 법원의 강력한 처벌이 가능해졌다.

남자라는 이름의 죄인

"원하는 남자가 있으면 손가락을 들어 가리키기만 하면 된다." 미국의 심리학자 일레인 햇필드Elaine Hatfield는 남자와 여자의 성적 의식 차이에 대해 이런 도발적인 선언을 했다. 여자는 마음만 먹으면 쉽게 남자를 유혹할 수 있으며, 심지어 특별한 유혹조차 필요 없을 수 있다는 것이다. 이를 입증하기 위해 그녀는 1978년부터 1988년까지 수차례에 걸쳐 실험을 했다. 일레인은 매력적인 젊은 남녀로 하여금 대학 캠퍼스에서 난생처음 보는 이성에게 다가가 그날 밤을 함께하겠느냐고 묻도록 시켰는데, 여성의 유혹을 받은 남학생의 4분의 3가량이 그 자리에서 얼씨구나 하고 제안을 받아들였다. 중요한 약속이 있다는 등의 이유로 거절한 나머지 남학생들도 혹시 훗날을 기약할 수는 없느냐며 아쉬워했다. 반면 남성의 제안을 받은 여학생들은 그 누구도 당장 함께할 수는 없노라고 거절했다. 수년 동안 몇 번을 반복해도 실험의 결과는 비슷했다.

일레인의 실험에서 보듯이 남자의 성적 자기결정권 따위는 이론에나 존재할 뿐, 무용지물이나 다름없어 보인다. 다비드의 〈비너스와 삼미신에게 무장해제당하는 마르스〉를 보면 남성의 이와 같은 슬픈 본성이 그대로 드러나 있다. 벌거벗은 여인들 사이에 수세에 몰린 듯 비스듬하

자크 루이 다비드, 〈비너스와 삼미신에게 무장해제당하는 마르스〉, 1824. 캔버스에 유채, 308×262cm. 벨기에 왕립 미술관

게 앉은 것도 누운 것도 아닌 어정쩡한 자세를 취하고 있는 사내가 바로 전쟁의 신 마르스Mars이다. 전장에서의 위풍당당함은 온데간데없이 비너스가 하는 대로 속절없이 무기를 내주고 있다. 미의 여신 비너스와 악동 큐피드, 그들을 섬기는 시녀이자 아름다움과 기쁨, 미덕을 상징하는 세 여신이 작당을 했다. 여신들은 전장에서 위엄을 발휘하던 마르스

의 투구를 벗겨 멀찌감치 치우고, 마르스의 몸을 지켜주던 방패와 활을 빼앗고 대신 술잔을 건네고 있다. 마르스는 그나마 남아 있는 칼과 창도 금방이라도 여신들에게 넘겨주려는 듯 보인다. 대담하게도 마르스의 허벅지 안쪽에 손을 얹은 비너스는 투구를 벗은 마르스의 머리에 화관을 씌우려 하고 있다. 마르스는 도대체 나에게 왜 이러냐는 힘없는 눈빛으로 비너스를 바라보고 있을 뿐 딱히 반항하는 것처럼 보이지도 않는다. 악동 큐피드는 이제 그만 포기하라는 듯 조롱하는 눈빛으로 마르스의 신발 끈을 풀고 있다.

전쟁의 신 마르스는 영웅이자 정복자인, 남성성의 대명사이다. 오늘날 남성을 상징하는 기호(♂)는 바로 마르스의 창과 방패에서 유래했다. 반면 여성을 상징하는 기호(♀)는 바로 비너스의 손거울을 뜻한다. 그런데 비록 마르스가 전쟁의 신이긴 해도 그림 속 둘을 보면 승리한 쪽은 오히려 비너스로 보인다. 그렇다면 이 그림 속 마르스는 패배했다고 봐야 할까? 물론 강제로 무장을 해제당하고 있긴 하지만 힘으로 비너스와 그 무리를 물리치지 못할 마르스가 아니다. 결국 무장해제도 마르스가 좋아서 당하는 것으로밖에 안 보인다. 적어도 싫은데 억지로 당하는 건 아닌 게 분명하다. 문제는 좋고 싫음도 결국 마르스가 자신의 의사로 정해야 하는데, 지금 이 상황에서 마르스가 과연 그럴 수 있는가 하는 점이다. 의사를 표현할 자유도 결국은 선택의 여지가 있을 때나 따질 수 있지, 그런 자유보다 수컷이라는 원초적 본능이 우선하는 상황에서 과연 마르스에게 그와 같은 자유가 있다고 할 수 있을까? 더구나 마르스는 범죄를 저지르는 가해자가 되는 상황도 아니다. 못 이기는 척 넘어가도 누구에게 어떤 피해도 주지 않는다. 정신을 바짝 차리기보다 본능에 충실할 가능성이 높다.

흔히 어떠한 유혹에도 흔들리지 않고 마음의 동요가 적은 사람을 가리켜 '부처님 가운데 토막'이라고 부른다. 여기서 말하는 '가운데 토막'은 다름 아닌 '성기性器'다. 석가모니 부처가 깨달음을 얻은 직후 마왕의 세 딸이 나타나 온갖 교태로 유혹했지만 실패하고 말았다. 그 이후 어떤 미색이나 유혹에도 흔들림 없는 마음 자세를 가진 사람을 가리켜 이렇게 부르게 되었다. 그런데 역설적으로 생각해보면 부처님 정도의 그릇이 되지 않으면 이런 유혹을 극복할 수 없다는 뜻 아닌가? 다시 말해 흔들리는 게 정상이라는 소리다. 그렇다면 남자는 애초부터 그렇게 생겨먹은, 타고난 범죄자라고 봐야 하나?

얼마 전까지만 하더라도 이처럼 유혹에 약한 남자의 육체적, 정신적 특징을 반영해서 실제로 형법에서는 성과 관련한 범죄에 차별을 뒀었다. 가장 대표적인 예로 과거 우리 법에서는 강간죄가 '남자'가 '여자'를 대상으로 짓는 죄라고 보았다.[3] 21세기가 되도록 강간죄를 저지르는 사람은 남자, 당하는 사람은 여자라고 본 것이다. 형법이 제정되던 1953년의 사고방식으로는 아무래도 남녀의 신체적인 차이 때문에 남자가 원하지 않는 강제적인 성관계는 성립하기 어렵다고 보았기 때문이지만, 시간이 흐르며 당시로서는 상상하기 어려웠던 상황이 자꾸만 벌어지기 시작했다. 예를 들어 남자 동성 간의 강제적 성관계라거나, 스스로를 여자로 생각하고 행동하는 주민등록번호가 1로 시작하는 여성들에 대한 범죄는 어떻게 처벌해야 할까? 고전적인 시각에서 보면 성관계는 남녀 관계만을 이야기하기 때문에, 이와 같은 사건은 강제 추행

◇◇◇◇
3 1953. 9. 18. 법률 제293호 형법 제297조(강간)
   폭행 또는 협박으로 부녀를 강간한 자는 3년 이상의 유기 징역에 처한다.

죄로밖에 대응할 수 없다. 그러나 피해자의 입장에서도 과연 그럴까? 결국 2012년, 강간죄의 피해자가 '부녀'에서 '사람'으로 바뀌며 이와 같은 문제가 해결되었다.[4]

물론 유혹에 약한 남자라 하더라도 모든 남자를 원초적 범죄자로 볼 수는 없다. 다만 남자와 여자 사이에 어느 정도의 차이가 존재할 뿐이다. 그런 차이를 법적으로 반영해야 할까. 아인슈타인 Albert Einstein(1879~1955)은 "신神은 주사위 놀이를 하지 않는다"고 했다. 아인슈타인은 우주의 모든 사건은 정해진 곳에서 정해진 때에 일어나도록 결정되어 있다고 믿었다. 아인슈타인의 이론에 따르자면 결국 죄를 지을 사람도 미리 정해져 있다는 이야기다. 그에 비해서 칸트Immanuel Kant(1724~1804)나 헤겔Georg Wilhelm Friedrich Hegel(1770~1831) 같은 철학자들은 인간이 스스로의 의지로 죄를 짓지 않을 수 있다고 봤다. 그렇기 때문에 충분히 죄를 짓지 않을 수 있는데도 유혹에 넘어가 죄를 지은 사람들은 스스로 책임을 지도록 엄격하게 처벌해야 한다고 주장했다.

아인슈타인이 주장한 바와 같이 '모든 것이 미리 정해져 있다'는 이론을 결정론이라고 한다. 이를 주장하는 입장에서는 사회적, 자연적 환경의 지배를 받는 약한 인간을 전제로 한다. DNA와 부모, 사회가 어떤 조건을 부여했느냐에 따라 범죄자가 될 수도 있고 모범 시민이 될 수도 있다는 것이다. 그래서 죄를 짓더라도 처벌보다 치료의 관점으로 접근한다. 이와 같은 결정론적 주장이 극단적으로 가면 병균으로부

◇◇◇◇

4 2012. 12. 18. 법률 제11574호 형법 제297조(강간)
  폭행 또는 협박으로 사람을 강간한 자는 3년 이상의 유기 징역에 처한다.

터 사회를 지키기 위해 범죄를 저지를 것으로 예상되는 사람들을 격리해야 한다는 망상까지 만들어지기도 한다. 아돌프 히틀러Adolf Hitler (1889~1945)의 인종 청소를 뒷받침해준 것도 당시 일부 학자들이었다.

오늘날 형법은 어느 쪽만이 옳다고 단정을 내리지는 않는다. 이런 면도 있고, 저런 면도 있다고 본다. 자유의지가 아예 없다면 개선의 여지가 없으니 처벌이 무의미하고, 타고난 조건을 전혀 고려하지 않으면 자신이 감당해야 할 범위 이상의 책임을 져야 할 수도 있다. 둘 사이에서 균형을 찾아야 한다. 유전적으로 타고난 요소가 정해져 있더라도 성장 환경에 따라 그 결과는 달라질 수 있다고 본다. 그런 역할을 하는 것이 바로 법과 제도이다. 성범죄에 대한 대응 역시 그러한 이유에서 변화하는 세상에 맞춰 강화되어왔다.

Part 11

인격을 죽이는 범죄

명예훼손

렘브란트 반 레인, 〈수산나의 목욕〉, 1647, 패널에 유채, 독일 베를린 국립 회화관

수산나의 목욕

주위가 온통 어둠에 둘러싸인 한적한 정원. 그 안에서 유난히 하얗게 빛나는 여성을 탐욕스러운 표정의 두 노인이 탐하려 하고 있다. 렘브란트Rembrandt van Rijn(1606~1669)의 〈수산나의 목욕〉은『구약성서』의 외경에 나오는 이야기를 그림으로 옮긴 것이다. 수산나Susanna는 바빌론에 사는 요아킴Joachim의 아내였으며 매우 아름다운 여인으로 알려져 주위의 관심을 끌었다. 어느 무더운 여름 날 수산나는 목욕을 하기 위해 하녀들에게 자리를 비우고 정원 문을 잠그라고 명했다. 하지만 수산나는 자신을 지켜보던 두 쌍의 음험한 눈길을 미처 알지 못했다. 그 지역 재판관이기도 한 두 명의 원로가 몰래 정원에 숨어들어 있었다. 그들은 하녀들이 떠나고 수산나가 목욕을 하기 위해 옷을 벗으려는 순간 뻔뻔스러운 모습을 드러냈다. 그림 속에서 한 노인이 노골적으로 그녀의 하얀 속옷을 잡아당기자 수산나는 왼팔을 오므려 가슴을 가리면서 몸을 움츠려 스스로를 지키고 있다. 백발이 성성한 다른 노인은 지팡이까지 짚고 있으면서도 욕망에 사로잡혀 수산나에게 노골적인 요구를 했다. 수산나가 응하지 않자 그들은 어떤 젊은 남자와 수산나의 간통을 목격했노라 거짓 소문을 퍼뜨렸다. 원로이자 재판관인 두 사람의 거짓말에 세상 사람들은 속고 말았다. 수산나는 당시의 법에 의해 사형을 당할 위기에 처했다. 다행히 신의 계시를 받은 다니엘Daniel이 법정에 나타나 두 노인의 거짓말을 밝혀 그녀의 무죄를 입증했다. 의도된 헛소문 때문에 수산나는 목숨을 잃을 뻔했고, 당시의 시대상에 비춰볼 때 어쩌면 죽음보다 더 심각한 불명예를 뒤집어썼다.

예나 지금이나 사람은 관계의 존재다. 개인이 살아가려면 다른 개인과 함께 어울려 사회를 이루지 않으면 안 된다. 그런 만큼 다른 사람이 그 사람을 어떻게 보느냐는 생존과 직결된다고 해도 지나치지 않다. 말이 쉽지, 무소의 뿔처럼 혼자 가는 건 해탈의 경지에 이르러야만 가능하리라. 사회생활을 하면서 남의 눈을 의식하지 않을 수 있는 사람이 과연 있을까?

그렇기 때문에 외부의 평판은 개인에게 매우 중요하다. 중상모략은 이런 평판을 해치는 일이다. 사실을 왜곡하거나 없는 말을 지어내 상처를 입히는 이와 같은 행동을 법에서는 명예훼손죄나 모욕죄로 본다. SNS 같은 정보통신망, 출판물이나 방송 등 사용하는 수단이나 방법에 따라 구체적인 처벌에 조금씩 차이는 있지만 함께 어울려야 하는 사회에서 설 자리를 없애버리는 인격 살인이라는 점에서는 모두 똑같다.

명예훼손은 누군가의 외부적 평판을 해칠 만한 '사실'을 공공연하게 퍼뜨리는 범죄이다. 지금 일어나고 있거나 과거에 일어났던 일을 '사실'이라고 한다. 미래에 일어날 일이라도 현재에 바탕을 두고 예견한다면 사실로 볼 수 있다. 이를테면 경찰서에 고소장을 제출해 형사가 사건을 검토하고 있으니 조만간 불려갈 거라고 말한다면 과거(경찰서에 고소장을 제출)와 현재(형사가 사건을 검토하고 있음), 그리고 미래(불려갈 것이다)에 관한 사실을 모두 포함한 내용이 된다. 그런데 법적으로 '사실'이라는 단어는 반드시 진실만을 말하지는 않는다. 진실이냐 거짓이냐에 상관없이 개인의 가치관이나 취향, 기호 등 주관적인 기준에 따라 변화될 수 없는 사항을 사실이라고 한다. 없는 사실, 거짓 사실이더라도 '사실'에 관한 것이면 명예훼손의 문제다. 반면 '좋다', '싫다' 같은 개인의 감정은 법적인 사실로 볼 수 없기 때문에 '나는 그 사람이 싫다' 같은 이야기를 하더라도 명예훼손에 해당하지 않는다. 마찬가지로 '빨간색이 파란색보다 좋다' 같은 말도 개인적 가치판단의 영역에 속한다. 그러나 만일 빨간색을 보고 파란색이라고 한다면 거짓말이고 사실의 문제이다. 일단 퍼뜨리는 내용이 '사실'에 해당한다면 그 내용이 진실이라거나, 심지어 이미 알 만한 사람은 다 아는 내용이라 하더라도 명예훼손이 될 수 있다.[1]

여기 세 사람이 있다. 첫 번째 사람은 자신의 돈을 빌려가서 떼먹은 사람이 있는데 다른 사람들도 조심하라고 한답시고 그 얘기를 동네방네 퍼뜨리고 다녔다. 두 번째 사람은 기간제 여교사인데 공개적인 자리에서 교장이 자신에게 차 대접을 요구하면서 부당한 대우를 한 사실을 지적했다. 세 번째 사람은 공공장소에서 말싸움을 하며 '늙은 화냥년, 네가 화냥질을 했잖아'라고 상대방을 향해 욕을 했다. 이 세 사람 중 명예훼손을 저지른 사람은 누구일까?

첫 번째 사람처럼 누군가 돈을 빌려가서 갚지 않았을 때, 아무리 그것이 진실이라 해도 여기저기 그 얘기를 퍼뜨렸다면 명예훼손이 될 수 있다. 피치 못해 당장 내 돈만 갚지 못했을 뿐이지 원래 그런 사람은 아

◇◇◇◇
1 대법원 93도3535 판결

닐 수도 있지 않은가? 두 번째 기간제 여교사의 경우, 이 여교사가 공개적인 자리에서 교장의 부당한 대우에 대해 지적했더라도 고용과 남녀평등을 위해서였다면 명예훼손은 아니다.[2] 교장에 대한 외부적인 평판을 해치는 사실임에는 틀림없지만 여성에 대한 부당한 대우를 막기 위한 일로 인정되기에 불법으로 보기 어렵다. 이처럼 명예훼손과 관련해 우리 법은 다른 사람에 대해 좋지 않은 사실을 퍼뜨려도 죄가 되지 않을 때를 예외적으로 인정하고 있다. 남을 다치게 하더라도 정당방위라면 용서받는 것과 마찬가지다. 하지만 어디까지나 원칙적으로는 안 되지만 공공의 이익이라는 특별한 경우에 한해서 허용해주는 데 불과하다.[3] 마지막으로 공개적인 자리에서 상대방에게 욕을 했을 때, 즉 세 번째 경우 분명 '화냥년' 같은 욕설이 험한 말이기는 하지만 상대방의 명예를 더럽혔다고 볼 수는 없다. '화냥년'이나 '화냥질' 같은 말은 상대방에 대한 구체적인 사실이라기보다 본인의 화난 감정을 표현한 것에 불과하기 때문이다.[4] 물론 이런 경우 모욕죄에는 해당한다. 길거리에서도 욕설을 퍼붓는 사람을 보면 욕먹는 사람보다 욕하는 사람을 비난하는 경우가 많지 않은가. 모욕죄는 그런 의미에서 명예훼손죄보다는 가벼운 범죄다.

◇◇◇◇

2 대법원 2007도9885 판결

3 형법 제307조(명예훼손)
① 공연히 사실을 적시하여 사람의 명예를 훼손한 자는 2년 이하의 징역이나 금고 또는 500만 원 이하의 벌금에 처한다.
② 공연히 허위의 사실을 적시하여 사람의 명예를 훼손한 자는 5년 이하의 징역, 10년 이하의 자격정지 또는 천만 원 이하의 벌금에 처한다.
형법 제310조(위법성의 조각)
제307조 제1항의 행위가 진실한 사실로서 오로지 공공의 이익에 관한 때에는 처벌하지 아니한다.

4 대법원 87도739 판결

영원한 비밀은 없다

'거시기가 거시기 했다'는 말은 명예훼손일까? 명예훼손은 개인의 인격을 보호하기 위해 만든 죄명이기에 다른 범죄와는 다른 몇 가지 특징이 있다. 먼저 누가 뭘 했다는 것인지 알 수 없는 경우라면 죄로 보기 어렵다. 그러니까 거시기가 거시기를 했다고 떠들고 다니든 거시기가 저시기라고 퍼뜨리든 명예훼손이 아니라는 뜻이다.

그런데 거시기라는 말만 듣고도 바로 무슨 이야긴지 알 수 있다면 상황이 달라진다. 예를 들어 모 연예인을 지칭하며 'B양'이라고 이니셜을 썼을 뿐 이름은 밝히지 않았는데, 직업은 뭐고 나이는 몇이며 출신지는 어디고 부모님은 어떤 분이고 지금 사는 동네는 어딘데 학교는 어떤 곳을 나왔다는 식으로 기술해서 결국 종합해보면 누군지 알 수 있다면 여전히 명예훼손의 책임을 져야 한다.[5] 방송이나 신문기사에 모자이크 등으로 얼굴을 가린 사진을 내보냈는데, 눈만 살짝 지워서 주변 사람은 누군지 다 알아볼 수 있는 경우도 마찬가지다.

그렇다면 이런 경우는 어떨까? '변호사들은 죄다 돈만 밝히는 속물이다'라고 공공연하게 떠들고 다니는 사람이 있다. 이런 경우 어느 특정 변호사에 대한 명예훼손이 될까? 사실 그런 얘기 좀 한다고 갑작스레 세상 사람들이 변호사를 바라보는 시선이 달라질 리도 없고, 변호사 중에는 속물도 있고 그렇지 않은 사람도 있을 수 있지 않은가? 결국 누구를 가리켜 속물이라고 지칭한 것인지 모르니 명예훼손이라고 하기 어렵다.

◇◇◇◇
5 대법원 82도1256 판결

물론 여러 사람을 지칭했다 해도 그 집단이 소규모고 그 안에 소속된 개별적인 사람들이 누구인지 쉽게 알 수 있다면 이야기가 달라질 수 있다. A라는 회사에 B라는 모임이 있는데 B모임이 회사 내에 파벌을 조장하고 있다는 식의 루머를 퍼뜨렸다. 그런데 B모임에 어느 학교 출신이 일곱 명이고 누구나 알고 있는 직원이다. 그렇다면 B모임에 소속된 사람들 각자의 명예가 손상됐다고 본다.

그런가 하면 평판이란 다른 사람들 사이에서 문제시되므로, 명예훼손이든 모욕이든 공공연하게 했을 때 성립된다. 둘밖에 없는데 면전에서 했다면 아무리 궂은 말이라도 기분 나쁜 데서 그친다. 남들 다 듣는데 창피하게 왜 그러느냐고들 하지 않는가. 남이 듣지 않으면 아무리 좋지 않은 얘기라도 다른 사람은 모른다. 평판 깎일 일이 없는 것이다. 죄가 성립되려면 동네방네 떠들고 다녀야 한다. 그런데 법원은 예외적으로 오직 한 사람에게만 말했어도 다른 사람에게 알려질 수 있다면 마찬가지라고 판단한다. 한 사람으로부터 다시 불특정한 사람 또는 다수의 사람에게 알려질 가능성이 있다면 여러 사람 앞에서 크게 떠든 것이나 같다는 취지다.[6]

친구나 가족처럼 서로 감싸줄 만한 사이에 있는 사람이라면 어떤 사실을 은밀하게 확인해보기 위해 누군가에 대한 낯부끄러운 이야기를 꺼냈더라도 그 말을 제3자에게까지 퍼뜨리지 않을 것으로 가정한다. 그러나 그럴 가능성은 예외적이고, 우리끼리만 아는 얘기가 순식간에 우리만 빼고 남들 다 아는 얘기가 된다. 옛말에도 발 없는 말이 천리를 간다고 하지 않던가. 더구나 현대의 과학기술은 시공간을 아무렇지 않

6 대법원 83도891 판결

게 넘나든다. 말을 옮기는 사람이 단체 대화방에 복사해 붙이기만 하면 그걸로 끝이다. 몇 차례 그런 과정이 반복되면 아차 하는 사이 온 세상이 보고 있다. 감추고 싶은 이야기일수록 그런 일은 더 쉽게 일어난다.

모두가 YES라 할지라도

헨드릭 드 클레르크, 〈미다스의 심판〉, 1620년 경, 동판에 유채, 43×62cm, 네덜란드 암스테르담 국립미술관

17세기 화가 헨드릭 드 클레르크Hendrick De Clerck(1570~1629)의 작품 〈미다스의 심판〉에는 음악의 신 아폴론과 반인반수인 목축의 신, 판Pan이 음악 대결을 펼치는 장면이 묘사되어 있다. 그림 한가운데서 환하게 빛나며 현악기를 연주하는 쪽이 아폴론이고, 오른쪽에서 염소의 하반신을 하고 있는 자가 판이다. 그리고 하얀 수염을 기른 산신령

과 판 사이에 미다스Midas 왕이 한 손으로 판을 가리키며 서 있다. 그 런데 자세히 보면 미다스 왕의 귀가 조금 이상하다. 그림 속 미다스 왕 은 마치 당나귀처럼 길쭉하고 커다란 귀를 하고 있다. 미다스 왕은 이 당나귀 귀를 부끄러워해서 그 사실을 철저하게 감추고 싶어했다. 그래 서 왕의 귀에 대해 아는 사람은 오직 이발사뿐이었다고 한다. 하지만 이발사는 간지러운 입을 견디다 못해 들판에 구덩이를 파고 "임금님 귀 는 당나귀 귀"라고 외쳤고, 그 자리에서 자란 갈대는 바람이 불 때마다 그 말을 무한 재생했다고 한다. 익숙한 이야기이지 않은가? 우리나라 『삼국유사』 속에도 신라 경문왕에 관한 비슷한 전설이 있다. 다른 점이 라면 경문왕의 비밀을 아는 사람은 이발사가 아니라 모자를 만드는 사 람이었고, 외친 곳이 갈대밭이 아니고 대나무 숲이었다는 정도이다. 비 슷한 이야기는 옛 소련 지역에도 있다. 거기서는 이발사가 우물에 비밀 을 털어놓는 바람에 그 우물이 넘쳐 면적이 6,236km²에 달하는 어마어 마한 크기의 호수를 만들어버렸다고 한다. 영원한 비밀이란 없고, 한번 말이 퍼지기 시작하면 그처럼 걷잡을 수 없다는 뜻이리라. 그런데 미 다스 왕은 어쩌다 이런 당나귀 귀를 갖게 됐을까. 바로 이 그림 속에 그 이유가 숨어 있다.

흔히 미다스 왕이라면 탐욕의 대명사로 유명하다. 미다스 왕은 엄청 난 재산을 가지고 있었지만 만족하는 법이 없었다. 그래서 술의 신, 디 오니소스가 자신의 스승을 극진하게 대접해준 보답으로 소원을 한 가 지 들어주겠다고 하자 미다스 왕은 손만 대면 뭐든 황금으로 바꿀 수 있는 능력을 달라고 했다. 큰 부자가 됐다며 기뻐한 것도 잠시, 빵이든 물이든 손만 대면 황금으로 변하는 통에 결국 먹지도 마시지도 못하게 된 미다스 왕은 무심코 딸을 끌어안았다가 딸마저 황금 조각상으로 만들어버렸다. 결국 뒤늦게 잘못을 깨닫고 디오니소스에게 간청한 끝에 미다스 왕은 팍톨로스Pactolus 강물에 목욕을 하고 원래대로 돌아올 수 있었다. 황금 조각상이 된 딸도 강물에 담그자 다시 인간으로 돌아왔다. 미다스 왕의 전설이라고 하면 대부분 여기까지를 생각한다. 그런데 미다스 왕의 이야기에는 뒷부분이 있다. 재물의 덧없음을 깨달은 미다스 왕은 일종의 귀농을 선언했다. 부귀영화를 포기하고 시골로 내려간 것이다. 하지만 완전히 철이 들지는 않았던지 시골에서 땀을 흘려가며 일하기보다 음풍농월을 즐기며 시간을 보냈는데, 특히 목축의 신 판이 연주하는 갈대 피리 소리를 좋아했다. 오늘날의 팬 플루트는 바로 판의 이름을 딴 악기다.

그러던 어느 날 판이 감히 음악의 신 아폴론과 음악으로 맞대결을 펼치게 되었다. 신들의 나라 올림포스의 12신 가운데 한 명이고 태양의 신으로서 시와 음악을 관장하는 그 아폴론과 말이다. 판이 아무리 목축의 신이라지만 아폴론과는 비교도 되지 않는다. 좌우지간 아폴론은 현악기를 연주하고 판은 자신의 피리를 불었다. 허연 수염을 기른 산신이 심판을 맡았고, 지혜의 여신 아테네를 비롯한 여신들이 청중으로 참가했다. 아폴론의 머리 주변의 후광만 보더라도 그가 압승했음을 알 수 있지만, 모두가 아폴론의 승리로 판단하는 가운데 심판 오른쪽에 서 있는 미다스만이 판을 가리키며 이의를 제기하고 있다. 미다스가 눈치 챘는지는 모르겠지만, 분노한 아폴론은 이미 미다스의 귀를 당나귀 귀로 바꿔놓았다. 큰 귀로 똑똑히 들으라는 벌이었다. 아마도 아폴론은 미다스 왕이 자신의 음악보다 판의 음악이 낫다고 함으로써 음악의 신인 자신의 명예를 훼손했다고 생각했을지도 모른다.

하지만 과연 미다스가 그런 벌을 받아야 했을까. 누구의 음악을 더 좋아할지는 어디까지나 개인의 취향에 따른 선택에 불과하다. 구성진 가락의 전통 가요를 좋아하는 사람이 있는가 하면 속사포처럼 침을 튀기는 랩을 좋아하는 사람도 있게 마련이다. 미다스 왕에게 판의 음악이 더 좋게 들렸다고 해서 꼭 아폴론의 음악이 판보다 뒤떨어진다는 의미는 아니다. 단순한 가치판단에 대한 문제이기에 반드시 아폴론의 명예를 훼손했다고 볼 수 없다.

만일 아폴론이 대결에서 졌다면 사실의 문제로 볼 여지가 있다. 오디션 프로그램에서 누구의 노래를 더 좋아할지는 어디까지나 취향의 문제이지만 누가 1등을 했느냐는 사실의 문제이기 때문이다. 이처럼 두 가지 영역은 종종 구별하기 어렵다. 키가 크냐 작냐는 일반적인 대한민국 국민의 평균 키를 기준으로 생각하면 객관적으로 쉽게 구분할 수 있기 때문에 '사실'의 문제다. 그런데 이와 같은 판단이 잘생기고 못생기고의 문제로 번진다면 이야기가 달라진다.

아무튼 중요한 것은 미다스 왕이 말 한마디로 아폴론의 심기를 불편하게 했다는 점이다. 21세기에도 권력은 비판을 달갑게 받아들이지 않는다. 그래서 사실과 가치판단의 경계가 모호한 비판에 대해 꼬투리를 잡아 명예훼손죄로 억누르려는 시도를 하곤 한다. 이를테면 어떤 정책에 대해 문제를 제기했는데, 비판의 근거로 제시한 통계에 오류가 있다면서 허위 사실에 의한 명예훼손이라고 고소하는 식이다.

그런데 공동생활과 관련한 문제에 대해 자신의 의견을 자유롭게 제시할 수 있어야 한다는 것은 민주주의의 기본 중의 기본이다. 일어난 사실을 정확하게 알고 그에 대해 의견을 나누는 것이 바로 민주주의의 정치적 의사 결정 과정이기 때문이다. 그런 만큼 권력에 대한 비판에 명예훼손죄를 들이대는 것은 지극히 위험한 발상이 아닐 수 없다. 그래서 우리 법원 역시 정부나 국가기관은 원칙적으로 감시와 비판의 대상이지 명예훼손으로 보호받는 대상이 아니라고 보고 있다.[7]

개인의 명예와 공공의 이익이 충돌할 때

남의 명예에 상처를 내는 것도 사람이요, 그럼으로써 훼손당하는 것도 누군가 한 사람의 명예다. 사실 초등학교 화장실에 '누구랑 누구랑 알나리깔나리'라고 쓸 때부터 우리는 남의 뒷말처럼 재미있는 일도 드물다는 것을 알고 있다. 유명 연예인이나 고위 공직자, 정치인은 물론이고 직장이나 학교의 누구누구에 이르기까지 그 대상은 참으로 많다. 씹는 사람이야 즐거울지 모르지만 알 권리라는 이름 아래 사생활을 꼬치꼬치 캐고, 표현의 자유라며 함부로 내뱉는 말을 들어야 하는 입장에서는 말 한마디 한마디가 날카로운 칼날처럼 느껴질 것이다. 인간은 이성과 감성을 동시에 지닌 동물이다. 논리적 토론을 해도 걸핏하면 감정적으로 변해 삿대질을 하게 되는 이유도 거기에 있다. 가끔은 과연 합리적이고 객관적인 자세로 토론해서 결론을 얻는 일이 인간에게 가능하기는 한지 의문이 들 정도다. 심지어 법정에서 마주친 변호사들끼리도 감정적인 싸움을 벌인다. 각자의 의뢰인을 대리해 법에 따라 판결을 구하는 자리가 아니던가. 하지만 아무리 사실관계에 따라 법을 적용하는 극히 이성적인 자리라고 해도 사람인지라 감정싸움으로 바뀌곤 한다. 그러니 누군가의 입방아에 올랐다면, 이성적인 비판이 아니라 감정

◇◇◇◇
7 대법원 2010도17237 판결 등

적인 난도질의 대상이 될 가능성이 높다. 명예나 자신의 이름, 얼굴에 대한 권리, 사생활을 보호받을 권리 같은 것들이 마구 파헤쳐지거나 심지어는 인터넷에 허위 사실이 퍼질 수도 있다. 범죄를 저지르지도 않았는데 인터넷에 돌아다니는 소문 때문에 상처 입은 연예인들이 고개를 떨어뜨리고 눈물짓는 모습을 떠올려보라.

그래서 개인의 사적인 일은 비밀로 지켜줘야 한다고 목소리를 높이려 하니 정반대의 상황도 있다. 피도 눈물도 없는 끔찍한 범죄를 저지른 범인의 신원이나 얼굴을 알려야 할지 그 여부를 놓고 논란이 인다. 알려야 다른 사람이 추가적인 피해를 입지 않을 수 있기 때문이다. 또는 개인 차원을 넘어 국가 비밀이나 기업의 영업에 치명적인 결과를 초래할 수 있는 정보는 어떠한가. 추악한 비밀이라면 폭로가 필요해 보이긴 한데, 기업이 문을 닫고 헤아릴 수 없이 많은 사람들이 일자리를 잃는 일이 이어질 수도 있다.

이처럼 알 권리와 표현의 자유가 개인의 인격권 같은 권리와 부딪힐 때는 어떻게 해결해야 할까. 가장 먼저 떠올릴 수 있는 방법은 균형을 이룰 타협점을 찾는 것이다. 개인에게는 희생일지라도, 공익을 위해 꼭 필요한 진실이라면 사회가 알도록 하는 편이 옳다. 성범죄자의 신상 정보를 일정 기간 공개하거나 기업의 잘잘못을 공시하는 것이 이에 해당한다. 그런데 균형 찾기가 아예 불가능한 경우도 있다. 모 아니면 도인 상황이다. 그럴 때 공적인 관심사, 공적인 인물에 관련된 일이면 공개하는 쪽으로 판단할 가능성이 높다. 고위 공직자를 임명하기 전에는 청문회를 거쳐 그 사람의 삶을 국민 앞에서 낱낱이 파헤친다. 본인뿐 아니라 자녀의 신상 문제까지 드러난다. 그렇게 하는 이유는 그 자리가 국민 전체의 삶을 좌우할 수 있기 때문이다.

이와 달리 순전히 재미로 다른 사람의 사생활에 대해 왈가왈부하면 범죄로 처벌받을 가능성이 높다. 흔히 연예인의 사생활에 관련된 화제가 그렇다. 흔히 연예인을 '공인'이라 부르지만 법적인 의미의 공인은 아니다. 개인의 이익뿐만 아니라 공적인 이익과 관련된 일에 종사하는 사람, 그러니까 공무원이 대표적인 공인이다. 연예인은 인기를 먹고살다 보니 사람들의 입방아를 피할 길이 없을 뿐, 국가의 정책을 결정하는 공적인 일은 하지 않는다. 그러니 사생활의 모든 면이 파헤쳐져야 할 이유가 없다.

이론은 이렇지만 종종 우리 사회에서 누군가에게 책임을 묻는 정도를 보면 진짜 공인과 연예인이 뒤집힌 것처럼 보일 때가 있다. 고위 공직자나 그 자녀가 병역의 의무를 다하지 않은 사례는 너무나 많지만 그러려니 넘어가면서 연예인이 그런 일에 걸려들면 연예인으로서의 생명이 끝나버린다. 어쩌면 진짜 공인에게 너무 자주 실망하다 보니 사랑하는 연예인이나마 그러지 않기를 바라는 마음이리라.

사람은 이름으로 산다

호랑이는 죽어서 가죽을 남기고 사람은 죽어서 이름을 남긴다. 그런 말이 있어서인지 사람은 거꾸로 이름 때문에 죽기까지도 한다. 사람에게 평판은 곧 그 사람의 가치를 의미하기도 한다. 그렇기 때문에 평판을 침해하면 단순히 명예훼손죄라는 형사처벌을 받는 데 그치지 않고 더 적극적으로 그 값을 치러야 할뿐더러, 나아가 직접적인 해를 끼치지는 않았더라도 가치 있는 남의 이름을 사용하려면 대가를 치러야 한다.

단적으로 팝 가수 마이클 잭슨Michael Jackson(1958~2009)은 사망 후에도 한 해에 우리 돈 1,700억 원가량의 수입을 올리는 진기록을 세웠다. 대부분이 이름값이다. 그가 생전에 활동했던 모습을 담은 영상, 출판물, 그의 이름을 딴 상품 등이 나올 때마다 유족에게 마이클 잭슨의 이름값을 지불해야 했기 때문이다. 이처럼 이름과 함께 얼굴이나 유행어 등에 일종의 재산으로서의 권리를 인정해주는 것을 퍼블리시티권right of publicity이라고 한다. 우리나라에서는 아직까지 논의 단계이지만 엔터테인먼트 사업 분야에서 웬만한 중소기업 못지않은 매출을 일으키는 스타들이 생기다 보니 그들의 이름도 기업의 상호처럼 여겨줘야 한다는 의견이 점점 강해지고 있다. 실제로 드라마에서 여자 주인공이 쓴 화장품이나 걸치고 나온 옷가지가 그 배우의 이름을 달고 불티나게 팔리는 현상만 봐도 그런 권리는 인정해줘야 할 듯하다. 누구는 광고료를 주고 모델로 기용해서 그 이름과 얼굴을 쓰면서 누구는 그렇지 않으면 불공평하지 않은가. 반면 영화, 드라마에 상품이 나오려면 이미 간접 광고 형태로 비용을 지불한 것인데다 그렇지 않더라도 협찬의 형태로 그 연예인에게 제공된 것이니 이중 지급이라고 생각할 수도 있다.

우리 법원은 이름이나 얼굴은 그 사람의 인격에 관한 것이지 아직 그것만 따로 떼서 사고팔 수 있는 재산은 아니라고 보고 있다.[8] 물론 퍼블리시티권이 인정되지 않는다고 함부로 마구 써도 된다는 뜻은 절대로 아니다. 인격과 관련된 것이므로 여전히 그 사람의 초상권은 보호받아야 한다. 옷가게를 하면서 'A양이 어느 드라마에 입고 나온 옷'이라며 마음대로 A양의 해당 사진을 함부로 써서는 안 된다는 뜻이다. 퍼블리

◇◇◇◇
8 서울중앙지방법원 2004가단235324 판결 등

시티권과는 별개로 A양의 초상권과 드라마 장면에 대한 저작권이 존재하기 때문이다.

남의 이름을 너무 가볍게 여겨도 문제지만 이름값을 과도하게 매기는 바람에 다른 문제가 생기기도 한다. 그 상품에 대한 전문가도 아닌데, 연예인이 이런저런 추천을 하면 그럴듯하게 듣고 쉽게 믿어버리는 일이 흔하다. 아는 이름, 아는 얼굴이라는 점이 도를 넘는 믿음을 주기 때문이다. 남들이 다 아는 이름, 얼굴이라는 이유로 휩쓸려 따라가노라면 막상 내 이름 석 자는 사라지고 없을 수도 있다.

Part 12

법은 믿음과 의리다

속고 속이는 세상, 사기죄

지키지 않은 약속과 지키지 못한 약속

몇 년 전, '의리'라는 유행어가 미디어를 온통 도배했다. 이 말을 유행시킨 연예인은 우연히도 경찰을 소재로 한 영화의 주인공으로 세상에 얼굴을 알렸는데, 사실 '이것이 법'이라고 법을 한마디로 압축할 수 있는 단어가 '의리'임을 생각하면 최적의 캐스팅이 아니었나 싶다. 믿음과 의리는 모든 법의 시작과 끝이라고 해도 과언이 아니다. 모든 법률의 가장 기초가 되는 민법이 믿음과 의리를 갖고 권리와 의무를 정성스레 다하라고 시작되는 것만 봐도 알 수 있다.[1]

세상은 끊임없이 변하는 불확실한 곳이다. 당장 내일, 아니 몇 분 뒤 정확하게 무슨 일이 벌어질지 그 누구도 모른다. 나도, 다른 사람들도 지금까지와 미래가 크게 다르지 않으리라 믿기에 살아갈 수 있다. 전화 한 통으로 배달 음식이 오고, 스마트폰을 몇 번 만지면 세상 어딘가의 사람들이 나를 위해 움직이고, 택시에 타자마자 잠이 들어도 목적지에

◇◇◇◇
1 민법 제2조(신의성실)
  ① 권리의 행사와 의무의 이행은 신의에 좇아 성실히 하여야 한다.

도착한다. 새삼 주위를 돌아보면 일상적인 관계 하나하나가 믿음과 의리로 맺어져 있다. 이런 손에 잡히지 않는 약속이 잘 지켜진다는 믿음 위에 가족, 사회, 국가가 만들어졌다. 법은 우리가 세상에 살면서 꼭 지켜야 할 믿음과 의리를 모아 정리한 것이라고 해도 과언이 아니다.

물론 살다 보면 이래저래 약속을 지키지 못할 때도 있다. 신용카드 대금이나 월세를 밀리고, 고객이 주문한 것과 다른 엉뚱한 물건을 가져다줄 때도 있다. 하지만 대부분 피치 못할 사정으로 약속을 지키지 못하거나 실수를 저질렀을 뿐, 처음부터 믿음과 의리가 없었다고 보기는 어렵다. 문제는 지키려 했는데 못 지켰을 때가 아니라 아예 처음부터 지킬 생각 없이 속인 경우다. 거짓말은 함께 사는 사회의 기초를 흔든다. 거짓말은 법적으로 보면 엄연히 사기와 같은 범죄다. 그렇기 때문에 상황에 따라서는 처벌을 받을 수도 있고, 속아서 한 약속은 취소하거나 처음부터 없었던 일로 되돌릴 수도 있다. 그렇다면 법은 어떤 거

조르주 드 라투르, 〈사기꾼들〉, 1635년 경, 캔버스에 유채, 146×106cm, 프랑스 루브르 박물관

짓말에 대해서 이렇게 할 수 있다고 정해놓았을까?

조르주 드 라투르Georges de La Tour(1593~1652)의 〈사기꾼들〉은 사람들의 일상생활을 담은 일종의 풍속화다. 그림에는 우리의 믿음과 의리를 저버리게 만드는 여러 가지 유혹이 담겨 있다. 테이블에 세 남녀가 둘러앉아 카드놀이에 한창인데, 한눈에 봐도 분위기가 심상치 않다. 왼쪽 어두운 그림자 속에 자리한 사내는 테이블에 비스듬히 기대앉아 마치 훔쳐보기를 바라기라도 하는 듯 카드를 무관심하게 들고 있다. 그도 그럴 것이 등 뒤에 감춘 그의 왼손에 더 높은 끗발인 다이아몬드 에이스가 있기 때문이다. 남들이 보도록 어설프게 손에 쥔 카드는 미끼에 불과하다. 가운데 여인은 눈을 사팔뜨기처럼 치켜뜨고 옆에 선 하녀와 모종의 계략을 주고받는다. 하녀는 여인 쪽으로 고개를 돌렸지만 시선은 오른쪽의 청년을 향하고 있다. 엿보고 있거나, 혹은 손에 든 술잔으로 취하게 만들 요량인지도 모른다. 어느 쪽이든 둘이 짜고 다른 사람들을 속이고 있는 것은 분명해 보인다. 그러고 보면 화려한 깃털 장식 옷차림의 청년은 먹잇감으로 충분해 보인다. 어수룩한 얼굴에 두 손으로 카드를 들고 고민하는 표정을 보면 수상해 보이는 나머지 일당으로부터 구해줘야 할 듯 보이기도 한다. 하지만 앞에 수북이 쌓인 금화를 보면 진짜 고수는 청년일 수도 있다. 도박판에서 잃을 돈을 미리 꺼내놓는 경우는 드물지 않은가? 어설퍼 보이는 표정과 행동으로 원래 실력을 감추었기에 다른 두 사람으로부터 이미 그만큼이나 땄는지도 모른다.

중세 유럽인이 가장 경계했던 세 가지 유혹은 바로 술, 도박, 그리고 성性이었는데, 이 그림 속에는 그 세 가지가 모두 드러나 있다. 그리고 그 중심은 다름 아닌 금화, 즉 돈이 차지하고 있다. 황금 보기를 돌같이 하라는 가르침이 있는 이유는 그만큼 금에 눈이 멀어 속고 속이는 일이 많았기 때문이리라. 오늘날에도 이런 상황은 그다지 변하지 않았다. 시대가 변했다고 사람들의 욕망마저 변하지는 않기 때문이다. 결국 노력한 것보다 더 많은 것을 원하는 욕심 때문에 도박에 빠진다. 그런데 원래대로라면 도박은 우연에 의해 결과가 좌우되는데 욕심이 넘쳐 비정상적인 노력이 끼어들다 보니, 결국 도박꾼들은 우연이 아닌 필연을 만들어내려 하고, 과도한 욕심은 믿음과 의리의 정반대에 있는 사기를 낳는다. 법원은 속임수를 써서 도박을 했다면 도박죄가 아니라 사기죄로 처벌한다.[2]

속고 속이는 세상

믿음을 해치는 행동이라면 작게는 약속 시간에 늦는 것부터 크게는 계약 위반까지 여러 가지가 있다. 그중에서 특히 심각한 경우는 범죄로 처벌하는데, 대표적인 것이 사기죄다. 맡겨놓은 재산을 몰래 빼돌리는 횡령이나 믿고 일을 맡겼더니 그걸 이용해 일은 제대로 하지 않고 자기 잇속만 차리는 배임 역시 믿음을 저버리는 범죄지만, 사기죄는 처음부터 속일 생각이었다는 점에서 가장 불량한 죄라고 할 수 있다. 형법은 상대방을 착각에 빠지게 만들어서 재물이나 재산상의 이익을 얻으려 하는 행동을 사기죄로 보고 처벌한다.[3] 사기죄는 다음 순서로 이루어

◇◇◇◇

2 대법원 89도582 판결
3 형법 제347조(사기)
　① 사람을 기망하여 재물의 교부를 받거나 재산상의 이익을 취득한 자는 10년 이하의 징역 또는 2천만 원 이하의 벌금에 처한다.

진다. 먼저 수단과 방법을 가리지 않고 속임수를 쓴다. 피해자는 속아서 착각을 일으키고, 자기 재산을 스스로 바친다. 이런 과정을 거쳐 피해자가 경제적, 정신적 손해를 입는 것이 사기죄의 전체적인 흐름이다. 사기죄에는 피해자의 자발적인 행동이 필요하다. 절도나 강도는 피해자의 허락 없이 물건을 강제로 훔치거나 빼앗는 범죄지만, 사기는 피해자가 두 눈 멀쩡히 뜨고 자기 손으로 스스로 재산을 넘기기 때문에 돈도 돈이지만 마음의 상처도 깊을 수밖에 없다.

조금 더 구체적으로 하나씩 들여다보자. 속임수란 거짓말을 비롯해 거래 관계에 있어서 서로 지켜야 할 믿음과 의리를 저버리는 모든 행위로서 사람으로 하여금 착각을 일으키게 만드는 것을 말한다.[4] 여기서 '거짓말'이 무엇을 의미하는지 주의해야 한다. 흔히 이성을 소개받을 때 주선자에게 '예뻐?'라든가 '잘생겼어?' 같은 질문을 한다. 하지만 주선자의 긍정적인 대답을 듣고 기대에 부풀어 나갔다가는 배신당하기 십상이다. 주선자가 거짓말을 했을까? 예쁘다거나 잘생겼다는 판단은 보는 사람의 주관에 따라 달라진다. 제 눈에 안경이라는 말이 괜히 나온 게 아니다. 개인의 취향이나 주관이 반영되는 문제에는 애초 객관적인 기준이 존재할 수 없다. 결국 주선자가 거짓말을 한 게 아니라 객관적인 답을 원하며 '예쁘냐'고 물은 게 잘못이라면 잘못이다. 마찬가지로 텔레비전 광고에서 '둘이 먹다 하나가 죽어도 모를 정도로 맛있다'거나 '천상의 맛'이라며 법석을 떨어서 과자를 샀는데, 다 먹지도 못하고 버릴 정도로 맛이 없었다 해도 광고에서 거짓말을 했다고 볼 수는 없다. 요구르트, 치즈 같은 퀴퀴한 맛의 서구식 먹을거리가 처음 들어왔을 때

◇◇◇◇
4 대법원 91도2994 판결

많은 사람들이 맛은커녕 거부감만 느끼지 않았던가. 그런데 비슷한 퀴퀴한 맛이라고 해도 치즈 대신 폐식용유를 넣어 요리했다면 문제가 다르다. '먹을거리'에 대한 객관적 기준에 '폐식용유'는 적합하지 않다. 따라서 치즈 대신 폐식용유를 넣어 음식을 팔았다면 객관적 사실의 중요한 부분을 속인 것이고, 따라서 거짓말이다. 원산지를 속여도 마찬가지다. 물 건너온 소를 한우라고 했다면? 어느 쪽이 더 맛있느냐의 문제가 아니다. 아무리 한우보다 더 건강하고 맛있는 수입 소라 하더라도 있는 그대로의 사실을 밝히지 않으면 문제가 된다. 범죄는 사실을 속이는 데서 시작된다. 한우를 살지 수입 소를 살지 판단은 소비자의 몫이다.

또, 속일 때는 수단이나 방법도 상관이 없다. 살다 보면 본의 아니게 사기를 칠 기회가 찾아올 수도 있다. 예를 들어 내가 갖고 있는 싸구려 도자기를 귀한 골동품으로 착각한 사람이 도자기를 팔라고 애걸복걸한다면 어떻게 해야 할까? 인사동에서 만 원이면 살 물건인데 100만 원을 주겠다는 소리에 두 눈 질끈 감고 도자기를 팔았다가는 사기죄를 저지른 범죄자가 될 수도 있다. 거래를 하는 사람에게는 믿음과 의리를 지킬 의무가 있다. 비록 내가 먼저 도자기가 귀한 물건이라거나 골동품이라고 상대방을 속이지는 않았지만, 나에게는 상대방이 어리바리해서 멋대로 한 착각도 일깨워줄 의무가 있다. 이와 비슷한 일은 일상생활에서도 흔히 일어나는데 바로 '거스름돈'에 관련된 사기다. 앞서도 예로 들었지만 누구나 한 번쯤 물건을 사고 받아야 할 거스름돈보다 더 많이 받았던 경험이 있을 것이다. 특히 오만 원 권이 처음 나왔을 때 오천 원 권과 혼동한 사람들이 그런 실수를 많이 했다. 그럴 때 알면서도 모른 척 받는다면 사기죄다. 편의점 아르바이트생이 순간의 실수 때문에 하루 종일 일하고도 한 푼도 못 받아가는 딱한 일을 겪을 수 있는데, 그

돈이 욕심나서 모른 체하는 건 사회에서 약속한 믿음과 의리를 저버리는 행동이기 때문이다.

사기 피해는 당하는 사람의 재산상 손실에 그치지 않는다. 사회 전체의 거래 관계가 사기로 인해 피해를 입는다. 사기가 판을 치면 당연히 서로 못 믿을 테고, 서로 못 믿으니 정상적인 경제활동에 문제가 생긴다. 그렇기 때문에 당하는 사람이 직접적으로 손해를 입지 않았더라도 처벌할 때도 있다.[5] 100원짜리 물건이 있다. 백화점이 여기에 150원짜리 가격표를 붙여서 100원에 할인 판매한다고 광고했다. 고객들은 싸게 산다고 생각하고 100원짜리 물건을 100원에 샀다. 얼핏 생각하면 제값을 주고 물건을 샀으니 손해가 없다고 볼 수도 있지만, 그런 속임수가 없었다면 고객들이 과연 그 물건을 샀을까?

사업과 사기의 흐릿한 경계

종종 연예인이나 유명인이 사업 자금 명목으로 돈을 빌리거나, 빌려줬다가 받지 못해 소송이 벌어졌다는 소식이 뉴스를 장식한다. 연예인뿐만이 아니다. 주변에도 사업 자금 명목으로 돈을 빌려줬다가 돌려받지 못해서 변호사를 찾는 사람이 의외로 많다. 피해자 대부분은 투자 가치도 확실하고 시중 은행보다 높은 이익을 보장하겠다는 꼬임에 속아 사기를 당했다고 주장한다. 그리고는 화가 머리끝까지 나서 '이제 와서 배 째라는 식으로 나오는데 어떻게 해야 하냐'며 분통을 터뜨리고

◇◇◇◇
5 대법원 85도490 판결

는 사기죄로 고소해 콩밥이라도 먹게 만들면 조금이라도 돈을 받을 수 있느냐고 묻는다. 실제로 그렇게 해서 피해를 회복하기도 한다. 다만, 진짜 사업 투자가 아니라 사기였다고 밝힐 수 있다면 말이다.

사기를 밝히려면 가장 먼저 돈을 꿔줬을 때의 상황을 살펴봐야 한다. 돈을 빌려간 사람이 갚으려 했지만 사정이 생겨 못 갚았을 뿐이라면 범죄라고 볼 수 없다. 돈을 갚을 능력도 없고 갚을 생각도 없는 사람이 거짓말을 해서 빌려야 비로소 사기가 성립한다. 어떤 사업에 투자를 한다든가 급히 사용할 곳이 생겨서 이자를 쳐서 갚겠다면서 돈을 빌려갔는데, 알고 보니 그런 사업은 존재하지도 않고 급하다던 용건도 거짓말이라면 명백한 사기로 볼 수 있다. 문제는 돈을 빌리며 한 이야기가 완전한 거짓말은 아니고 심하게 과장됐을 경우다. 세상에 사업이 망할 걸 알면서 시작하는 사람은 없겠지만, 망할 게 뻔한 사업에 돈을 빌려주거나 투자할 사람은 더더욱 없다. 결국 사업에 투자하라고 설득할 때는 누구든 돈을 더 벌 수 있다고 호언장담을 하기 마련이다. 그런데 막상 뚜껑을 열어보니 큰돈은커녕 여기저기서 끌어온 빚조차 갚기 힘들 지경이었다면 과연 이 사람은 투자자를 상대로 사기를 친 걸까? 수사를 하거나 재판을 할 때 이 부분을 두고 가장 치열하게 다툰다.

위험 부담이 크고 돌아오는 이익도 큰 사업일수록 사업과 사기의 경계가 불분명한데, 광산 개발업 같은 투기성 사업은 그야말로 잘되면 대박이지만 안 되면 쪽박이다. 동남아에서 광산업이 뜨고 있다고 한들 아무 데나 땅만 파면 귀금속이 쏟아져 나올 리는 없다. 그래서 투자 계획서며 현지 실사 보고서를 꼼꼼하게 살피고, 직접 현장도 가봤지만 그렇다고 해서 땅속에 묻힌 귀금속 위치를 척 보고 한눈에 알아낼 뾰족한 방법이 있는 것도 아니다. 망설임 끝에 왕창 돈을 들여 투자했는데 모조리 날려버렸다면 수사를 하고 재판을 해도 뭐가 문제였는지 뚜렷하게 잡아내기 어렵다. 진짜로 사업을 했을 수도 있고, 정반대로 그만큼 철저하게 사기를 준비했을 수도 있다. 실제로 몇 년 전 정부는 국외에서 자원을 확보, 개발하기 위해 외교 사절을 보내고 기업들의 해외 투자를 지원하는, 이른바 '자원 외교'를 활발하게 벌였는데, 결국 투자 실패로 수조 원에 달하는 혈세를 날리고 말았다. 이후 그 원인과 책임을 밝히기 위해 국정감사까지 열었지만 국가가 나서도 무엇이 문제였는지 변변하게 밝히지 못했다. 투기성이었지만 여전히 사업이었는지, 처음부터 사기였는지는 법정에서 진실 공방을 벌여 밝혀야 한다. 빌려간 돈을 어떻게 사용했는지, 실제로 새로운 사업을 위해 사용했는지 아니면 그저 발등에 불이 떨어져 이리저리 둘러댄 건지, 사업은 얼마나 객관적으로 성공 가능성이 있었는지 등을 일일이 따져보는 것이다.

이런 일에는 당하는 쪽의 욕심도 한몫을 차지한다. 자본주의 사회에서 욕심은 결코 죄악이 아니다. 더 좋은 기회와 조건이 눈앞에 펼쳐진다면 당연히 혹하기 마련이다. 하지만 사람들은 그렇게 좋기만 한 이야기가 있을 리 없다는 걸 알면서도 욕심에 눈이 멀어 잘못된 선택을 하곤 한다. 남들은 모르는 고급 정보라며 떠도는 뜬소문에 휩쓸려 주식에 돈을 날리는 일이 얼마나 흔한가. 하지만 누군가 대박을 터뜨렸다는 이야기에 귀가 솔깃한 사람들은 나라고 그러지 말라는 보장 있느냐며 위험한 도박을 계속한다. 번개에 두 번 맞을 확률보다 당첨 가능성이 낮다는 로또를 매주 사는 사람은 또 얼마나 많은가. 심리학자들은 사람들이 이렇게 희박한 가능성에 목을 매는 이유에 대해 이런저런 분석을 내놓지만, 가장 간단하게 정리하자면 결국 누구나 가지고 있는 욕심을 누가 얼마만큼이나 자극해 함정으로 끌어들였느냐에 있지 않을까.

속았어도 속았다고 믿지 않게 만드는

사기꾼들이 사람의 욕심을 정확하게 짚어내 자극하는 솜씨는 그야말로 전문가 뺨친다. 거미줄보다 얇은데 총알도 튕겨내는 꿈의 신소재가 나왔다거나, 부산 갈매기를 식용으로 개발했다거나 하는 황당무계한 이야기도 사기꾼의 입을 통하면 사람을 빠져들게 만드는 매력적인 소식으로 탈바꿈한다. 이런 종류의 사기 사건에 가장 흔하게 등장하는 아이템이 바로 물이다. 사기꾼들은 바르거나 마시기만 하면 체질 개선부터 암 치료까지 온갖 효능이 있는 물이라고 광고하지만 실상은 대부분 '맹물'에 불과하다. 속는 사람도 뭔가 이상하다고 생각하지만 마치 공식처럼 동원되는 보조 수단을 양념으로 넣으면 맹물이 포도주처럼 보이는 기적이 일어난다.

사기라는 죄목으로 워낙 여러 가지 형태의 범죄가 일어나지만 일반적이고 대표적인 유형을 살펴보면 이렇다. 무엇보다 사기는 거짓된 믿음을 준다. 그러려면 일단 그럴듯한 모양새부터 필요하다. 명품으로 치장한 차림새, 고급 승용차, 해외의 알기 어려운 곳에서 받아온 증명서 따위는 질리도록 식상하면서도 절대 실패하지 않는 확실한 양념이다. 과학기술의 발전이 가짜를 만들어내는 데 도움을 주기도 한다. 신소재를 개발했다면서 인터넷에 검색을 해보라고 하거나 혹은 눈앞에서 직접 검색 결과를 보여준다. 어떤 단어를 입력했는데 실제로 그에 관한 이런저런 뉴스가 나오고 세상에 화제가 돼 있다. 그럴듯하지 않겠는가. 하지만 인터넷에 어떤 글을 올리고 그 내용이 검색되도록 만드는 것은 아주 쉽다. 사기꾼이 미리 입력해놓으면 그만이다.

다음으로 화려한 언변이 필요하다. 대부분의 사기꾼은 몇 시간이고 토크쇼라도 하듯 재미있게 이야기를 풀어놓을 줄 안다. 그렇게 말이 많으면 때로는 고개를 갸웃하게 하는 미심쩍은 내용도 들어가게 마련인데, 그들은 상대방이 의심을 품었다는 기색 또한 쉽게 눈치 채기 때문에 뭐라도 물어보려는 순간 자연스레 다른 방향으로 화제를 돌린다. 새로운 얘기가 나와 다시 몇 차례 고개를 끄덕이다 보면 뭘 물어보려 했는지 기억도 안 난다. 그렇게 빠져들다 보면 거짓으로 꾸며낸 외모와 경력이라는 겉모습뿐만 아니라 알맹이도 꽉 찬 '진짜'라고 여기게 된다. 게다가 실제로 사기꾼들에게는 전문성 아닌 전문성이 있는 분야도 있다. 어이없게도 법률 분야다. 처음이야 어떨지 모르지만 사기꾼으로 살다 보면 법의 심판을 받을 수밖에 없다. 몇 번이고 수사와 재판을 받는 동안 경찰, 검찰, 법원을 두루 거치기 마련이다. 어떤 과정으로 사실관계를 검증하는지를 자연스레 학습하고 그걸 또 다른 사기에 이용한다. 투자 과정에 법적인 문제는 없는지 의아해하면 법률 용어를 그럴듯하게 써가며 걱정 말라고 안심을 시킨다. 검사, 판사와 친분이 있다고 허풍을 떨기도 한다. 수차례 법정에서 만나 얘기까지 나눴으니 아예 거짓말은 아닌 셈이다.

 게다가 사기꾼들은 믿음을 주려는 목적이 있기 때문에 처음에는 큰돈을 요구하지도 않는다. 당장 급한 자금이라며 그다지 크지 않은 액수를 부르면 피해자들은 몇 억짜리 차를 타고 다니는 사람이 설마 몇 백만 원을 떼먹을까 하는 마음에 쉽게 돈을 내준다. 하지만 이런 일이 몇 번 반복되면 결국 꽤 큰돈이 되어버린다. 신뢰를 얻는 과정에 조금 더 세심한 정성을 기울이는 사기꾼들도 있다. 몇 만 원, 몇 십만 원 같은 작은 액수를 들여서 금융권에서는 찾아볼 수 없는 고율의 수익을 돌려주기도 한다. 그런 식으로 조금씩 투자 금액과 수익이 늘어나면 결국은 사기꾼에게 제발 돈 좀 가져다 써달라고 사정하는 황당한 상황이 펼쳐지고, 사기꾼들은 어느 순간 비슷한 착각에 빠진 수많은 사람들로부터 큰돈을 모아 바람처럼 사라진다.

사랑과 배신

사기의 시작은 그럴듯한 겉모습으로 믿음을 얻는 것이라고 했다. 그처럼 믿음을 주고 배신을 당하는 이야기에 남녀 관계가 빠질 수야 없다. 어쩌면 그렇게 애정을 빙자한 사기는 끊이지 않는지. 게다가 레퍼토리도 변함이 없다. 자칭 재벌 2세나 대기업 직원, 의사라는 사람과 결혼을 준비하는 과정에서 급하게 돈이 필요하다고 해서 빌려줬더니 갚지 않았다거나, 비싼 선물을 하고 데이트 비용까지 썼는데 알고 보니 재벌 2세는커녕 빈털터리였다는 이야기. 애초에 재벌 2세씩이나 되는 사람이 왜 그렇게 돈을 빌려야 했는지 맑은 머리로 생각해봤다면 의심이 들었을 법도 한데, 어쨌거나 달콤하기만 했던 꿈에서 깨고 나면 분통이 터질 수밖에 없다.

이렇게 사랑을 빙자해서 남을 속이면 당연히 범죄지만, 그렇지 않더라도 남녀 관계에는 원래 속임수와 착각이 없을 수 없다. 한창 좋을 때를 가리켜 눈에 콩깍지가 씌었다고 하지 않는가. 일부러 속이지 않아도 사랑에 빠진 눈으로 보면 상대방이 무조건 완벽해 보이지만 시간이 흘러 이성을 찾으면 속았다는 생각이 들고 만다. 상대방도 마찬가지다. 결국 사랑이란 어느 정도는 서로 속고 속이며, 서로를 의심하고 실망하기도 하다가 결국 화해하는 과정을 거치게 마련이다. 그리스 신

프랑수아 에두아르 피코, 〈큐피드와 프시케〉, 1817년 경, 캔버스에 유채, 40×48cm, 개인 소장

화 속 큐피드와 프시케Psyche의 이야기에는 사랑에 빠진 사람의 이런 마음이 잘 드러나 있다. 프랑수아 에두아르 피코François-Édouard Picot (1786~1868)의 〈큐피드와 프시케〉 속 큐피드는 간밤에 나눈 사랑으로 세상모르고 잠든 프시케를 두고 몰래 떠나고 있다. 큐피드가 이처럼 프시케를 두고 몰래 떠나는 이유는 그의 어머니인 아프로디테에게 들키지 않기 위해서다.

프시케는 어느 나라 왕의 셋째 딸로 태어났다. 위의 두 언니도 아름다웠지만 프시케는 특히나 빼어나게 아름다워 공주를 본 사람이면 누구나 찬사를 아끼지 않았고, 심지어 그녀의 아름다움이 아프로디테와 견주어도 뒤쳐지지 않는다는 말까지 나돌면서 여신의 심기를 거스르고 말았다. 한낱 인간이 아름다움의 여신인 자신과 비교된다는 사실에 자존심이 상한 아프로디테는 아들인 큐피드를 시켜 복수를 계획했다. 아프로디테는 프시케가 아주 추한 외모의 남자와 사랑에 빠지도록 해서 프시케를 웃음거리로 만들 생각이었다. 그런데 아들자식 키워봤자 소용없다는 말은 신의 세계에서도 통용되는 모양이다. 어미를 대신해 복수하라고 보낸 아들이 오히려 정신을 차리지 못할 정도로 프시케에게 홀딱 반해 돌아왔다. 큐피드는 잠든 프시케에게 몰래 다가가 황금 화살로 추한 사내와 사랑에 빠지도록 만들려고 했지만 그만 프시케에게 눈이 팔려 자기 자신을 화살로 상처 내고 말았다.

그 후로 프시케의 아름다움을 예찬하는 사람은 끊이지 않았지만 이상하게도 정작 프시케와 결혼하겠다는 사람은 아무도 없었다. 걱정이 된 프시케의 부모가 아폴론 신전에 가서 신탁을 들었는데, 그 결과가 충격적이었다. 신탁은 프시케가 사람이 아닌 괴물과 결혼할 운명이라고 예언했다. 프시케는 신탁에 따라 한 궁전으로 보내졌고 거기서 신랑을 만났는데, 이 신랑은 괴물이 아니라 거짓 신탁으로 프시케를 몰래 자신의 신부로 삼은 큐피드였다. 하지만 큐피드는 프시케가 결코 자신의 얼굴을 보지 못하게 했다. 그리고 어두운 밤이면 나타났다가, 새벽 동이 틀 무렵이면 침대를 떠났기 때문에 프시케는 자신의 신랑이 큐피드라는 사실을 꿈에도 몰랐다. 큐피드는 더할 나위 없이 프시케에게 잘해줬지만, 깜깜한 어둠 속에서 잠시 나타났다 사라지는 신랑을 제외하면 프시케는 호화로운 궁전에서 긴 낮 시간을 홀로 보내야 했다. 결국 지루함과 외로움을 견딜 수 없었던 프시케는 언니들을 보고 싶다고 부탁해서 허락을 받았지만, 언니들은 괴물과 결혼한 줄 알았던 프시케가 호화로운 궁전에서 행복하게 살고 있는 모습을 보고 질투심에 사로잡혔다. 언니들은 프시케의 신랑이 괴물이어서 얼굴을 보여주지 않는 거라며 신랑이 잠들면 몰래 얼굴을 확인해보라고 부추겼고, 충동질에 넘어간 프시케는 한밤중에 등잔을 들어 큐피드의 얼굴을 보고 말았다. 등잔에서 떨어진 뜨거운 기름 한 방울이 큐피드의 잠을 깨웠고, 큐피드는 믿음을 저버린 프시케를 나무라며 떠나버렸다. 프시케가 아무리 뜨거운 눈물을 지으며 후회해도 이미 늦은 뒤였다. 이후 프시케는 큐피드를 되찾기 위해 갖은 고초를 겪으며 고군분투한다.

그 뒷이야기는 별도로 하고 비록 프시케가 자신의 얼굴을 보지 말라고 한 큐피드의 당부를 어겼지만 그걸로 프시케를 나무랄 수 있을까? 프시케는 사랑의 참 모습을 알고 싶었을 뿐인데, 눈을 감은 채 믿음만으로 사랑을 키우라는 큐피드의 요구가 오히려 지나치다고 해야 하지 않을까. 무엇보다 프시케는 거짓 신탁에 속아 큐피드와 함께하게 됐다. 괴물이라고 여기고 살았는데 알고 보니 사랑의 신이었으니 감지덕지해야 할까? 그렇지 않다. 돈을 노리고 한 행동은 아니었지만 신의 뜻이라고 속여 프시케를 취했으니 분명히 사기에 가까운 행동이다. 결정적으로 큐피드는 혼인 상대방에게 자신의 존재 자체를 속였다. 만약 프시케가 얼굴을 보고 나서 큐피드가 너무나도 싫어졌다면 어떻게 할 것인가. 괴물은 아니지만 자신을 속였다는 배신감이 더 컸을 수도 있지 않은가. 그래도 계속 사랑하라고 강요할 수는 없다. 뒤에서 조금 더 다루겠지만 큐피드의 행동은 혼인을 취소할 수 있을 정도의 거짓이라고 볼 수 있다.

대부분의 커플은 긴 시간을 함께하다 보면, 어느 순간 상대방의 숨겨진 얼굴과 마주하게 된다. 처음에는 깜깜한 밤의 어둠처럼 맹목적인 사랑에 눈이 멀어 미처 보지 못하다가 서서히 눈에서 콩깍지가 벗겨지면 그제야 상대방의 맨얼굴을 깨닫는다. 그렇게 드러난 얼굴이 아름다운 큐피드의 얼굴이라면 더할 나위 없이 좋겠지만, 안타깝게도 그렇지 않은 경우가 대부분이다. 사랑이란 게 원래 속임수와 꽤나 닮은꼴이기 때문이다. 하늘의 별도 달도 따준다느니, 세상에서 제일 행복하게 해주겠다느니 하는 사랑의 속삭임도 따지고 보면 모두 실현 불가능한 거짓말이지 않은가? 그렇다고 이런 말이 모두 사기일까? 진심으로 세상에서 제일 행복하게 해주고 싶었고, 정말 그럴 수 있을 것 같았는데 살다 보니 세상살이의 무게가 만만치 않아 마음처럼 되지 않았을 뿐이라면 어떻게 탓을 하겠는가. 설령 마음이 변했다 하더라도 그 순간만큼은 진실했다면 역시 사기라고 할 수 없다.

이와 달리 처음부터 도가 지나친 거짓이 섞였을 때가 있다. 결혼이라는 목적을 달성하기 위해서라고 인정해주기에는 수단의 한계를 넘어선 경우다. 자신의 신분을 속인 큐피드처럼 말이다. 재산이 결부된 문제, 돈을 뜯어내기 위해 거짓 사랑으로 속인 경우라면 당연히 형법에 의해 사기죄로 다스려야 한다. 그렇게까지는 하지 않더라도 법은 결혼했다는 사실을 거꾸로 되돌려 취소할 수 있다고 판단한다. 조금이라도 사랑이 있어 결혼했지만 나중에 마음이 변해 헤어지는 이혼과는 다르다. 이혼은 과거의 결혼은 인정하지만 미래의 혼인 관계는 정리하는 것이다. 반면 혼인 취소는 애초부터 사랑도 없었고 모두 거짓말이었으니 아예 법적으로 처음부터 결혼하지 않은 것으로 취급한다. 어느 정도의 거짓일 때 그렇게 되돌릴 수 있을까. 법원은 결혼을 원해 자신에 대해 부풀리거나 불리한 사실을 감추고 거짓 약속을 하는 것은 어느 정도 어쩔 수 없다고 본다. 다만 혼인의 본질적인 내용에 관해 속였다면 취소할 수 있다. 도대체 뭐가 본질적인 것일까. 재산 관계나 경제적 능력, 집안 사정은 사랑의 본질적 내용은 아니다.[6] 대학 졸업장이나 다니는 회사 이름도 마찬가지다. 하지만 여러 번 결혼을 해서 아이까지 있다는 사실을 숨겼다던가, 이성보다 동성에 대한 관심이 더 높은데 남들 눈 때문에 결혼했다면 일반적인 사랑으로는 감당하기 어려우니 취소할 수 있다.

나에게만은 그렇지 않기를

속고 속이는 사기에 대해 말하며 남녀 관계를 마지막에 놓은 이유가 있다. 첫 번째는 사기와 사랑이 많은 점에서 비슷하기 때문이다. 사랑에 눈이 머는 것처럼 피해자들은 사기꾼을 절대적으로 신뢰한다. 사기 사건을 다루다 보면 좀처럼 납득이 안 가는 상황을 접하게 되곤 한다. 자신의 모든 것을 앗아간 사기꾼에 대한 믿음을 거두지 못하고 끝까지 매달리는 것이다. 수사가 시작되고 법원이 재판을 열어 중형을 내리려고 해도 마지막까지 그럴 리 없다며 피해자가 오히려 탄원서를 제출하곤 한다. 뭔가 오해가 있을 뿐이라는 식이다. 그만큼 철저하게 속았기 때문일 수도 있지만 자기 스스로 속았다는 사실을 인정하고 싶지 않아서일 수도 있다. 다른 모든 사람을 속였을지라도 나에게만은 그러지 않았다고 믿고 싶어한다. 스스로를 보호하려는 일종의 본능이 엉뚱하게 작용하는지도 모른다.

두 번째 이유는 사랑에 속았을 때 마음에 입은 상처가 아물기 어렵듯 사기로 입은 피해도 회복이 어렵기 때문이다. 갈기갈기 찢어진 마음을 달랠 수 있는 현실적인 방법이 없어 이미 떠난 사람에게 매달리는 것도

◇◇◇◇
6 서울가정법원 2005드합2103 판결

그래서다. 사기를 당했어도 피해를 회복할 방법이 있을 때는 비교적 쉽게 빠져나온다. 그런데 사기꾼들이 사기 친 돈으로 알뜰하게 저축을 했을 리가 없다. 피땀이 어린 돈이 이미 유흥비 따위의 말도 안 되는 구실로 허공으로 사라져버렸을 때가 많다. 사기꾼을 감옥에 집어넣는다고 돈이 알아서 돌아올 리 없다. 그런 현실을 받아들일 수 없다 보니 결국은 일시적으로 사업적 어려움을 겪었을 뿐 돈을 떼먹은 건 아니라는 식으로 사기꾼에게 계속 희망을 걸게 된다. 심지어는 피해자들끼리 사기꾼의 사업이 뜻대로 되지 않은 이유를 떠밀며 서로를 탓하거나 사기꾼이 감옥에서 빨리 나와 사업을 정상화시켜야 한다고 믿고 변호사를 선임해주기까지 한다.

사기에서 빠져나오는 방법은 주변의 이야기에 귀를 기울이는 것뿐이다. 아픈 현실을 말하는 사람이 진짜 친구고 가족이다. 사기에 빠지는 이유는 결국 사기꾼의 달콤한 속삭임에만 귀를 기울이기 때문이다. 맞는 말인지 가능한 한 주변 여러 사람에게 검증을 해봐야 한다. 그렇게 보면 프시케를 가둬두고 자기 얼굴조차 보여주지 않던 큐피드보다 시샘에 빠져 큐피드의 얼굴을 확인하라고 부추겼던 프시케의 언니들이 진짜 신뢰할 수 있는 가족이라고 할 수 있지 않을까. 애초에 호화로운 궁전이라면 의심부터 하는 게 정상이다. 내 눈에는 보이지 않는 어두운 그림자를 주변 사람들은 볼 수 있다. 아무리 그럴듯하게 꾸며내는 사기꾼이라도 본모습을 드러내는 순간은 반드시 있다. 그럴 때 기회를 놓치지 않고 등불을 들어 그 모습을 확인해야 한다. 깨어나기 싫은 꿈이 깨지는 일이라 할지라도 말이다. 그래야 지옥에서 깨어나지 않을 수 있다.

Part 13

네 것과 내 것

재산 범죄

크리스티안 그리펜케를, 〈제우스에게서 불을 훔치는 프로메테우스〉, 1878, 캔버스에 유채, 독일 올덴부르크 아우구스테움

소중한 것은 손에 잡을 수 없다

하늘 위, 구름에 기대어 잠이 든 한 쌍이 있다. 그런데 얼핏 보아도 둘의 체격 차이가 상당하다. 커다란 체구의 왼쪽 사내가 바로 신이기 때문이다. 그 옆으로 한 마리의 독수리가 둘의 잠을 방해하지 않으려는 듯 고개를 날갯죽지에 묻고 잠들었는데, 제우스의 상징이자 심부름꾼이 바로 독수리라는 것을 생각하면 세상모르고 잠에 취한 이 신이 바로 신 중의 신, 제우스고 그의 가슴에 기댄 작고 연약한 소년은 아마도 독수리에게 납치되어 신의 세계로 온 가니메데스Ganymedes일 것이다. 가니메데스의 어깨에 두른 제우스의 오른손에는 그의 또 다른 상징인 번개가 들려 있다. 그런데 다들 잠이 든 사이, 그 틈을 기다리던 손길이 있었다. 둘이 기댄 구름 뒤에서 슬며시 나타나 제우스의 번개에서 불씨를 옮겨가고 있는 이는 다름 아닌 프로메테우스Prometheus다.

그리스 말로 '먼저 생각하는 사람'이라는 뜻을 가진 프로메테우스는 진흙을 빚어 인간을 만든 창조주다. 그는 진흙을 빚어 여러 가지 생명체를 만들었고, 그의 동생인 에피메테우스Epimetheus(뒤늦게 깨우치는 사람)가 그 생명체들에게 신의 선물을 나누어 주는 일을 맡았다. 그러나 이름답게 에피메테우스는 뒷일은 생각지도 않고 튼튼한 가죽, 하늘을 날 수 있는 날개, 빠른 다리나 날카로운 발톱과 같은 선물을 짐승들에게 함부로 나누어 주고 말았고, 결국 인간 차례가 됐을 때는 나눠 줄 선물이 아무것도 남지 않았다. 헐벗고 나약한 인간이 추위와 병마에 쓰러지는 것을 본 프로메테우스는 제우스를 찾아가 인간에게 불을 주자고 간청했지만 제우스는 불은 신들의 것이라 절대 나누어 줄 수 없다고 거절했다. 아버지로서의 연민과 책임감에 프로메테우스는 감히 제우스의 명을 거스르고 불을 훔쳐 인간에게 선물했다. 그렇게 인간은 지구에 사는 모든 생명체 중에서 유일하게 불을 다룰 수 있게 되었고, 인류의 문명은 그로부터 시작됐다.

이 그림은 독일의 낭만주의 화가 크리스티안 그리펜케를Christian Griepenkerl(1839~1912)이 그린 천장화의 일부로, 그는 올덴부르크Oldenburg의 아우구스테움Augusteum 미술관에 프로메테우스를 주제로 인간을 창조하고, 인간을 위해 불을 훔치고, 그로 인해 벌을 받고, 마지막으로 구출되는 장면을 그렸다. 신화에는 프로메테우스가 어디서 불을 훔쳤는가에 대한 여러 가지 이야기가 있다. 대장장이의 신인 헤파이스토스Hephaistus의 대장간에서 훔쳤다는 이야기도 있고, 헤라의 주방이나 태양신 헬리오스Helios의 태양 마차 혹은 화로의 신인 헤스티아Hestia에게서 훔쳤다는 이야기도 있지만 그리펜케를은 프로메테우스가 제우스의 번개에서 불씨를 훔치는 장면을 묘사했다. 잠든 독수리가 등장하는 이유 역시 따로 있다. 제우스의 명을 받고 프로메테우스에게 벌을 주는 존재가 바로 이 독수리이기 때문이다. 평화롭게 낮잠을 즐기는 한때처럼 보여도 이 순간은 인류 문명의 탄생과 무서운 형벌의 폭풍전야를 나타내고 있다.

불을 훔쳤다?

제우스는 화가 났지만 이미 가져가버린 불을 도로 찾아올 방법도 없었기에 대신 명령을 어기고 인간에게 불을 가져다준 프로메테우스를 처벌했다. 그는 프로메테우스를 스키타이Scythian의 황량한 벌판으로 끌고 가서 깎아지른 절벽의 바위에 쇠사슬로 묶어놓고 매일 독수리를 보내 프로메테우스의 간을 쪼아 먹게 했다. 더 끔찍한 것은 독수리가 낮 동안 아무리 쪼아 먹어도 밤이면 다시 간이 자라나 다음 날이면 새롭게 형벌을 받아야 했다는 점이다.

그런데 프로메테우스가 과연 이처럼 무시무시한 형벌을 받을 정도로 큰 죄를 저질렀는지 의문이 든다. 오늘날 형법에 따르면 그가 제우스의 번개에서 불을 조금 옮겨가긴 했지만 그 행동은 불을 훔친 게 아닐 수도 있기 때문이다. 프로메테우스가 인간을 도와줬다고 역성을 드는 게 아니다. '훔친다'는 것은 결국 절도죄를 가리키는데, 법률은 절도를 '타인의 재물을 절취한 것'이라고 정의한다. 일단 제우스가 불을 갖고 있었으니 남의 것은 맞다. 제우스는 손에 번개를 들고 있는데, 이렇게 쉽게 이동이 가능한 물건을 동산이라고 부른다. 이런 동산은 가지고 있는 사람을 법적으로 일단 주인으로 대우해준다. 그래야 주인이라는 사실을 믿고 물건을 사고파는 거래가 가능해지니까. 대신 자동차, 선박처럼 가격도 비싸고 부피도 큰 것들은 등록증 같은 문서에 기재해 누가 주인인지 알 수 있도록 한다. 땅이나 건물 같은, 움직이지 않는 물건이라는 의미의 부동산 역시 마찬가지이다. 절도죄에서 재물이란 원칙적으로 동산을 말한다. 누가 토지나 건물을 들고 가버린다고 상상할 수는 없지 않은가. 그런데 프로메테우스는 제우스의 번개를 통째로 훔쳐가지 않았다. 번개에서 튀는 불똥을 나뭇가지에 옮긴 데 불과하다.

그렇다면 세상에 내 불 네 불이 따로 있을까? 가능하다고 본다. 어느 여배우가 아파트 난방비에 대해 폭로해 사회적으로 커다란 논란이 인 적이 있다. 그녀는 같은 아파트에 사는 일부가 난방비를 제대로 내지 않는 바람에 다른 사람들이 그 비용까지 물고 있다고 주장했다. 이처럼 불은 어떻게 쓰느냐에 따라 재산적인 손해를 야기할 수도 있다. 그런 이유로 사람이 관리하고 있는 동력, 에너지를 마음대로 끌어가는 것 역시 절도라고 봐야 한다. 냉난방뿐 아니라 전기나 수돗물을 빼돌려도 마찬가지다. 그렇다면 제우스의 불은 어떨까? 그림을 봐서는 그저 불꽃을 조금 옮겨갈 뿐이지, 제우스가 일으킨 커다란 불길을 끌어다 난방을 하거나 무언가를 태우고 있지는 않다. 그렇지만 아무리 작은 불이라도 제우스가 소중히 관리하고 있는 만큼 마음대로 가져가면 안 될 것 같기도 하다. 그런데 조금 더 깊이 따져보면 프로메테우스가 정말 마음대로 제우스의 불을 가져갔다고 볼 수 있을까? 절도죄에서 가져간다는 것은 본래의 주인 손을 영영 떠나 도둑의 손으로 옮겨온다는 뜻이다. 다시 말해 너 아니면 나 둘 중 한 사람만 가져야 한다. 하지만 제우스의 불은 여전히 제우스의 손에 남아 있다. 옮겨 붙인 것에 불과하다. 역시 절도로 보기는 어렵지 않을까.

이런 식으로 프로메테우스를 변호하면 혹시 제우스가 번개라도 내리치며 화를 낼지도 모르겠다. 어쨌거나 신들만 알고 있던 불을 훔쳐가 인간이 제멋대로 쓸 수 있게 했는데 어떻게 죄가 안 되느냐고. 신들만이 알고 있었던 사실, 그건 불 자체라기보다 불을 피우는 방법에 가깝다. 정보 말이다. 그렇다면 정보를 훔쳤다고 할 수는 없을까. 현대 사회에서 정보는 어떤 재물보다 귀하다. 첨단 기술을 보유한 회사의 직원이 최신 개발품 설계도를 빼돌려서 다른 회사에 취업하면 어떤 일이 벌어지겠는가. 제3국에 엄청난 가치로 팔 수도 있다. 오죽하면 산업 스파이를 국가 안보와 관련된 문제로 보겠는가. 하지만 여전히 절도죄로 처벌하기는 어렵다.

정보는 공간을 차지하는 물건이 아니고 전기처럼 사용량으로 측정할 수도 없다. 스마트폰 데이터 용량은 정보를 전달하는 수단의 크기지, 그 안에 담긴 정보의 가치를 뜻하지는 않는다. 컴퓨터에 저장돼 있는 정보를 종이에 출력해서 몰래 가져갔다고 해도 정보 자체는 사라지지 않는다. 결국 훔친 것은 출력 용지일 뿐이다. 그렇게 보면 정보는 훔쳐도 훔친 게 아니다. 그렇다고 종이 값만큼 죄를 묻는 것도 우습다. 다만, 정보 유출은 회사에 큰 손해를 일으키는 만큼 업무상 배임죄로는 다스릴 수 있다. 다른 사람의 재산을 관리하는 사람이 자신이나 제3자의 이익을 위해 배신을 하고 원래 주인에게 손해를 끼쳤을 때를 배임이라고 한다. 그런데 제우스는 불을 관리하라고 프로메테우스에게 맡긴 적이 없다. 불을 갖고 딱히 영업을 했던 것도 아니니 무슨 손해가 발생하지도 않았다. 아무래도 '법대로' 하면 프로메테우스에게 벌주기 어렵다. 어쩌면 제우스는 그래서 더욱 화가 났을지도 모른다.

재산 범죄와 친족상도례

크리스티안 그리펜케를, 〈풀려난 프로메테우스〉, 1878, 캔버스에 유채, 독일 올덴부르크 아우구스테움

영겁의 고통에서 프로메테우스를 구해준 이는 다름 아닌, 그리스 신화의 대표 영웅 헤라클레스Heracles였다. 제우스와 인간 어머니 사이에서 태어난 헤라클레스는 어려서부터 제우스의 부인 헤라의 질투심 때문에 여러 번 위기에 처했다. 헤라는 심지어 태어난 지 8개월밖에 안 된 헤라클레스의 요람에 독사를 풀기도 했다. 하지만 역시 신의 혈통을 이어받은 덕분이었을까? 독사에 당하기는커녕 오히려 독사를 맨손으로 목 졸라 죽여버렸다. 이후 헤라클레스는 무사히 장성해서 결혼해 자식까지 두고 행복하게 살았지만 헤라의 심술은 멈추지 않았다. 헤라는 술에 취한 헤라클레스를 미치게 만들었는데, 광기에 휩싸인 헤라클레스는 자기 자식들을 죽이고 말았다. 술이 깨고 제정신을 차린 헤라클레스는 죄책감에 휩싸였고, 그런 그에게 죄를 씻으려면 왕의 노예가 되어 시키는 일은 무엇이든 하라는 신탁이 내려졌다. 이것이 바로 그 유명한 헤라클레스의 열두 가지 과업이다.

왕은 헤라클레스에게 첫 번째 임무로 어떤 무기로도 죽일 수 없는 거대한 괴물 사자를 물리치라는 명령을 내렸다. 헤라클레스는 그 사자를 동굴 속에 몰아넣고 맨손으로 잡아 그 가죽을 벗겼는데, 이후 그 사자의 가죽을 갑옷 삼아 걸치고 다녔다. 그리펜케를이 그린 천장화 속에서도 프로메테우스를 구하러 나타난 헤라클레스는 어김없이 사자 머리를 투구처럼 쓰고, 사자 가죽을 뒤집어쓴 모습이다. 프로메테우스의 간을 파먹던 독수리는 이미 헤라클레스의 화살을 맞고 땅바닥에 널브러졌다. 프로메테우스는 헤라클레스를 향해 손을 뻗었는데, 미래를 보는 능력을 갖고 있어 자신이 풀려날 때가 됐다는 것을 알고, 헤라클레스가 자신을 구하러 왔다는 것도 알고 있기 때문이다.

그런데 헤라클레스가 프로메테우스를 구한 데는 이유가 있었다. 바로 열한 번째 과업을 이룰 방법에 대한 자문을 구하기 위해서였다. 헤라클레스는 예언의 능력을 갖춘 현자 프로메테우스라면 세상 끝, 헤스페리데스Hesperides의 정원에서 자라는 황금 사과를 훔칠 방법도 알고 있을 거라고 생각했다. 대지의 여신이며 제우스의 어머니인 가이아는 헤라에게 결혼 선물로 황금 사과가 열리는 나무를 줬는데, 헤라는 세계의 서쪽 끝에 있는 정원에 이 나무를 심고 헤스페리데스 세 자매를 시켜 이 나무를 가꾸고, 지키도록 했다. 이 정원에는 누구도 접근할 수 없었을 뿐 아니라 세 자매 외에도 라돈Ladon이라는 거대한 괴물이 지키고 있었다. 라돈은 거대한 뱀이라는 이야기도 있고, 100개의 머리를 가진 용이라는 이야기도 있지만 어쨌거나 신의 동생이었기에 설령 힘으로 죽이더라도 신의 원한을 살 위험이 있었다. 복잡한 상황이 아닐 수 없다.

19세기 후반의 영국 화가 에드워드 번 존스Edward Coley Burne-Jones (1833~1898)의 그림 속에 묘사된 헤스페리데스의 정원은 신들이 금지

에드워드 번 존스, 〈헤스페리데스의 정원〉, 1869~1873년 경, 119×98cm,
독일 함부르크 미술관

한 사과, 여인과 뱀이 어우러져 마치 성경 속 에덴동산처럼 묘사되어
있다. 라돈으로 보이는 뱀이 휘감고 있는 사과나무를 둘러싸고 묘한 표
정의 세 여인이 춤을 추고 있다. 바로 헤스페리데스 자매다. 프로메테
우스가 헤라클레스에게 알려준 해결책은 비범하기 짝이 없었는데, 바
로 그녀들의 아버지를 이용하라는 것이었다.

　헤스페리데스 자매의 아버지는 바로 하늘을 짊어지고 있는 거인 아
틀라스Atlas였다. 헤라클레스는 세상의 끝에서 하늘을 들쳐 메고 있는
아틀라스에게 갔다. 그리고 잠시 자기가 대신 하늘을 들어줄 테니 그

동안 황금 사과를 가져다줄 수 있는지를 물었고, 잠시나마 무거운 하늘에서 벗어나 휴가를 얻은 아틀라스는 기쁜 마음으로 딸들을 찾아가 황금 사과를 얻어다 줬다. 이후 다시 하늘을 짊어지기 싫어하는 아틀라스와 헤라클레스 사이에 실랑이가 있기는 했지만 어쨌거나 아버지와 딸의 관계를 이용한 프로메테우스의 작전은 기막히게 잘 맞아떨어졌다.

게다가 우리나라 형법에 따르면 절도죄 같은 재산 범죄에 대해서는 이른바 '친족상도례'를 적용하도록 돼 있다. 직계 혈족이나 배우자, 함께 사는 친족들끼리는 죄를 짓더라도 국가가 끼어들어 형벌권을 행사하지 않겠다는 것이다. 조금 먼 친족이라도 고소가 있어야 처벌할 수 있다. 부모 형제처럼 가까운 사이에서 설령 돈 문제로 다툼이 일어났다고 해도 어지간해서 국가는 끼어들지 않는다. 가족에게 맡겨 그 안에서 해결하도록 하는 편이 가정의 평화에 도움이 된다고 법적으로 판단하기 때문이다. 형벌권도 따지고 보면 국민이 자신들의 권리를 국가에 위임했기에 행사하는 것이다. 일반적인 대한민국 국민 정서에 따르면 아들이 아버지 지갑에서 돈을 훔치다 들켰을 때 아들을 엄하게 혼내기는 하지만 도둑질했다고 감옥에 보내지는 않는다. 이런 정서를 법에 반영한 것이 친족상도례라고 할 수 있다.

이 같은 대한민국 형법의 관점으로 본다면 딸이 관리하던 사과를 훔친 아틀라스는 법적으로 아무런 문제가 되지 않는다고 생각할 수도 있다. 하지만 실상은 그렇지 않다. 헤스페리데스 자매는 사과를 관리하고 있었을 뿐 사과의 주인은 아니기 때문이다. 친족상도례는 분명히 범죄를 저질렀는데도 처벌하지 않는 아주 예외적인 경우다. 그렇기 때문에 엄격하고 제한적으로 적용해야 한다. 그러다 보니 뜻밖의 문제가 일어나기도 한다. 동창회에 가려는 어머니가 좀처럼 마음에 드는 액세서리를 못 찾고 있었다. 어쩔 수 없이 이웃 친구에게 목걸이를 빌려 채비를 했다. 그런데 그만 철없는 10대 아들이 덜컥 그걸 들고 나가 헐값에 팔려고 했다. 청소년이 고가의 목걸이를 처분하려는 걸 수상쩍게 여긴 금은방 주인이 경찰에 신고를 해 붙잡히고 말았다. 친족상도례를 적용할 수 있을까. 안타깝게도 안 된다. 목걸이를 어머니가 가지고 있었다는 사실만으로는 부족하고, 어머니 소유이기도 해야 하기 때문이다. 그나마 목걸이를 되찾았으니 크게 처벌받지 않을 가능성이 높지만 아예 아무 일 없는 것으로 돌릴 수는 없다. 명백한 범죄 사실이 드러난 만큼 수사 절차를 거쳐야 한다. 다만 재판에 회부할지 여부를 최종 결정하는 검찰은 이런 사건에서는 기소유예를 할 가능성이 높다. 기소유예란 죄를 지었지만 재판에 부치지는 않는 것이다. 가벼운 범죄고 피해자와 합의해 피해를 회복했다던가 하는 사정이 있어 특별히 선처하는 경우다. 법원에서도 이와 비슷한 판단을 내릴 수 있다. 이 경우에는 선고유예라고 하는데 재판까지 하고 어떤 벌을 내릴지도 정하지만 선고는 미뤄놓는 것을 말한다. 정해진 일정한 기간 동안 반성하는 자세를 보이며 사고 치지 않고 지내면 아예 없었던 일로 해준다.

그런데 여기서 한 가지 의문이 들 수 있다. 얼마나 비싼 목걸이인지 알 수 없으나 어머니 친구 것이고 잃어버리지도 않았는데 그렇게 복잡한 과정을 꼭 거쳐야 할까. 어떤 범죄는 피해를 입은 사람이 고소를 해야 법이 나설 수 있다. 모욕죄나 비밀침해죄, 사자에 대한 명예훼손죄 같은 것을 예로 들 수 있으며 친고죄라고 부른다. 한때 강간처럼 성과 관련된 범죄도 친고죄였다. 폭행죄, 협박죄, 과실치상죄 같은 범죄는 고소가 꼭 있어야 하는 건 아니지만 피해자가 처벌을 원하지 않으면 법도 손을 떼야 한다. 반의사불벌죄이다. 생각해보면 절도죄 역시 피해자가 원하지 않는데도 굳이 처벌하거나 최소한의 법적 절차를 거쳐야 하는 이유가 마땅치 않을 수도 있다. 내 물건 내가 잃어버린 것이고, 내가 용서하겠다는데 말이다. 실제로 절도 같은 범죄도 반의사불벌죄처럼 운영하는 나라도 있다. 결국 어떤 범죄까지 그렇게 볼지는 사회적 선택의 문제다. 우리나라에서는 절도를 개인의 재산에 대한 문제지만 공익에도 영향을 끼친다고 봐서 피해자의 의사와 관계없이 처벌하지만 언젠가 사회적 분위기가 달라지면 바뀔 수도 있다. 법은 결코 절대적이지 않으며 어떤 사회, 어느 시대에 살고 있느냐에 따라 상대적이기 때문이다.

조금 더 복잡하게 꼬인 사건을 한번 보자. 부모님 지갑에 몰래 손을 댄 범죄의 추억이 있는 사람이라면 친족상도례를 알고 쓴웃음을 지었을 것이다. 죄송스러운 일이긴 해도 범죄는 아니었다는 사실을 알았으니 말이다. 그런데 욕심을 조금 더 부려 예금통장이나 현금카드를 건드렸다면 어떨까. 슬그머니 들고 나와 은행 현금 자동지급기에 집어넣고 자기 계좌로 몇 만 원 혹은 간 크게 몇 십만 원쯤 옮겨놨다면? 실제 그런 사건이 있었다. 예금주는 쓰지도 않았는데 계좌에서 돈이 빠져나간 걸 알고 은행원을 다그치고 경찰에 신고도 했다. 그런데 결국 은행에서 거래 내역을 찾아보고 나서 자식이 저지른 사고라는 걸 알았으니 얼마나 황망했겠는가. 여차저차 사과하고 용서를 빌면 끝날 줄 알았는데 그렇지가 않았다. 일단 수사기관까지 나서서 사건이 성립됐으니 법적인 결론을 내려야 했다. 어차피 부모님 돈인데 뭐가 다르냐고 할 수도 있다. 법원도 헷갈렸다. 1심, 2심에서는 피해자가 부모님이니 처벌할 수 없다고 봤다. 그런데 대법원의 판단은 달랐다. 중간에 은행이 끼어 있었으니 피해자를 과연 부모라고 해야 할지 의문이라고 했다. 은행은 예금주의 돈을 맡아서 보관하는 업무를 한다. 예금주가 아닌 사람에게 돈을 줬다면 은행은 그 책임을 져야 한다. 예를 들어 자식이 돈을 찾아간 걸 모른 부모가 왜 본인이 아닌 다른 사람에게 돈을 줬느냐고 따지면, 은행은 결국 부모에게 돈을 돌려줘야 할 수도 있다. 이 사건에서도 자식이 돈을 인출했다는 사실을 밝히지 못했다면 실제 그런 일이 벌어질 수도 있었다. 그래서 대법원은 부모의 계좌에서 함부로 돈을 빼낸 자식에게 유죄판결을 내렸다. 현금 자동지급기 같은 컴퓨터 처리 장치에 거짓 정보를 입력해 재산상의 이득을 취했다는, 컴퓨터 등 사용 사기죄로 말이다.[1]

문명의 발전을 뒷받침하는 법률

남의 떡이 더 커 보인다는 속담을 보면, 타인의 소유물에는 분명 사람의 마음을 끄는 뭔가가 있나 보다. 사회심리학을 들먹이자는 건 아니고 형법이 다스리는 중요한 부분이 재산에 관한 죄이기 때문에 하는 말이다. 프로메테우스가 인간을 창조하면서 바랐듯이 21세기 인류는 비약적인 발전을 이루었다. 그리고 그 배경에는 사유재산제도와 시장경제체제가 있었다. 프로메테우스가 인간에게 선물한 불은 산업혁명의 원동력이 되었고, 그 결과 인간은 과학기술을 통해 이전에 없던 새로운 재화를 만들어내고 누구나 노력한 만큼 차지할 수 있는 사회를 이루었다. 그리고 법률과 제도를 통해 그 사회를 뒷받침하도록 했다. 제도는 재화를 자신의 것으로 만들고 싶어하는 이기심을 정당하게 충족할

◇◇◇◇
1 대법원 2006도2704 판결

수 있도록 하고 결국 문명을 발전시키는 동력이 된다. 또한 법은 소유권 절대의 법칙을 통해 개인의 재산을 절대적으로 인정하는 동시에 누군가 그걸 넘어서는 행동을 하면 응징해서 소유권을 보호해준다. 법을 조금 더 깊이 살펴보자면 민법을 통해 개인 간의 원활한 거래를 돕고 형법을 통해 틀을 벗어난 재산 범죄를 제재하도록 되어 있다. 민법과 형법이라는 두 개의 축이 현대 문명을 발전시켜온 셈이다. 그렇기에 재산에 관한 범죄는 개인과 개인 사이의 문제라기보다 사회 자체의 기반을 위협하는 범죄다. 훔치는 절도, 빼앗는 강도, 속여서 갖는 사기, 겁을 줘 뜯어내는 공갈, 맡겨놓은 남의 재산을 제 것인 양 마음대로 써버리는 횡령과 배임, 그리고 그렇게 빼돌린 물건을 취급하는 장물, 남의 물건의 가치를 해치는 재물손괴가 형법이 금지하는 재산에 관한 범죄다. 이 모든 죄의 전제 조건은 다른 사람이 이미 가진 권리를 해친다는 것이다.

남의 것인지 뻔히 알면서 멋대로 가져가거나 함부로 쓰면 범죄라는 사실은 누구나 알고 있다. 하지만 '재물'의 범위가 다양해지고 거래의 형태가 복잡해지면서 도대체 어디서부터 어디까지가 허용된 행위고 어디부터 어디까지가 범죄인지 쉽게 알 수 없을 때도 있다. 예를 들어, 어떤 권리를 지금 현재 가진 상태인가 아니면 앞으로 갖게 될 것인가에 따라 범죄가 성립하기도 하고 그렇지 않을 수도 있다. 집을 사기로 하고 공인중개사 사무실에서 계약서를 쓰고 계약금, 잔금까지 모두 치렀다. 집은 이제 내 것일까. 안타깝게도 아직은 내 것이 아니다. 집을 비워주고 등기부등본에 명의를 바꿔달라고 현재의 집주인에게 요구할 수 있을 뿐이다. 그런 단계에서 내 집도 아닌데 마음대로 들어가면 주거침입죄에 해당한다. 편의점에서 힘들게 아르바이트를 했는데 사장님이 좀처럼 월급 줄 생각을 안 한다. 퇴근길에 딱 월급만큼만 카운터에서 가져가면서 다음 아르바이트생에게 사장님에게 말 좀 전해달라고 했다면 절도죄다. '아직'은 가지고 있지 않은 권리고, 달라고 요구만 할 수 있는 상태이기 때문이다. 들어주지 않는다고 직접 힘으로 가져와서는 안 된다. 만일 이런 상황에 처했다면 법원을 통해 강제집행을 하는 등 법적인 방법을 찾아야 한다. 프로메테우스가 그랬던 것처럼 좋은 일한답시고, 혹은 아틀라스처럼 처벌받지 않으리라 생각하고 하는 행동 때문에 뜻밖의 불이익을 입을 수도 있다. 민법과 형법이라는, 문명을 굴리는 두 축 사이에 끼어서 말이다. 법이 정한 경계선을 넘어 내 것이 된 뒤라면 세상 그 누구에게나 나만의 것이라고 주장할 수 있고, 법 역시 정당하게 쓰이는 한도 내에서는 간섭하지 않는다. 법의 테두리를 알아야 돈은 물론이고 나 자신도 지킬 수 있다.

Part 14

권력을 유혹하는 검은 손

선물과 뇌물

사랑의 선물과 부정한 뇌물 사이

한 여검사가 있었다. 그녀는 내연남인 변호사로부터 외제 차와 명품백, 신용카드까지 수천만 원에 달하는 선물을 받았다. 그리고 변호사는 검사를 통해 자신이 관련된 사건을 빨리 진행해달라고 청탁했다. 그런데 재판에서 검사가 받은 호화로운 선물은 대가가 아니라 사랑이라며 무죄판결을 내렸다. 변호사에게는 검사 말고도 다른 내연녀가 또 있었는데, 그녀에게 사건 관련 청탁을 받고 돈까지 챙긴 죄로 유죄를 선고받지만 집행유예로 풀려났다. 어이없지만 안타깝게도 낯선 결론은 아니다. 2005년엔 대기업으로부터 금품과 룸살롱 접대를 받았다는 검사 일곱 명의 실명이 폭로됐지만 재판을 받은 사람조차 아무도 없었다. 온 국민이 분노로 들고 일어나는 바람에 다시 특별 검사까지 동원됐지만 기소된 몇몇조차 결국은 무죄를 받았다. 어이없게도 이를 폭로한 국회의원만 의원직을 상실하고 말았다.

법조인은 법을 적용해 벌을 주는 사람이지, 법을 적용받아서는 안 되는 신성불가침의 존재라도 되는 것일까. 법의 강제력은 국민의 합의라는 법의 본질에서 나오고, 법조인이 존중받는 이유는 국민의 뜻으로 만들어진 법을 행동으로 옮기는 존재이기 때문이다. 절대로 그들이 잘나고 똑똑해서가 아니다. 공자님 말씀 같은 이 당연한 이야기는 사실 현대 법치주의의 기본적 원리고 법을 배울 때 가장 먼저 공부하는 내용이다. 그런데 정작 사법시험이나 변호사 시험에는 나오지 않아서일까? 이런 기본을 잊은 법조인이 너무나도 자주 보인다. 게다가 처벌조차 이루어지지 않는다. 당연히 법조인 스스로가 수치로 여기고 일벌백계해서 정화하려는 노력을 보여야 하는데, 법조인이 범죄로 처벌받으면 법의 권위가 떨어지기라도 하는 양 감싸고 지켜주기 급급하다. 국민의 거듭된 분노는 실망과 탄식으로 바뀌었다. 뭐 묻은 개가 어찌 뭐 묻은 개를 나무라겠는가. 이는 단순히 감정적 문제가 아니라 나라를 위태롭게 하는 일이다. 불법과 부당한 일을 겪을 때 마지막으로 기댈 곳인 법이 믿음을 주지 못하기 때문이다. 국민들은 갈 곳이 없어졌다.

부패한 공무원이 되고 싶다면 생명을 걸어라

벨기에의 수도인 브뤼셀에서 서북쪽으로 90킬로미터 정도 떨어진 도시, 브뤼주에 위치한 흐루닝헤Groeninge 미술관에 가보면 모두의 눈을 사로잡는 그림이 두 장 전시돼 있다. 그런데 이 그림은 아름다움보다는 그 잔혹함으로 사람들의 눈길을 모은다. 바로 헤라르트 다비트Gerard David(1460~1563)의 〈캄비세스 왕의 재판〉이다. 어째서 이렇게 잔혹한 장면을 그림으로 그렸는지 알려면 우선 이 그림의 유래부터 살펴봐야 한다. 이 그림은 원래 브뤼주 시의회 사무실이자 종종 재판정으로도 쓰였던 시청의 회의실에 걸려 있었다. 15세기 브뤼주는 예술과 상업의

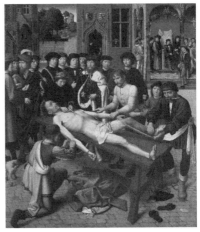

헤라르트 다비트, 〈캄비세스 왕의 재판〉, 1498, 패널에 유채, 202×349.5cm, 벨기에 흐루닝헤 미술관

중심지로 번영했는데, 도시가 융성한 만큼 자칫 부패해질 위험이 있었다. 브뤼주 시의회는 이에 당시 명성이 높았던 화가 헤라르트 다비트에게 법을 만들고 집행하는 모든 이가 경각심을 가질 만한 그림을 의뢰했고 다비트가 그린 이 작품은 악을 저지르는 고위 공직자의 운명을 생생하게 보여준다.

기원전 6세기 페르시아 제국의 황제였던 캄비세스 2세Cambyses II는 위대한 왕이었다. 그의 아버지였던 키루스 2세Cyrus II부터 숙원 사업이었던 이집트 정복을 이룩하고 에티오피아와 카르타고에 이르는 거대한 제국을 거느렸다. 그러나 동시에 그리스의 역사가 헤로도토스Hērodotos(BC 484~BC 425)에 따르면 그는 이집트를 정복하며 적군에게 참혹한 행위를 저지르는 잔인한 일면도 지니고 있었다고 한다. 하지만 무엇보다 그의 잔인함이 가장 잘 드러나는 사건은 〈캄비세스 왕의 재판〉으로 잘 알려진 시삼네스Sisamnes에 대한 재판과 처형일 것이다.

이 두 장의 그림은 네 개의 사건으로 이루어진 하나의 이야기를 연달아 보여준다. 첫 번째 그림의 군중들 뒤를 보자. 처마 아래에 작게 그려진 두 남자가 보인다. 재판관 시삼네스가 뇌물을 받는 장면이다. 그리고 앞쪽으로 오면 뇌물을 받고 부당한 판결을 한 것이 발각된 시삼네스가 체포되는 장면이 그려져 있다. 오른쪽으로 오면 그림은 시삼네스가 처형되는 장면을 묘사하고 있는데, 이 그림의 잔혹함으로 인해 캄비세스 왕의 이름이 오늘날까지 사람들에게 기억되고 있는지도 모른다. 캄비세스 왕은 부패한 신하에게 산 채로 가죽을 벗겨 죽이는 형을 내렸다. 시삼네스가 광장 중앙에 결박당한 채 누워 있고 네 명의 집행인이 칼을 들고 시삼네스의 피부를 벗기고 있다. 이 장면도 충격적이지만 마지막 그림이 전하는 사건의 결말은 더욱더 충격적이다. 오른쪽 뒤편에 보이는 아치는 바로 시삼네스가 체포된 바로 그 장소이다. 다시 말해 재판관이 앉는 자리다. 그런데 시삼네스가 체포될 때에는 검은색이었던 의자 위에 뭔가 밝은 색천이 덧씌워져 있다. 의자에 씌워진 것은 다름 아닌 시삼네스를 처형하며 벗겨낸 그의 가죽이다.

〈캄비세스 왕의 재판〉 중 뇌물을 받는 시삼네스.

〈캄비세스 왕의 재판〉 중 시삼네스의 가죽이 깔린 의자에 앉은 오타네스.

그리고 그 의자에 새롭게 앉게 된 새 재판관은 시삼네스의 아들인 오타네스Otanes이다. 아버지의 가죽이 깔린 의자에 아들을 앉힌 것이다. 그 위에 앉아서 법의 집행이 얼마나 엄중한지에 대해 늘 깨어 있으라는 뜻이다.

화가는 소재를 과거의 이야기에서 따왔을 뿐 실제 그림의 배경은 그림을 그릴 당시의 브뤼주로 설정했다. 공무원, 특히 법조인에게 그들이 생명을 걸어야 할 정도로 무거운 임무를 맡은 것임을 피부에 와 닿도록 하기 위해서였다. 선명하게 대비되는 색상과 형을 집행하는 사람들의 사실적인 동작은 보는 이에게 충격적일 정도로 명확하게 메시지를 전달한다. 악을 저지르는 고위 공직자의 운명에 대하여. 법을 만들고 집행하는 모든 이에게 경각심을 불러일으키기에 충분하다.

법만 놓고 본다면 우리도 공무원의 부패에 대하여 무척 엄격하게 정해놓고 있다. 공무원의 부패는 뇌물에 관한 죄로 다스리는데 공무원이 자신의 일과 관련해 뇌물을 받으면 가장 기본적인 형태의 뇌물죄이다. 이런 죄를 지으려면 먼저 공무원이어야 한다. 하지만 공무원이 되기 전에 뇌물을 받았는데 나중에 공무원이 되었거나, 공무원 본인이 받지 않고 가까운 다른 사람이 대신 받도록 해도 이 역시 뇌물죄로 처벌한다. 게다가 뇌물을 받고 그 대가로 부정한 일까지 하면 죄가 더해진다. 먼저 일을 해주고 나중에 받았거나, 공무원일 때 일을 해주고 이후 공무원을 그만두고 나서 받았더라도 마찬가지다. 심지어는 직접 부정한 일을 저지르지 않아도 부정한 일을 저지를 다른 공무원을 소개해주기만 해도 처벌받는다. 뿐만 아니라 뇌물을 받지 않았더라도 요구하거나 주고받기로 약속만 해도 뇌물죄는 성립한다. 형태별로 정말 촘촘하게 그물을 짜놓은 것이다.

뇌물이라면 먼저 돈 봉투가 떠오르지만, 그뿐만 아니라 명품 백 같은 고가의 선물, 술이나 식사 대접, 심지어 고수익이 보장되는 사업에 참여할 기회처럼 당장은 손에 쥘 수 없는 무형적 이익도 모두 뇌물이라고 한다. 언론에서 종종 성 접대라는 말을 쓰는데, 원래 법에서 성은 거래의 대상이 아니다. 하지만 뇌물죄에서는 성관계를 제공받아도 뇌물로 친다.[1] 쉽게 말해 죄다 불법이라고 보면 된다. 그런데 원칙적으로는 그러하지만 특별히 봐주는 몇몇 예외가 있어서 문제가 된다. 이 예외가 무슨 마법의 주문이라도 되는 것처럼 여기저기에 마구 통하기 때문이다. 그 마법의 주문이란 '직무관련성'과 '대가성'이다.

뇌물죄를 처벌하는 이유는 공공의 업무를 사고팔 수 없기 때문이다. 공무원은 국민 전체의 일을 대신한다. 그렇기 때문에 개인이 돈을 주고 자기 이익만을 위해 공무원에게 일을 시킬 수 없다. 뒤집어 말하면 공공의 업무와 관련해서 받아야 뇌물이라는 뜻이다. 과거에 했든, 장래에 할 일이든, 꼭 그 사람만의 업무가 아니더라도 폭넓게 그 분야의 공무원이 할 수 있는 일이라면 직무와 관련되었다고 한다. 그런 경우에는 설령 축의금처럼 사회생활에 필요한 의례의 형식을 빌렸더라도 뇌물이라고 한다.[2] 이렇게까지 말해놓고 보니 도저히 빠져나갈 방법이 없을 듯싶은데 벤츠 여검사, 떡값 검사들은 어떻게 처벌을 면했을까.

공무원이라도 사회생활은 해야 한다. 법원은 벤츠 역시 그런 정당한 인간관계에서 주고받은 것이니 벌줄 수 없다고 판단했다. 벤츠, 명품 백, 신용카드 등을 합하면 5천만 원이 넘는 금액이지만 못 줄 건 아니라

◇◇◇◇

1 대법원 2000도2251 판결, 2013도13937 판결
2 대법원 99도4022 판결, 99도4940 판결

는 입장이었다. 그 변호사가 이미 기혼자였고, 다른 내연녀가 있었고, 경제적으로 넉넉하지 못했더라도 그냥 정상적인 사랑하는 사이라고 판결을 내렸다. 게다가 검사가 사건에 대한 청탁을 받은 시점은 그런 선물을 받고 나서 2년 7개월이나 지난 시점이었고, 그때는 그녀가 검사도 아니었다는 것을 이유로 들었다.

사실 그녀가 무슨 생각으로 그런 선물을 받았는지 과거로 돌아가 머릿속을 들여다볼 방법은 없다. 다른 모든 사건의 범인들도 죄지을 생각은 없었다고 한다. 그렇기에 이런저런 주변 정황을 살펴서 검찰과 법원이 그 시점에 피의자가 어떤 의도를 가졌었는지를 판단한다. 하지만 벤츠가 사랑이었다는 판단에 고개를 끄덕이는 대한민국 국민이 몇이나 있을까. 당장 앞에서 살펴 봤던 뇌물죄에 관한 몇 가지 원칙만 적용해도 이상하지 않은가. 물론 법원은 일반인보다 훨씬 뛰어난 법적 판단을 할 수 있는 곳이다. 그래서인지 그런 출중한 판단을 하는 법조인을 일반인과 똑같이 대우해서는 안 된다는 인식이 있는 것은 아닌지 걱정된다. 법조인이기에 오히려 더욱 엄격해야 하는데 거꾸로 느슨하게 보는것은 아닌지 말이다.

남용되어서는 안 될 강한 권력

게다가 대한민국 검찰처럼 막강한 권한을 가진 공직자는 단언컨대 전 세계에 없다. 대한민국에서 범죄가 발생했을 때 어떤 사건으로 어떻게 수사할지, 처벌을 해달라고 재판을 열지 말지 결정할 수 있는 존재는 오로지 검사뿐이다. 재판을 받고 벌이 정해진 다음 범죄자에 대한 형을 집행하는 일도 다시 검사의 몫이다. 당연한 듯 여기는 국민이 많지만 전혀 당연하지 않은 일이다. 유독 대한민국만 이렇다. 외국은 검사뿐 아니라 시민위원회도 범죄에 대해 재판을 해달라는 기소권을 갖기도 한다. 형을 선고한 다음 집행 과정에 들어가면 다시 법원이 관할하기도 한다. 법조계뿐만 아니라 다른 전문 분야의 인력이 권한을 나눠 갖기도 한다. 처벌뿐만 아니라 갱생이 필요한 업무이기 때문이다. 그러나 대한민국에서 검찰은 절대적이다. 경찰은 검사의 지휘를 받지 않으면 아무리 흉악범이라도 마음대로 구속조차 할 수 없다. 경찰이 잘못하면 검찰이 나무랄 수는 있어도 검사가 죄를 지으면 다른 검사 말고는 뭐라고 할 사람이 없다.

법원은 더하면 더했지 덜하지 않다. 절대 권력을 가진 것처럼 보이는 검찰이지만 영장 발부 여부, 피고인에 대한 유무죄 판단, 형량 판단은 절대적으로 법원의 몫이다. 검찰을 간접적으로 통제할 수 있다. 국민참여재판제도가 있기는 하지만 외국처럼 반드시 배심원의 결정에 따라야만 하는 것도 아니다. 그리고 보면 정말로 신기하게도 대한민국에는 구조적으로 법원과 검찰을 통제할 수 있는 외부 기관이 없다. 물론 그러다 보니 아이러니한 면도 있다. 권한이 그렇게 막강한 대신 하나부터 열까지 모두 다 검사, 판사가 챙겨야 한다. 권력을 바라지 않는 순수한 법조인에게는 그저 '잡무'일 뿐인 업무 때문에 야근에 지쳐간다. 게다가 효율성도 떨어진다. 세월호 침몰과 관련해 수사를 받던 세모그룹 유병언 회장이 도피 행각을 벌이다가 숨진 사건이 있었다. 수사기관은 변사체로 발견된 그의 시신을 확보하고도 유병언이라는 사실을 40일이 넘도록 알지 못했다. 온 나라가 그를 찾고 있었는데 말이다. 여러 가지 원인이 있지만 검시관이 아니라 검사가 변사체를 담당하는 주체이기 때문이라는 점도 **빼놓을** 수 없다. 죽음의 원인을 알 수 없는 시신이 발견되면 수사기관은 범죄에 의한 것인지를 판단한다. 그런데 그 역할을 법률 전문가인 검사가 맡고 있다. 게다가 현장에 가지도 않고 수사관의 보고서만 보고 판단하는 경우가 다반사다. 억울한 죽음이 생길 수 있는 구조적 모순이 내포돼 있다. 너무 많은 문제를 다루기에, 정작 신경 써야 할 국민의 법적인 문제에 대해 고민할 시간을 **빼앗기고** 있다. 정의감에 불타는 젊은 법조인을 조직 논리에 빠뜨려 차갑게 식혀버리는 제도적 장치 노릇마저 하는 것이다. 하다못해 대통령, 국회의원도 국민이 **뽑아줘야** 될 수 있고 임기가 정해져 있는데, 판사나 검사는 그렇지 않다. 굳이 비교하자면 국민이 왕이건만 대한민국의 왕은 부조리를 저지르는 법조인의 껍질은커녕 옷조차 벗길 권한이 없다. 공직 사회에 아무리 소리 높여봐야 부패가 해결되지 않는 가장 큰 이유로 법조계의 문제를 꼽고 싶다. 법을 적용하는 가장 직접적인 기관을 믿을 수 없으니 부패의 유혹에 넘어가면서도 스스로 거짓 위안을 만들어내는 것은 아닐까. '판사, 검사도 그런데 뭘' 하면서.

100만 원 이상이면 무조건 뇌물

이런 황당한 상황에 국민의 분노가 극에 달해 낳은 법이 이른바 '김영란 법'이다. 원래의 이름은 「부정청탁 및 금품 등 수수의 금지에 관한 법률」로, 정작 김영란 전 대법관 본인은 원치 않는다고 하지만 모두가 '김영란법'이라고 부르는 바로 그 법이다. 이 법의 내용을 한마디로 줄이면 100만 원 이상 받으면 묻지도 따지지도 않고 뇌물로 보겠다는 것이다. 제대로 운영되기만 한다면 서로 사랑하는 사이라서 받았다며 대가성이나 직무관련성이 없다는 따위의 소리를 쏙 들어가게 만들 수 있다.

이 법의 기본적인 취지에 반대하는 사람을 찾기는 어려울 것이다. 우리 사회는 인정에 기대 꾸려져온 부분이 많다. 좋은 전통으로는 품앗이를 들 수 있다. 예로부터 우리는 힘든 일이 있을 때마다 서로 돕고 거들었다. 공동체 의식이 무척 강하다고 봐도 좋을 것이다. 그래서 혼자가 되지 않기 위해서라도 밥 한 끼, 술 한잔 나누는 것이 의무처럼 여겨지기도 한다. 문제는 세상에 공짜가 없다는 데 있다. 그렇지 않은가. 받을 때 좋은 만큼 아무래도 뭔가 빚진 듯한 기분이 든다. 자칫 잘못된 방향으로 흐르면 '우리가 남이가'라면서 나쁜 일도 함께 저지르게 만든다. 무리에서 소외되면 종종 왕따 같은 불이익을 당하기도 한다. 그래서 그런 부정적인 측면을 없애자는 것이 '김영란 법'이다. 100만 원을 넘을 정도면 순수하다고 보기 어렵다는 판단이었다.

그런 취지에도 불구하고 이 법은 만들어질 때부터 여러 가지 문제점을 지적받았다. 배우자가 받았을 때도 신고하지 않으면 처벌한다는 조항은 연좌제나 마찬가지라는 반발도 있었다. 무조건 100만 원을 기준으로 삼는다면 정말 사랑하는 사람에게조차 고가의 선물은 줄 수 없느냐는 질문도 이어졌다. 법을 만든 장본인인 국회의원들은 스스로 지역 주민들과 함께하는 식사 자리 등은 부정청탁으로 보지 않는다고 빠져나갈 구멍을 만들어놓기도 했다. 그중에서도 언론인을 적용 대상에 포함시킨 조항은 다른 무엇보다 법의 본질을 흐트러뜨렸다. 애초에 법은 인허가권을 쥐고 있는 고위 공직자들을 그 대상으로 삼았다. 그러다가 그 경계가 모호하고 청렴의 의무에 직급을 따질 수는 없다며 공무원 전체로 범위를 넓혔다. 공무원인 공립학교 교사와 사립학교 교사가 실질적으로 무엇이 다르냐는 지적에 교사 전체를 포함시켰다. 관련 법 규정에서 사립학교라도 공립과 유사하게 적용되는 부분이 많으니 여기까지는 그나마 수긍할 수 있었다. 촌지 얘기를 하다가 덜컥 언론인까지 포함시킨 것인데 여기에 결정적인 문제가 있다. 맑고 깨끗한 사회를 만드는 건 좋은데 묶어서는 안 될 것들을 함께 묶은 것이다.

공무원은 국가 전체를 위해 필요한 일, 국가를 수호하고, 질서를 유지하고, 도로와 같은 기간 설비를 다듬고, 아이들을 미래의 구성원으로 키우는 일을 한다. 그리고 이는 국민 전체의 세금으로 운영된다. 공무원은 크게 선거를 통해 뽑히거나 적당한 능력을 가졌다는 사실을 시험으로 증명해야 한다. 공무원의 역할이 국가의 직접적인 운영과 직결되는 만큼 공무원이 될 수 있는 권리, 공무원을 뽑을 수 있는 권리는 헌법에 명시되어 있다. 공무원은 일단 되고 나면 국민 전체의 봉사자로서 국민에 대해 책임을 진다(헌법 제7조 제1항). 되는 것은 자유이나 된 다음에는 의무가 더욱 강조된다. 하지만 언론은 다르다. 언론이라는 직업상의 분류는 있지만 언론, 출판의 자유는 표현의 자유로서 국민 모두가 누릴 수 있다. 국가가 책임지고 보호해줘야 하는 권리다. 표현의 자유가 중요한 이유는 대의제 민주주의 국가에서 국가 운영을 누구에게 맡길지, 누구를 정치적 지도자로 뽑을지에 결정적인 역할을 하기 때문이다. 자유로운 의사 교환을 통해 건전한 여론이 형성되고, 그 기반에서 통치 권력이 나온다. 현대 민주주의의 기본이다. 뿐만 아니다. 맡겨놓은 통치 권력을 정치인들이 제대로 수행하고 있는지 감시하는 기능 또한 언론의 자유에서 나온다.

직업으로 보더라도 언론인은 사기업에 소속된 사람이다. 세금으로 급여를 주지도 않고 국가에 대한 봉사의 대가로 연금을 지급하지도 않는다. 그동안의 뉴스를 아무리 돌이켜봐도 언론인이 수천만, 수억 원대의 비리를 저질렀다는 내용은 없다. 그럴 수 있는 권한이 없기 때문이다. 언론은 공식적인 사정 기관, 수사기관이 드러내지 못하는 부정부패를 찾아내고 법이 미처 생각하지 못한 무질서를 폭로한다. 언론의 보도가 수사기관이 범죄를 수사하는 중요한 계기가 되기도 한다. 무엇보다 벤츠 검사, 스폰서 검사를 국민에게 공개하고 여론을 형성해 차후 그런 일을 예방하도록 한 데는 언론의 역할이 무엇보다 컸다. 빗나간 언론인이 없다는 뜻이 아니라 규제하는 방식을 달리해야 한다는 뜻이다. 언론의 감시마저 없으면 검찰, 법원을 견제할 수 있는 제도적인 장치는 거의 없다고 봐야 한다. 그런데 언론을 '김영란 법'의 적용 대상에 포함시키면 감시해야 할 검찰에 의해 언론이 오히려 감시받는 상황이 쉽게 생길 수 있다. 언론인은 사람 만나는 게 가장 기본인 일이다. 이런저런 사람들을 만날 때마다 '접대'를 받는 것으로 의심된다며 불러서 조사라도 하면 어떻게 하겠는가. 그까짓 밥 안 얻어먹고 다니면 그만이지 할 수 있다. 하지만 1년에 100만 원이라는 기준을 지키기 위해 밥 먹을 때마다 영수증을 챙기다 보면 활동에 제약이 따를 수 있다. 이렇게 감시해야 할 쪽과 감시받아야 할 쪽이 뒤바뀌고 만다. 가뜩이나 검찰과 법원에 대한 제도적 견제가 부족한 우리 법제에서 언론의 힘마저 빼놓을 수 있다.

그럴 리 없겠지만, 정말 그래서는 안 되겠지만 수사기관이 작정하고 특정 언론인을 괴롭히려고 하면 수단은 얼마든지 있을 수 있다. 누군가를 동원해 몇 차례 접대받는 자리처럼 만든 다음 그걸 빌미로 수사를 시작할 수 있다. 그다음부터는 수년 전의 금융 자료를 들쑤시는가 하면 주변 사람들까지 탐문이라는 명목으로 괴롭힐 수 있다. 한번 수사가 시작되면 결백을 밝혀낼 때까지 얼마나 고통을 겪는지는 겪어본 사람만이 안다. 경찰, 검찰의 수사 단계를 거쳐 법원의 재판이 끝날 때까지 수개월, 수년을 허송세월할 수 있다. 몇 번씩 불려 다니며 조서 등을 작성해야 하고 변호인을 선임해가며 맞서야 한다. 억울함을 풀 증거를 찾기 위해 생업을 팽개쳐야 할 수도 있다. 그렇게까지 하지 않더라도 술이라도 마시다가 현행범이라는 이유로 체포돼서 몇 시간 구금이라도 당한다고 생각해보라. 그런 일을 몇 차례 겪으면 아무래도 펜대의 날카로움이 꺾일 수밖에 없다.

기본권 보호를 위한 법조계 구성

수사는 범죄를 밝혀내는 것이지만, 이처럼 악용되면 생사람을 잡을 수 있다. 그래서 받는 사람의 동의를 얻어서 하는 임의 수사가 원칙이다. 강제로 잡아가거나 어딘가를 뒤지려면 반드시 법원의 허락을 얻어야 한다. 신체의 자유, 재산권은 국민의 기본권이니 그것을 제한할지 말지는 법을 최종적으로 판단하는 법원만이 결정할 수 있다고 정해놓았다. 경찰, 검찰이 수사 과정에서 마음대로 할 수 없다(다만 범죄 현장 등의 예외는 있다). 범죄자를 일단 붙잡아두는 것을 체포, 상당 기간 가둔 채 수사를 하거나 재판을 받도록 하는 것을 구속이라고 한다. 특히 구속을 할 때는 직접 판사가 피의자를 만나서 들어보고 그 여부를 결정해야 한다. 유죄가 확정되기 전인데 구속부터 한다면 벌을 미리 주는 것이기 때문이다. 불구속 수사, 불구속 재판을 원칙으로 해야 하는 이

오노레 도미에, 〈대화하는 세 변호사〉, 1843~1848, 캔버스에
유채, 41×33cm, 미국 필립스 컬렉션

유이다. 게다가 갇혀 있으면 아무래도 재판에서 자신을 방어하기 힘들다. 그런 경험이 있을 것이다. 집이나 사무실 어딘가 나만 아는 장소에 뭔가를 두고 왔는데 전화로 다른 사람에게 부탁해서 그걸 찾으려면 얼마나 어려운지 말이다. 나아가 검찰은 아무래도 법률 전문가인 만큼 판사의 공감을 얻어내기 쉬울 수 있음을 고려해 반드시 변호인도 동석해서 의견을 제시하도록 한다. 변호인의 조력을 받을 수 있는 권리는 헌법이 보장하는 기본권이다. 마치 삼권분립처럼 검찰과 법원, 변호사가 재판을 한다. 기소를 하는 검찰과 반대쪽에서 변호하는 변호사, 양쪽을 비교해 판단하는 법원. 견제와 균형을 통해서 법치주의가 원활하게 굴러가도록 한다는 의미에서 통틀어 법조삼륜이라고 부른다. 입법, 행정, 사법으로 나누어놓은 삼권분립처럼 법조계 내부에 다시 권력 분립을 해놓은 셈이다. 그래야 부패하지 않고, 국민의 기본권을 침해하지 않을 것이라 보고 마련한 제도적 장치다.

그런데 간혹 그런 구성에 딴죽을 거는 일이 생긴다. 19세기 프랑스의 화가 오노레 도미에Honoré Daumier(1808~1879)는 정치, 사회를 풍자하는 삽화와 판화로 유명하다. 그의 그림에는 법조인이 자주 등장하는

데, 한결같이 의기양양하게 고개를 치켜든 자세와 오만한 듯 자신감에 찬 표정을 하고 있다. 〈대화하는 세 변호사〉 역시 그렇다. 묵직한 서류를 들고 어딘가 건물 구석진 곳에 뭉쳐 자기들끼리 통하는 말로 뭔가를 쑥덕대는 느낌이다. 검은 법복 때문에 누가 누구인지 구별되지 않는 한 묶음으로 보이기도 한다. 속된 말로 '그 밥에 그 나물'처럼 그려놓았다. 국민의 자유와 권리를 지키기 위한 법이 아니라 법조인들이 전문성을 내세워 자신들만의 성역을 지키기 위해 법을 악용하는 것처럼 보인다. 법의 논리에 따라 공정하게 처리하지 않고 짬짜미로 불공정한 수사, 재판을 만들어내는 경우처럼 말이다.

그런 일의 대표적인 예로 전관예우가 지적되곤 한다. 검찰이나 법원의 고위직에 있다가 퇴직해서 변호사 개업을 한 후 현직에 남아 있는 검사, 판사와의 친분 관계를 동원해 사건을 해결하는 식이다. 소송 관련 서류에 이름만 올려놓고 자신이 맡은 사건인 것처럼 아는 현직 법조인에게 잘봐달라고 부탁하겠다면서 이른바 '도장 값'을 받는다. 여기저기 청탁 전화를 거는 게 일의 전부인 경우도 있다. 그 과정에서 거액의 수임료를 받아도 정상적인 업무를 진행한 것은 아니기에 세금 신고도 하지 않는다. 많이 줄어들었지만 이런 일이 아직도 일부에 남아 있다고 수군거리는 목소리가 들린다. 그러다 보니 재판의 결과가 좋지 않으면 혹시 불공정한 재판 때문은 아닌지 국민들은 의혹을 갖기도 한다. 자연스레 유전무죄 무전유죄가 떠오른다. 물론 조금 더 비용을 치르더라도 그만큼의 능력이 필요하다면 불가피할 수도 있다. 문제는 능력이 아니라 과거의 지위를 이용하는 데 있다. 게다가 대부분의 일반인은 평생에 한두 번도 법원에 가지 않는다. 법조인에게는 일상적인 일도 정말 큰일로 느껴질 수 있다. 그런 절박한 마음을 틈타 그러지 않아도 될 일에 터무니없는 비용만 물게 할 수 있다. 심지어 전관예우를 받는 짧은 기간에 한몫 챙기기 바빠 사건은 뒷전인 경우도 있다. 비싼 수임료를 줬는데 변호사 얼굴도 보지 못하는 일이 생기기도 한다. 물론 최근에는 그런 부정한 사건 수임에 대해서는 변호사협회 등을 통해 돈을 돌려받을 수 있는 길이 생겼지만, 근본적인 해결을 위해서는 제도적으로 이를 방지할 방법을 충분히 마련해야 한다. 이를테면 대법관 정도라면 퇴직 후에는 영리를 목적으로 변호사 업무를 볼 수 없도록 한다는 식이다. 이에 대해 직업의 자유에 대한 지나친 제한이라는 반론을 제기하기도 하지만, 대한민국 어느 누가 한 직장에 오래 다녔다는 이유로 퇴직 후까지, 아니 퇴직 후에 더욱 대우를 받는단 말인가. 게다가 고위 공직자는 개인의 능력만으로 그 자리에 오른 것이 아니다. 국가가 공적인 업무를 시키기 위해 국민의 세금으로 지원하여 업무를 익히게 했기에 차지할 수 있었던 자리다. 그것을 사적인 이익을 위해 사용하는 것이 오히려 모순 아닐까. 법은 사회정의를 지키는 최후의 보루다. 법조인이 무너지면 국가 질서도 기대할 수 없다.

Part 15

금지된 것을 소망하는 마음

성性과 법

렘브란트 반 레인, 〈목욕하는 밧세바〉, 1654, 캔버스에 유채, 142×142cm, 프랑스 루브르 박물관

다윗과 밧세바

한 여인이 수심이 가득한 얼굴로 앉아 있다. 바로 손에 들고 있는 한 장의 종이 때문이다. 그 종이의 정체는 궁전으로 들어와 왕의 잠자리 시중을 들라고 명하는 편지다.

돌팔매질 한 번에 골리앗Goliath을 물리쳐서 유명해진 다윗David이 이스라엘의 왕으로 군림하던 시절, 이스라엘은 오늘날의 요르단에 해당하는 암몬Ammon과 한창 전쟁을 치르고 있었다. 부하 장수들은 모두 전쟁터로 나가 목숨을 걸고 싸우는데, 정작 왕인 다윗은 예루살렘의 궁에서 늘어지게 낮잠을 자고 있었다. 저녁이 다 되어서야 일어난 다윗은 옥상을 거닐다가 한 여인이 목욕을 하는 장면을 우연히 내려다봤다. 아름다운 모습에 혹한 다윗은 사람을 시켜 그녀가 누군지 알아봤는데 그녀는 바로 다윗의 부하 장수인 우리야Uriah의 부인, 밧세바Bathsheba였다. 유부녀일 뿐만 아니라 심지어 자기 부하의 부인임을 알았으면 포기할 법도 한데 다윗은 오히려 그녀에게 궁으로 들어오라는 전갈을 보낸다. 시절이 시절인지라 밧세바로서는 감히 어명을 거역할 생각도 하지 못했다. 그렇게 궁으로 들어가 다윗과 밤을 보낸 밧세바는 임신까지 하고 말았는데 남편인 우리야가 전쟁터에 있었으니 누가 보더라도 뱃속의 아이는 불륜의 열매가 분명했다. 다윗으로서는 아무리 왕이라도 유부녀를 임신시켰으니 곤란한 상황이 아닐 수 없다. 그래서 비열한 해결책을 생각해냈다. 밧세바가 남편 있는 몸이라는 게 문제라면 남편을 없애버리면 그만이라고 말이다. 다윗은 우리야를 가장 위험한 장소로 보내 결국 죽음에 이르게 만들었다. 충성의 대가치고는 심하게 가혹했다. 훗날 유부녀를 탐하고 남편을 사지로 몰아넣은 벌로 다윗은 혹독한 대가를 치르게 되는데 결국 모든 비극은 다윗이 목욕하는 밧세바의 모습에 반하면서부터 시작됐다.

많은 화가들이 이 이야기에 영감을 받아 그림을 그렸다. 자극적이고 선정적인 주제지만 성경에 나오는 이야기라서 따가운 시선을 받을 염려도 없었던 덕에 대부분은 목욕하는 밧세바와 훔쳐보는 다윗을 화폭에 옮겼다. 그런데 렘브란트는 목욕하는 장면 대신 편지를 들고 고민하는 밧세바의 모습을 그렸다. 더구나 내용을 알고 그림을 보면 뭔가 어색하다고 느껴질 정도로 렘브란트의 그림 속 밧세바는 자연스럽고 평범한 여인의 모습이다. 못생겼다고 할 정도는 아니지만 그렇다고 아주 아름다워 보이지도 않는다. 거기다 살짝 나이 들고 제법 살집도 있다. 한마디로 그냥 어디서나 볼 수 있을 여염집 여인으로밖에 보이지 않는다. 렘브란트의 그림 속 밧세바가 아름답지 않다고 탓하려는 게 아니라 다윗이 그녀에게 반한 이유를 생각하면 눈부시게 아름답지 않은 밧세바의 모습이 잘 이해 가지 않을 뿐이다. 다윗은 절대로 그녀의 인격에 반하지 않았다. 말 한마디 섞어보지 않은 상태에서 홀딱 벗은 모습에 빠졌다. 다윗은 옥상에서 멀리 내려다본, 남의 집 정원에서 목욕하는 여인이 지닌 성적 이미지에 반했다. 렘브란트는 어째서 이런 전무

후무한 스캔들의 주인공을 평범하기 짝이 없는 여인으로 그렸을까. 오히려 거기에 렘브란트의 천재성이 있을지 모른다. 제아무리 미모의 여인일지라도 보는 사람에 따라 호불호는 갈릴 수 있다. 누가 봐도 한눈에 반할 만한 여인을 그려내기란 불가능한지도 모른다. 그랬기에 어쩌면 렘브란트는 역설적으로 누가 봐도 평범한 여인을 그려서 보는 이로 하여금 배경이 된 이야기에 생각을 더하도록 했는지도 모른다. '다윗은 왜 그런 평범한 여인에게 빠졌을까' 하고 말이다. 대답은 아마도 금지의 유혹에 있을 것이다. 다윗은 얼마든지 많은 여인을 품을 수 있는 왕의 자리에 있었지만 밧세바는 다른 사람의 아내, 그것도 자신에게 충성을 다하는 부하의 아내였다. 결코 손을 뻗어서는 안 될 금단의 열매이기에 더욱 자극적으로 느꼈는지 모른다. 그 어떤 외적인 아름다움보다도 가질 수 없다는, 가져서는 안 된다는 사실이 어쩌면 밧세바가 가진 최고의 매력 아니었을까. 신이 선악과를 먹지 말라고 자극하지 않았더라면 여전히 인간이 에덴동산에 머무를 수 있었을지도 모르는 것처럼 말이다.

법은 금지의 언어일까

'법' 하면 자연스레 뭔가 하지 말아야 한다는 금지를 떠올리기 쉽다. 그런데 사실 법에서 정한 금지는 다른 쪽에서 보면 자유를 의미한다. 울타리를 치고 넘지 못하도록 금지하는 대신 넘지만 않으면 안에서 얼마든지 뛰놀아도 된다고 자유를 보장한다. 현대 법의 역사는 금지의 영역을 최소한으로 줄이는 과정이었다. 법의 정신에 따르면 다른 사람의 코앞에서 주먹을 휘두르더라도 직접 때리지만 않으면 허용해야 한다. 다른 사람이나 사회에 직접적인 피해를 입히지 않는다면 마음껏 교류하며 자유롭게 재화를 주고받을 수 있다. 그런 자유를 지키기 위해 법은 반드시 필요한 최소한의 금지를 정해놓았다. 금지하는 내용 역시 같은 시대를 사는 사람들끼리 하지 않도록 정했을 뿐 높고 낮음이 있어 위에서부터 내려온 절대적인 명령이 아니다. 문제는 이론적으로는 아무리 그렇더라도 여전히 금지를 깨고 싶은 본능이 누구에게나 남아 있다는 사실이다. 심지어는 소도 울타리 밖에 쌓아놓은 묵은 건초를 먼저 먹는다고 한다. 안에 싱싱한 풀이 있어도 금지된 것을 소망하기 때문이다. 다윗은 십계명 속 '이웃의 아내를 탐하지 말라'는 절대적 명령을 거스르면서까지 밧세바의 벗은 몸을 갈망했다. 오늘날의 법률 이상으로 절대적이었던 신의 명령도 어길 만큼 금지에 대한 유혹은 강렬했다.

다윗이 21세기 대한민국에 있었다면 어땠을까. 얼마 전까지만 해도 우리나라 형법에는 간통죄가 있었다. 이 법은 기혼자가 배우자 외의 사람과 성관계를 하면 범죄로 처벌했는데, 유명인의 불륜처럼 사회를 떠들썩하게 만드는 사건이 터질 때마다 사회적 논란이 됐었다. 성관계는 지극히 개인적인 사생활의 영역에 속하기 때문에 국가가 함부로 끼어들어 규제하고 처벌해서는 안 된다는 주장이 끊임없이 일었다. 결국 2015년 2월 26일 헌법재판소의 위헌 결정과 함께 간통죄는 역사의 뒤안길로 사라졌지만 그렇다고 간통죄가 왜 만들어졌고 어째서 없어졌는지를 살펴봐야 할 필요성까지 없어진 것은 아니다.[1] 국가와 법이 어디까지 개인의 사생활에 관여할 수 있을지 논의할 때 간통죄가 그 기준이

◇◇◇◇
1 헌법재판소 2009헌바17 결정

될 수 있기 때문이다. 헌법재판소는 간통죄를 위헌으로 판결하며 가장 크게 세 가지 이유를 꼽았다.

첫 번째는 무엇보다 세상이 달라졌기 때문이다. 애초에 간통죄는 상대방 배우자를 보호하기 위해서가 아니라 사회의 건전한 성 풍속을 지키기 위해 만들어졌다. 그런데 세상이 바뀌어 사회의 성에 대한 인식이 바뀌었는데도 과거와 똑같은 기준으로 개인을 범죄자로 처벌하는 것은 모순이라는 지적이 있었다. 사회의 상당수가 공감할 수 없는 있으나마나 한 법이라는 것이다. 그런 법을 이른바 사문화死文化됐다고 부른다. 그런 법이 많을수록 법 전체에 대한 신뢰가 떨어지는 만큼 정리가 필요했다.

두 번째는 굳이 간통죄를 둬야 할 필요성 자체가 많이 없어졌다고 봤다. 불륜에 가장 민감한 이해관계를 가진 사람은 당연히 배우자다. 사회의 구성원을 재생산한다는 점에서도 혼인 관계는 존중해줘야 한다. 그런 의미에서 간통죄가 일종의 보호막 역할을 하리라고 기대되기도 했다. 하지만 실상은 달랐다. 간통죄는 혼인 관계 유지에 별다른 도움이 되지 않았다. 일단 사랑을 법으로 강요한다는 것부터 생각하기 어려운 일이다. 또한 이혼 소송을 하면서 고소를 해야 비로소 간통죄가 성립돼 국가가 나설 수 있었다. 뒤집어 말하자면 간통죄는 이미 끝난 사이를 전제로 한다. 결혼 생활을 유지하기 위한 장치 역할을 못하는 것이다. 그러다 보니 배신당한 배우자가 복수심에서 형벌을 끌어들이는 정도로 이용되는 것이 현실이었다. 그나마 실제적인 이익이 있다면 이혼 소송에서 조금 더 유리한 위치를 차지하고 위자료를 조금이라도 더 받을 수 있다는 정도였다. 이마저 가사소송제도가 정비되고 혼인 기간에 따라 정당한 재산분할을 받을 수 있게 되면서 큰 의미를 찾기 어려

야코포 로부스티, 〈비너스와 마르스를 놀라게 하는 불카누스〉, 1551, 캔버스에 유채, 135×198cm, 독일 뮌헨 알테피나코테크

워졌다.

세 번째는 처벌 과정에서 벌어졌던 인권 침해를 들 수 있다. 간통죄는 어디까지나 배우자가 있는 사람이 다른 이성과 성관계를 했을 때 처벌하도록 되어 있다. 다시 말해서 아무리 그 관계가 친밀하더라도 성관계가 없으면 간통죄로 고소할 수 없다는 이야기다. 하지만 남녀 간의 성관계는 은밀하게 이루어지게 마련이니 어지간한 방법으로 간통의 증거를 확보하기란 불가능하다고 해도 과언이 아니다. 틴토레토Tintoretto 라는 이름으로 불린 16세기 이탈리아 베네치아의 화가 야코포 로부스티Jacopo Robusti(1518~1594)가 아프로디테와 마르스의 불륜을 배경으로 그린 그림 속에도 이런 장면이 적나라하게 드러나 있다. 미의 여신 아프로디테는 그 아름다움만큼이나 자유분방한 성격으로 유명했는데, 대장장이의 신 헤파이스토스와 결혼했는데도 불구하고 거리낌 없이 전

쟁의 신 마르스와 애정 행각을 벌였다. 이 그림에서 헤파이스토스는 불륜 사실을 눈치 채고 느닷없이 침실로 들이닥치지만 마르스가 간신히 탁자 밑으로 기어 들어가 숨은 덕분에 들키지 않고 무사히 넘어갈 수 있었다. 명색이 전쟁의 신인데도 마르스는 개와 눈높이를 맞추고 혹여 개가 짖어서 들키지나 않을까 끙끙대는 모습을 하고 있는 반면, 아프로디테는 그나마 당당한 모습으로 아무것도 없다는 듯 침대 시트를 들어 보이고 있다. 하지만 속으로는 분명 쿵하고 심장이 내려앉아 벌떡벌떡 뛰었을 게 분명하다. 아프로디테의 교란 작전 덕분이었을까, 마르스를 찾지 못한 헤파이스토스는 다른 작전을 세웠다. 비록 추남에 절름발이였지만 대장장이의 신답게 손재주 하나만은 좋았던 그는 아프로디테의 침대 위에 쇠로 엮어 짠 그물을 설치했다. 사랑을 나누던 아프로디테와 마르스는 적나라한 모습 그대로 그물에 걸려들었고 헤파이스토스는 그들을 모든 신들 앞에 공개했다고 한다. 당연히 신으로서의 체면도 엉망진창이 됐다. 신이 겪은 수모가 이 정도니 간통죄가 없어지기 전 대한민국 인간들은 오죽했겠는가. 단속 경찰관과 배우자가 증거 확보를 위해 동영상 촬영 장비를 가지고 현장을 덮치면 벌거벗은 채 날벼락을 맞은 남녀는 갑작스레 부끄러움을 깨달은 아담과 이브처럼 가릴 것을 찾아 헤맸다. 고성이 오가고 머리채를 휘어잡는 일도 흔히 벌어졌다. 단속에 동행한 경찰관이 싸움을 말려도 좀처럼 진정이 되질 않았다고 한다. 인간으로서의 존엄 따위는 찾아볼 수가 없다. 아무리 죄를 지었다고 해도 이렇게까지 해서 벌을 주어야 할까. 결정적인 현장을 찾는 과정에도 문제가 많았다. 불법적인 심부름센터를 동원하고, 몰래 카메라나 도청기를 설치하기도 했다. 꼬리를 잡는답시고 숨어들었다가 주거침입죄로 도리어 고소당하는 일도 비일비재했다. 누가 잘못을 하고 누가 피해를 봤는지 알 수 없게 되고, 하나의 불법을 응징하려다 훨씬 많은 불법행위가 저질러지기도 했다. 이런 일을 곁에서 지켜본 수사기관이나 법조계에서 간통죄를 없애야 한다는 목소리가 높았던 이유다.

성은 거래의 대상일 수 있는가

성의 배신은 어째서 동서고금, 신과 인간을 막론하고 이 난리를 불러올까. 보통 성관계는 둘 사이의 내밀한 약속에 기초한다. 어느 한쪽이 그 약속을 깨면 당연히 문제가 생기겠지만 그렇다고 배신당한 쪽을 직접 해쳤다고 볼 수는 없다. 생각해보면 상대방에게 무슨 짓을 하기는커녕 오히려 멀어져갔을 뿐이다. 하지만 분명 상대방은 상처를 입는다. 그런데 상대방이 입은 상처와 상실감이라는 감정의 정체도 설명하기 애매하다. 잃어버리자면 애초에 가진 게 있어야 하는데 무엇을 가졌다가 잃어버렸다고 해야 할까. 그러고 보면 십계명 역시 불륜을 저지르지 말라고는 하지 않는다. '네 이웃의 아내'라고 하면서 다른 사람의 여자를 욕심내지 말라고 한다. 탐하면 '소유주'에게 직접적으로 죄를 짓는 것처럼 말이다. 감정으로야 그 편이 자연스러울 수 있다. '내 남자', '내 여자'라는 말이 딱히 거부감을 주지 않을 수도 있다. 내 사랑과 바람을 피운 상대방은 내 것을 빼앗았으니 주먹다짐을 하거나 머리채를 움켜쥐는 게 당연하게 여겨질 수도 있다. 그러나 현대의 법적 관점에서 어떤 여자나 남자도 다른 이성의 '소유'일 수는 없다. 인간은 다른 인간의 소유물이나 노예가 될 수 없다. 어디까지나 독립된 인격체로서 본인의 자유로운 의사로 곁에 머무는 데 불과하다. 그렇기 때문에 애초에 자유로운 의사에 따라 했던 선택이니, 그 선택이 바뀔 수도 있다는 사실 역시 받아들여야 한다. 인간은 성적인 면에 있어서 누구를 상대방으로 삼을지 그리고 그 상대방과 어떤 행위를 할지에 대한 자기결정권을 갖는다. 누구의 소유도 아니기에 본인의 자유로운 결정에 따라 성적인 관계를 맺어도 죄라고 볼 수 없다. 배신을 당하고 버림받아 가슴이 아파도 현실적인 피해가 있었다고 보기 어렵다. 마음속 깊이 받아들이기 힘든 껄끄러운 논리일 수 있다. 사랑의 구속을 꼭 수갑처럼 싸늘한 법적 논리로 분석해야 하느냐고 비난할 수 있다. 보다 솔직하게 상대에 대한 소유욕은 본능에 가깝고 오랜 역사를 지나면서 인간의 유전자에 각인돼 있지 않느냐고 반문할 수 있다. 그런데 바로 그 점 때문에 더욱 각자의 자유, 성적 자기결정권을 강조해야 한다. 결혼이 서로를 속박한다고 하지만 사실은 오랜 세월 동안 인류의 절반인 여성만이 그 속박의 대상이 되어온 것이 사실이다. 십계명에도 '네 이웃의 아내'라고만 하지 남편은 구속의 대상이 아니었다. 그래서 성의 자유는 필연적으로 남녀의 평등과도 연결된다. 성을 바라보는 법률의 시각이 달라질 수밖에 없는 중요한 이유이다. 얽어매는 쪽보다는 성적 자기결정권이라는 자유의 영역을 더욱 존중하는 쪽으로 말이다. 그리고 누군가의 소유의 대상이 아니라 각자의 의사의 영역으로 말이다.

그런데 이처럼 자유의 영역에서 출발하면 필연적으로 어디에서 멈춰야 하는지 한계의 문제가 나온다. 본인의 성性이 '내 것'이라면 얼마든지 내 마음대로 할 수 있는지, 그렇다면 처분도 가능한지, 법적으로 성을 거래의 대상으로 삼는 것을 어떻게 볼지와 같은 문제가 꼬리를 잇는다. 법은 개인과 개인이 얼마든지 자유로운 거래를 하고 그에 따라 획득한 재산을 소유하도록 보장하는데, 성에 대해서도 마찬가지일까? 거래는 결국 사람 간의 약속이고, 법으로 보장받는 약속은 곧 계약이다. 오늘날 사람들은 다양한 계약을 체결하며 살아간다. 증여부터 매매, 교환, 소비대차, 사용대차, 임대차, 고용, 도급, 현상광고, 위임, 임치, 조합, 정신종기금, 화해 등 민법은 가장 일반적인 형태의 계약 열네 가지를 정해놓았는데 현대 사회가 아무리 복잡해 보인들 사람들의 법적 약속은 대부분 이 중 하나로 볼 수 있다. 그렇다면 과연 성을 주고받는 거래는 어디에 해당할까?

단순하게 보면 매춘이나 성매매라는 단어가 일반적으로 쓰이니까 매매라고 생각하기 쉽다. 그런데 매매라면 대가를 지불한 사람이 무언가 소유하게 된 물건이 있어야 하는데 성관계를 갖는다고 해서 성을 산 사람이 새롭게 갖게 된 물건이 있을 리 없으니 매매는 아니다. 그렇다면 성을 파는 사람의 몸을 빌려 사용한 셈이니 사용대차나 임대차라고 봐야 할까? 얼핏 보면 집이나 물건을 사용하면서 상대방에게 그 대가를 지급하는 형태와 비슷해 보인다. 그런데 집이나 물건을 빌리는 방식대로 사람의 몸을 빌리려면 공포영화 속 악령처럼 남의 몸을 제멋대로 차지하고 조종해야 한다. 하지만 모두가 알고 있듯 성관계는 그런 식으로 이뤄지지 않는다. 그럼 성을 파는 사람에게 성행위는 노동인 셈이니까 단기간의 노무에 해당한다고 해야 할까? 그런데 성을 파는 사람 혼자 노동력을 제공하는 게 아니라 사는 사람과의 긴밀한 상호작용을 필요로 한다는 점에서 일반적 근로 형태로 보기도 힘들다. 게다가 뭉뚱그려 성행위라고 하지만 그 형태 또한 다양하기 짝이 없다. 그렇다고 성을 파는 사람에게 일방적으로 몸을 맡기지도 않으니 사무의 처리를 다른 사람에게 맡기는 위임이라고 볼 수도 없다. 도대체 성매매는 무슨 거래일까?

성매매에 대해 법도 나름의 정의를 내리기는 했다. 「성매매 알선 등 행위의 처벌에 관한 법률」에 따르면 성매매란 불특정인을 상대로 금품이나 재산상의 이익을 받는 대가로 성교 행위 등을 하는 일이다. 하지만 여전히 고개가 갸우뚱해진다. 뭘 팔지도 않는데 왜 매매라고 부를까? 또 불특정인을 상대로 팔지 않고 몇몇 단골손님만을 대상으로 하면 성매매가 아닌가? 결국 성매매에 대한 정의가 이렇듯 애매모호한 이유는 인간의 몸을 수단으로 삼아서는 안 된다는 관념 때문인지도 모른다. 분명히 광범위하게 존재하는 현상이지만 일부러 '법에서 보장하는 계약의 종류로 보면 어떤 계약에 해당한다'고 정의하지 않았을 수도 있다. 그랬다가는 꽃으로 부르면 꽃이 되는 것처럼, 노무라고 하는 순간 성 근로자가 생기고 성 산업이라는 실체가 만들어질 수도 있기 때문이다.

법의 테두리와 성

「성매매 알선 등 행위의 처벌에 관한 법률」이라는 이름에서 알 수 있듯이 우리나라는 돈을 주고 성을 거래하는 행동을 범죄로 다루고 있다. 한발 더 나아가 그런 일을 둘러싼 약속도 보호해주지 않는다. 이를테면 윤락 행위를 하기로 하고 미리 돈을 빌린 다음 갚기로 한 약속은 반사회적 계약이라고 보기 때문에 지킬 필요가 없다.[2] 갚지 않아서 법원에 소송을 걸어도 판사가 조치를 취해주지 않는다. 성과 관련된 약속만 그런 것은 아니다. 수사기관에 허위 진술을 하는 대가로 돈을 받기로 하

◇◇◇◇
2 대법원 2004다27488 판결

거나[3], 기획사가 무려 13년 동안 가수에게 일방적으로 불리한 내용의 전속 계약을 체결한 경우[4], 다른 사람에게 이미 집을 팔기로 했고 중도금까지 받았다는 사실을 뻔히 알면서 웃돈으로 유혹해 가로챈 경우[5] 등이 반사회적 약속의 예다. 셰익스피어William Shakespeare(1564~1616)의 작품 「베니스의 상인」에 등장하는 계약을 생각해보자. 안토니오는 고리대금업자 샤일록에게 돈을 빌리며, 갚기로 한 날짜에 돈을 갚지 못하면 가슴살 1파운드를 베어내도 좋다는 증서를 썼다. 그런데 재판관 자리에 앉은 포셔는 계약서에 오로지 가슴살만 적혀 있을 뿐 피도 준다는 말은 명시되어 있지 않다는 점을 근거로 '살은 주되 피를 흘려서는 안 된다'고 선언해서 계약을 무효로 했다. 하지만 만일 오늘날 우리나라에서 벌어진 일이었다면 이렇게 어렵게 풀 필요가 없다. 애초에 그런 약속은 없었던 것이나 마찬가지이기 때문이다.[6] 그런 약속을 통해 이미 주고받은 게 있더라도 돌려줄 필요 없다. 공무원에게 뇌물을 주고 부정한 청탁을 했는데 돈만 꿀꺽하고 정작 부탁은 들어주지 않는다 해도 돌려달라고 할 수 없다. 뇌물은 범죄인데 목적을 이루지 못했다고 돈을 돌려받을 수 있다면 범죄를 법이 보호해주는 꼴이 되기 때문이다. 성을 목적으로 한 거래도 마찬가지 이유로 보호하지 않는데, 그렇다면 어째서 법은 뇌물과 마찬가지로 성을 주고받는 행위도 금지할까? 가장 큰 이유는 성을 쾌락의 수단으로 보고, 특히 여성을 성적 도구로 전락시키는 결과를 낳기 때문이다.

◇◇◇◇

3 대법원 2000다71999 판결
4 서울중앙지법 2009카합2869 결정
5 대법원 2007다77101 판결
6 민법 제103조

사회는 마약처럼 그 사회의 근간까지 병들게 만들거나, 장기 매매처럼 사람의 생명이나 신체에 치명적인 위험을 가져올 수 있기에 설령 본인이 자기 것을 판다고 하더라도 거래를 허용할 수 없는 경우 등 현대의 일반적 상식에 반할 때 그 거래를 반대한다. 하지만 그 기준은 종종 변한다. 술을 금지했던 시대가 있는가 하면, 마약인 대마초를 오락용으로 자동판매기에서 파는 곳도 있다. 성에 대해서도 여러 가지 시각이 있을 수 있다. 성을 처분할 수 있다고 보는 쪽에서는 성매매가 몸을 사용하기는 하지만 옛날 노예 매매처럼 사람 자체를 사고팔지도 않고, 적당한 관리만 해주면 질병이나 다른 문제에 대한 우려도 높지 않다고 주장한다. 오히려 지나치게 금지할 경우 되려 풍선효과를 일으켜 성매매를 어둡고 깊게 자리 잡도록 한다고도 지적한다. 간단히 말해서 성매매가 개인의 자유를 막아야 할 만큼 사회질서에 반하지 않는다고 보는 것이다. 이들은 간통과 마찬가지로 성의 거래도 성적 자기결정권의 문제이기 때문에 성인이 자유로운 의사로 성을 매매한다면 국가가 끼어들 이유도 없고 끼어들어서도 안 된다고 주장한다. 만일 성을 거래하는 과정에서 폭행이나 협박, 강요가 있었다면 각각의 범죄로 처벌하면 충분하다.

하지만 반대로 성이 갖는 특별한 의미에 비춰볼 때 상품화 자체가 인간의 존엄과 가치를 떨어뜨리는 일이라고 보는 시각도 있다. 성매매 합법화에 반대하는 측에서는 간통은 개인의 사적인 영역에서 벌어지는 일에 불과하지만, 만일 성매매가 법적으로 허용된다면 금세 하나의 산업으로 자리잡을 것이 불 보듯 빤하다고 본다. 그렇기에 성매매는 단순히 개인의 성적 자기결정권에 한정된 문제가 아니라 사회라는 공적 공간에 관한 문제라고 주장한다. 또한 성매매가 합법화될 경우 아직까지 사회적 약자로 보호해야 할 필요성이 있는 여성의 인권이 쉽게 짓밟힐 수 있다는 현실도 잊어서는 안 된다.

흔히 성을 파는 일을 가리켜 인류의 가장 오래된 직업이라고 하지만 그 직업을 어떻게 봐야 할지에 대해서는 좀처럼 정답을 찾기 어렵다. 법적으로 어떻게 다룰지 현실의 규제도 국가마다 제각각이다. 세부적인 내용은 천차만별이지만 크게 세 가지로 나누어 볼 수 있는데 첫 번째로는 특정 지역을 둔다던가 하는 식으로 범위를 정해 그 안에서는 합법적으로 인정하는 곳이 있다. 네덜란드와 독일 등이 대표적인데 성매매에 대해서 세금도 걷고 의료적인 관리 감독도 한다. 그런가 하면 우리나라처럼 완전히 불법으로 금지하고 형사처벌까지 하는 나라도 있다. 성을 제공한 자나 돈을 지불하고 성을 구하는 어느 한쪽만을 처벌하는 경우도 있고 양쪽 다 형사처벌하는 경우도 있다. 그리고 적극적으로 규제하지도 않지만 그렇다고 합법적으로 인정하지도 않는 중간적인 입장을 택하는 나라도 있다. 이런저런 사정으로 행해지는 거래에는 눈을 감지만 드러내놓고 호객 행위를 한다거나 기업형으로 광고를 하면 규제에 나선다. 어떤 방식이 옳다고 단정 지을 수는 없지만 국제 인권 단체인 엠네스티의 권고를 참고할 만하다. 엠네스티는 2015년 세계 각국을 향해 성과 관련된 모든 거래를 비범죄화하는 정책을 만들어달라는 결의문을 채택했다. 성매매를 합법화하자는 말이 아니라 규제를 택하더라도 관련자들을 범죄자로 처벌하지 말자는 것이다. 그렇게 해서 겉으로 드러나도록 해야 성매매에 종사하는 이들이 차별과 폭력, 학대의 위험으로부터 벗어날 수 있기 때문이다. 범죄로 금지하는 순간 자발적이든 비자발적이든 그곳에 뛰어든 사람들은 법의 보호로부터 버림을 받는다. 성매매에 종사하는 이들 역시 똑같은 사람이고, 그들의 인권 역시 포기해서는 안 된다.

법은 그 시대의 정신을 반영해 만들어진다. 보통 사람, 아주 일반적이고 추상적으로 인간이란 이러저러해야 한다는 기준을 설정해놓고 그에 맞는 규칙을 만든다. 현실의 누군가가 아니라 평균치를 찾는 것인데 간혹 그 평균이 현실과 맞지 않을 수 있다. 성적 자기결정권은 헌법에 근거를 둔 기본권이다. 성행위를 할 것인지 누구와 할 것인지를 스스로 결정할 수 있는 자유다. 그런데 이 기본권을 자유롭게 누릴 수 있는 사람이 얼마나 될지 의문이다. 물리적인 강압이 없더라도, 만약 경제적 이유로 자유를 팔기 시작한다면 그 사람은 과연 자유로운 것일까. 금지인 줄 뻔히 알면서도 그런 성을 사는 사람은 또 과연 자유로운 사람일까. 이성적인 인간을 대상으로 한 법의 영역에서 다루기에는 너무나 비이성적인 영역일 수도 있다. 없애야 한다는 이유로 아예 법의 보호를 받지 못하도록 하는 것이 문제 해결의 전부가 아닐 수도 있다. 태양계의 가장 바깥 명왕성까지 인공위성을 보냈다며 자랑스러워하는 인류가 정작 자신들의 아랫도리에서 벌어지는 일은 아직도 해결하지 못한다는 게 의아스럽기는 하다.

Part 16

법의 언어

문서 관련 죄

자크 루이 다비드, 〈마라의 죽음〉, 1793, 캔버스에 유채, 165×128cm, 벨기에 왕립 미술관

마라의 죽음

프랑스가 혁명의 불길로 타오르던 18세기의 일이다. 장 폴 마라Jean Paul Marat (1743~1793)는 왕과 귀족에 맞서 가난한 이들의 편에 서겠노라며 시민계급을 이끌던 인물이다. 마라는 신문을 창간하여 여론을 조장했던 뛰어난 문장가요, 선동가였다. 뛰어난 말솜씨와 논리 정연한 문장은 그와 뜻을 같이하는 사람에게 최고의 무기였고, 그렇기에 반대파 입장에서는 눈엣가시였다. 어떻게든 칼보다 강한 마라의 펜을 꺾어야 했다. 결국 펜이 아닌 칼이 동원되고 말았다.

어느 날 마라에게 한 장의 메모가 전해졌다. 샤를로트 코르데Marie-Anne Charlotte de Corday d'Armont (1768~1793)라는 가난한 스물다섯 살의 여인이 도움이 필요하다며 만남을 청하는 내용이었다. 평소 힘없고 가난한 민중의 친구를 자처하던 마라는 아무런 의심 없이 그녀를 불러들였다. 당시 마라는 극심한 피부병 때문에 자주 욕조에 들어앉은 채 업무를 봤는데, 그날도 욕조에 앉은 채 코르데를 맞았다. 마라는 그녀의 안타까운 사연을 듣고 자신이 무엇을 해줄 수 있을지 알아볼 생각이었겠지만 그녀가 원한 것은 마라의 도움이 아니라 목숨이었다. 코르데는 숨겨온 비수로 마라를 살해했다. 그러고는 아무런 저항도 하지 않은 채 순순히 그 자리에서 체포되었고, 나흘 뒤 단두대의 이슬로 사라졌다.

마라의 혁명 동료이자 친구였던 화가 다비드는 마라의 죽음을 최대한 미화해서, 마치 순교처럼 그려냈다. 그림 속 마라는 마치 잠이 든 듯 평온한 표정이지만 가만히 보면 욕조는 피로 물들어 있다. 바닥에 떨어진 상아 손잡이의 칼날도 붉다. 욕조 아래로 늘어진 마라의 손에는 펜이 쥐어 있는데, 이는 죽는 순간까지 마라가 나라를 위해 일했음을 뜻한다. 다른 손에는 종이를 한 장 쥐고 있는데, 다름 아닌 코르데가 마라에게 보낸 도움을 요청하는 편지였다. 다비드는 그림을 보는 사람들이 편지 속의 내용을 볼 수 있게 해서 암살자가 얼마나 비열한 방법으로 마라에게 접근했는지를 알렸다. 마라는 잉크병이 놓인 낡은 나무 상자를 업무용 책상처럼 쓰고 있었는데, 그 위에는 지폐와 함께 한 장의 편지가 더 놓여 있다. 편지는 마라가 직접 쓴 것으로 이 돈을 남편을 잃은 다섯 아이의 어머니에게 보내라는 내용이 적혀 있었다. 다비드는 민중을 생각하는 마라의 마음을 강조하기 위해 이와 같은 상징을 그려넣었다.

사건의 내용을 모르는 사람이 봐도 그림 속 죽음에 드리워진 엄숙하고 장엄한 분위기는 누구나 느낄 수 있다. 다비드는 나무 상자의 앞면을 묘비로 사용해 '마라에게 바친다―다비드'라며 자신의 이름을 새겨뒀다. 친구인 마라를 죽인 살인자가 코르데며, 어떻게 마라에게 접근해 끔찍한 짓을 저질렀는지 자신의 이름으로 고발하고 있는 것이다. 하지만 그림이 전하고자 하는 바를 전부 이해하려면 아무래도 사건의 전말을 말로 전달할 필요가 있다. 그런데 이 내용을 법적인 언어로 표현하면 이런 식이 된다.

25세 여성 샤를로트 코르데는 1793년 7월 13일경 자신과 정치적 신념이 반대된다는 이유로 장 폴 마라를 살해할 마음을 품고 프랑스 파리에 있는 위 마라의 자택에서 신원불상의 제3자를 통하여 도움이 필요하다는 편지를 위 마라에게 전달하도록 하여 위 마라에게 접근한 다음 위 마라가 피부병 치료를 위하여 욕조에 머물고 있어 몸을 자유롭게 움직이기 힘들다는 점을 이용하여 위 마라의 오른쪽 가슴 윗부분을 소지하고 있던 칼날 길이 10센티미터(전체 길이 20센티미터)가량의 흉기인 칼로 1회 힘껏 찔러 마라를 과다출혈로 사망하도록 했다.

어떤 느낌이랄 것 없이 메마르다. 위대한 혁명가를 살해한 사건이라고 더 특별하게 표현하지도 않았다. 그것이 바로 법의 언어이기 때문이다. 법의 눈으로 볼 때는 마라와 다른 사람의 죽음을 차별할 이유가 없다. 법에서는 원칙적으로 일어났던 사건 그 자체에 대한 가장 간결하고 명확한 전달만을 요구한다. 의사전달의 가장 기본적인 기능만 필요한 셈이다. 하지만 어디 언어라는 게 그렇게만 쓰이던가. 말은 연인을 어루만지고, 노을의 복잡한 색깔을 그리고, 머리가 아닌 가슴으로 느끼게 만든다. 그러다 보니 가장 단순한 법의 언어가 오히려 가장 어렵고 복잡한 것처럼 여겨지곤 한다.

글이 처음 만들어지고 나서 사람들의 머릿속에 자연스럽게 받아들여지기까지는 상당히 오랜 시간이 걸렸다. 처음에는 사물의 생김새를 그리다가 글자로 발전시킨 상형문자가 생기고, 시간이 흘러 알파벳이나 한글처럼 소리 자체를 그리는 언어가 생겨났다. 덕분에 인간은 멀리서도 의사를 주고받으며, 역사를 기록해 후세의 많은 사람들에게 정보를 전달할 수 있게 되었다. 부모에게만 받을 수 있는 생물학적 DNA가 아니라 모든 인간이 공유할 수 있는 후천적 DNA가 만들어진 셈이다. 공적이건 사적이건 각종 관계에서 일어나는 일은 기본적으로 문자와 문서를 통해 기록된다. 다만 화상, 영상, 음향을 잡아내고 전달하는 기술이 발달한 덕분에 다비드의 그림에서와 같이 특별한 느낌까지 함께 전달하기 쉬워졌을 뿐이다.

법조계의 문자 중독

위에서 마라의 죽음이라는 사건을 통해 법에서 쓰이는 언어를 잠깐 맛봤지만, 사실 법에서 문자와 문서의 역할은 상상 이상으로 크다. 법 안에서 살아가는 법조인은 문자 중독이라고 해도 과언이 아니다. 오늘날에는 법학 전문대학원과 변호사 시험을 통해 법조인이 되는 길도 열렸지만 과거에는 법조인이 되려면 반드시 사법시험을 통과해야 했다. 사법시험에는 총 일곱 과목이 있는데, 객관식인 1차를 제외하더라도 논술로 치러지는 2차 시험을 거치기 위해 읽어야 할, 정확하게는 외우다시피 해야 할 기본 교재가 과목당 2천 페이지에 육박한다. 수험생들은 4일에 걸친 시험 기간 동안 각 과목마다 최소 두 시간 동안 8절지 8매의 분량을 꽉 채운 글을 작성해야 한다. 마지막 4일째쯤이면 여기저기서 손목에 붕대를 감고 응시하는 수험생이 눈에 띨 정도다. 이처럼 정신적 고통을 넘어서 육체적 고통을 극복해야만 법조인이 되기 위한 첫 번째 관문을 넘을 수 있다. 하지만 사법시험은 전초전에 불과하다. 사법시험에 통과한 예비 법조인들은 사법연수원에서 본격적으로 글의 늪에 빠지게 된다. 사법연수원 1년차 시험에 동원되는 각종 기록은 4천 쪽이 넘는다. 실제 사건에서 만들어졌던 각종 문서를 어떻게 읽고 어떻게 판단하며 어떻게 써야 하는지에 관한 시험이다. 사법연수원 2년차가 되면 예비 법조인들이 읽고 써야 할 글의 양은 절정에 달한다. 주요 과목의 경우 과목당 시험 시간이 여덟 시간에 달한다. 아침 9시에 시험장 종소리가 울리면 오후 4시까지 한자리에 앉은 채로 시험을 봐야 한다. 사건의 내용이 담긴 기록을 읽고 분석한 다음 결론을 작성해내는 과정이 숨쉴 틈조차 없이 여덟 시간 동안 이어진다. 2000년대에는 시험 도중 탈진해 연수생이 사망하는 어이없는 일까지 벌어졌다. 오죽하면 국가인권위원회가 개입해 시험 시간을 한 시간 늘려 점심이라도 먹을 수 있도록 권고했겠는가. 글자 그대로 지옥 같은 시험 기간이다. 이 과정을 거쳐 정식 법조인이 되어 실무에 들어가도 사정은 별로 달라지지 않는다. 재판 과정에서 원고와 피고가 각자의 주장을 적고, 그걸 뒷받침하는 증거 서류들을 덧붙이다 보면 수천 페이지짜리 서류 묶음은 우습게 만들어진다. 이 서류 뭉치를 법정까지 들고 가야 하는데 웬만한 가방으로 감당이 안 돼 보자기로 묶어 실어 나르는 일도 흔하다. 변호사 사무실 몇 년 운영하다 보면 지난 사건의 기록을 보관하는 일조차 큰 부담으로 작용할 정도다. 변호사 사무실이 많은 서초동에서는 문서를 파쇄하는 특수 차량이 출동해 보관 가치가 없어진 문서를 처리하는 광경도 쉽게 볼 수 있다.

이렇듯 법과 소송에 관련된 일에 엄청난 양의 문서가 따라오는 이유는 결국 일상생활의 많은 정보를 글로 주고받기 때문이다. 법조인의 가장 큰 업무가 갈등 관계에 놓인 사람들 사이에서 오간 의사 표현을 글로 재구성하는 것이다. 그러기 위해서는 법률적으로 의미 있는 행위가 담긴 문서를 찾아야 한다. 근로계약을 예로 들면 구직자가 나이와 학력, 경력을 적은 이력서를 제출하는 것은 회사에 노동력을 제공할 테니 받아달라는 요청이다. 회사에서 받아들이면 합격통지서를 준다거나 아니면 언제부터 출근하라는 식으로 통지가 올 수도 있다. 이렇게 양쪽 모두 권리와 의무가 생기면 근로자는 약속한 수준과 시간에 맞게 노동력을 제공하고 회사는 약속했던 급여를 지급해야 한다. 어느 한쪽이 약속을 지키지 않으면 법원을 통해 강제로 손해배상을 받을 수도 있다. 근로계약뿐만이 아니다. 사랑과 이별은 모든 성인이 누려 마땅한 자유지만 결혼이라는 약속을 했다면 서로 돕고 함께 지낼 법적인 의무가 생긴다. 만일 헤어진다면 잘못한 쪽은 위자료라는 일종의 벌금까지 낼 수 있다. 물론 결혼 약속이 어디 문서로 이뤄지던가. 말로 사랑한다, 결혼하자고 했더라도 충분하다. 다만 나중에 그런 사랑이 있었다는 사실을 증명할 필요가 생기면 청첩장, 예식장 계약서, 피로연 영수증, 나란히 앉아 신혼여행을 떠났던 비행기 티켓 등이 있어야 한다.

현실의 문서 작성

친한 사이일수록 정식으로 법률적인 효력이 있는 문서를 작성하기 부담스럽다. 법이 주는 무게감 때문이기도 하고, 문서를 작성할 만큼 중요한 거래가 아니라고 생각해서일 수도 있다. 하지만 아무리 적은 액수라도 빌려간 사람은 잊어도 꿔준 사람은 못 잊는 게 돈 아니던가. 그러다 보니 의도하지 않게 피해를 끼치는 경우도 생기고 친했던 사이가 원수처럼 되기도 한다. 사적인 관계뿐 아니라 이를테면 거래처 간에서조차 그런 일이 발생한다. 거래 자체가 없었다고 주장하거나 주기로 한 물건이 아니라 엉뚱한 물건을 보내오기도 한다. 누가 잘못했다기보다 서로 오해했을 뿐이지만 일단 싸우기 시작하면 해결은 쉽지 않다. 증명할 문서가 없으니 오히려 분쟁이 커지고, 다른 증거들을 끌어 모아 서로 자기가 옳다며 법정 싸움을 벌이기 일쑤다. 문서가 있더라도 그 내용이 애매모호한 경우가 있다. 똑같은 내용을 써놓고 서로 다른 생각을 하기 때문이다. 그게 무슨 뜻인지 증명하겠다고 또 다른 문서를 동원하다 보니 그 양이 기하급수적으로 방대해진다. 법률적으로 문서의 가장 중요한 역할은 어떤 내용인가를 증명하는 것이다.

문서가 이렇게 중요한 역할을 한다는 사실을 많이들 알고 있지만 정작 문서가 필요한 상황이 오면 머릿속에 백지만 떠오르는 경우가 많다. 제대로 된 문서를 작성하려고 포털사이트 등에서 표준 양식을 뒤져봐도 딱 맞는 것을 찾기도 어렵고 이게 맞는지 틀리는지도 헷갈린다. 그럴 때는 우선 무엇을 하고 싶은지가 가장 중요하다. 거래라면 무얼 사고팔까 같은 문제이다. 하지만 거래 대상과 양만 적어서는 부족하고 구구절절 자세하게 적어야 한다. 원산지는 어디며, 포장은 어떤 크기와 재질로 할 것인지, 부피가 큰 만큼 누가 어디까지 가져다줄 것인지, 돈은 먼저 현금으로 치러야 하는지 나중에 계좌로 이체하면 되는지까지 할 수 있는 한 자세해야 한다.

언젠가 미국에 있는 건물 임대 계약서를 검토하다 쓴웃음을 지은 적이 있다. 상가 1층을 임차하는 계약이었는데 건물주가 특약사항으로 자신의 건물에서 포르노 영화를 촬영해서는 안 된다는 조항을 넣어놓았다. 웃기는 했지만 그 정도까지 원하는 내용을 명확하게 해놓는 것이 계약이라는 사실을 새삼 깨달았다. 어떻게 해야 하는지 그래도 모르겠다면 표준 계약서를 활용하는 것도 방법이다. 가장 그럴듯해 보이는 표준 계약서를 찾아 마지막에 특약사항을 덧붙이면 된다. 형식에 구애받지 않고 필요한 항목들을 정확하게 적는다. 맨 마지막에 원래 계약서 내용과 특약사항이 맞지 않는다면 특약사항에 우선적인 효력을 준다고 쓴다. 그렇게 계약서를 작성하면 특약의 내용이 가장 우선하고, 다음으로 표준 계약서에 쓰여 있는 내용, 그래도 빠진 부분이 있다면 관련 법률이 정한 바에 따라 혹은 관습이 어떠한지에 따라 정해진다.

문서가 꼭 특정한 양식만을 따라야 하는 것은 아니다. 특히 내용증명이라는 문서가 법적으로 무슨 특별한 효력이라도 있는 것처럼 여겨지는데, 사실 크게 별다를 것 없다. 내용증명을 받으면 어떻게 해야 하냐며 걱정을 하거나, 누군가에게 보내고 싶은데 어떻게 작성해야 하느냐고 많이들 물어온다. 내용증명이란 어떤 내용이 담긴 문서를 언제 누구에게 보냈는지를 확인해주는 문서일 뿐이다. 등기가 도달 사실을 증명해주는 것에 비해, 내용증명은 조금 더 많은 사실을 보장한다. 보내는 사람이 이러저러한 내용을 써서 보냈고, 받은 사람이 거기에 쓴 사실을 알고 있으리라고 인정받을 수 있는 정도다. 어떻게 쓰는지는 보내는 사람 마음대로다.

그런데도 문서 작성에 왜 그렇게 많은 사람들이 어려움을 겪을까. 원인을 찾자면 끝도 없겠지만 법조계의 잘못이 가장 큰 부분을 차지하지 않을까 싶다. 법률 지식이 없는 사람이라도 우리 법전을 읽을 수는 있다. 한글로 써놓았으니까. 하지만 그 내용은 한글이 아니다. 그냥 읽어서는 도저히 이해할 수가 없다. 그도 그럴 것이 지금 쓰는 법의 기초는 우리 역사의 경험에서 나오지 않았다. 큰 틀로 보면 식민 통치를 겪는 동안 배운 일본의 법을 상당 부분 유지했다. 일본은 서구 문물을 받아들이면서 독일식 법을 자신들의 것으로 만들었다. 우리 입장에서는 남의 나라 법을, 또 남의 나라를 거쳐 법으로 쓰는 셈이다. 거기에 미국과의 교류가 활발해지면서 필요에 따라 미국식 법률 역시 받아들였다. 원래 독일은 대륙법을 대표하는 법률 체계를 가지고 있는데, 영미법계의 법률 체계를 섞어버린 것이다. 그러다 보니 쓰는 단어부터 어렵고 일상과 달라질 수밖에 없었다. 앞서도 예를 들었듯 민법에서 '선의'는 어떤 상황에 대해 모르고 있었다는 뜻이다. 일상적으로 사용되는 '착하다'는 의미와는 거리가 멀다. 그런 식으로 일반인은 사용하지 않는 의미의 말을 법조인은 학교에서부터 그대로 배워 고스란히 사용한다. 매일 그런 말에 파묻혀 살다 보니 이상하다는 감각도 없고, 당연하게 여긴다. 그런 단어로 법조인끼리 쓰는 형식에 맞춰 문장을 배열하고 문서를 작성하면 일반인으로서는 읽을 수는 있어도 좀처럼 무슨 뜻인지 알기 어려운 요상한 글이 나오고 만다. 현실은 나라말로 자기 뜻을 펼치기 어려워 한글을 만들었던 당시나 별반 달라지지 않았다.

같은 사건, 다른 느낌

앞서 마라의 죽음이든, 다른 누구의 죽음이든 법적인 언어를 통하면 어떤 느낌이랄 것 없이 메마르게 표현된다는 이야기를 했다. 법에서 이처럼 원칙적으로 일어났던 사건 그 자체에 대한 가장 간결하고 명확한 전달만을 요구하는 이유는 다음에 소개하는 두 장의 그림을 보면 알 수 있다.

마라와 코르데의 사건을 그린 화가는 다비드 말고도 더 있었다. 다비드가 숨을 거둔 마라의 모습에 집중했다면 코르데와 그녀의 행동을 더

폴 자크 에메 보드리, 〈샤를로트 코르데〉, 1860, 캔버스에 유채,
203×154cm, 프랑스 낭트 미술관

직설적으로 그린 화가들도 많았다. 코르데는 자신의 행동에 신념을 가
지고 있었다. 선동가 마라를 죽이는 것이 프랑스를 위하는 일이라고 굳
게 믿었기에 20대의 꽃다운 여성으로서 손에 칼을 쥐었다. 코르데는 사
건 직후 체포되어 수일 만에 단두대의 이슬로 스러졌지만 정치적, 사회
적 갈등이 극에 달했던 시기였던 만큼 그녀에 대한 비난과 찬사가 열렬
하게 터져나왔다. 폴 자크 에메 보드리Paul Jacques Aimé Baudry(1828~
1886)가 그린 코르데는 암살자보다 투사에 가깝다. 결연한 표정, 굳게
다문 입술의 그녀 뒤쪽으로는 우연인 듯 필연인 듯 프랑스 지도가 그려
져 있다. 코르데는 법정에서 한 사람의 목숨을 빼앗아 수만 명의 목숨

장 조제프 비어르츠, 〈마라의 암살〉, 1880년 경, 프랑스 루베 산업 예술 박물관

을 구했다고 진술했는데, 그림 속 코르데는 그녀의 말처럼 애국자의 모습을 하고 있다. 반면에 어수선한 모습으로 널브러진 마라는 오히려 천대받는 느낌이다.

　장 조제프 비어르츠Jean-Joseph Weerts(1846~1927)의 그림은 그 반대다. 성난 군중들이 코르데를 벽에 밀어붙이고 손가락질하며 비난하고 있다. 여인과 노동자, 장검을 치켜든 군인까지 한 무더기를 이뤄 그녀를 공격하고 있다. 죽은 마라를 포함하여 모두가 하늘을 원망하며 안타까움에 몸부림치고 있다. 벽에 몰렸건만 여전히 흐트러짐 하나 없는 코르데의 매무새와 표정은 그녀를 피도 눈물도 없는 냉혈한처럼 보이게 만든다. 보는 사람의 주관에 따라 같은 사건에 대한 기억과 진술이 얼마나 달라질 수 있는지를 단적으로 보여주는 예가 아닐까. 객관적인 사실은 똑같다. 그녀가 그를 칼로 찔러 죽였다. 사람을 죽인 살인죄로 다스리면 된다. 감정과 주관은 사실 자체를 달라지게 만들 수 없으며 오히려 사건의 진실을 파악하는 데 방해로 작용할 때가 많다. 있었던 일을 알려면 주변 사정을 봐야 한다. 그런데 각자 주장하는 내용이 다르고 분명하지 않기 때문에 싸움이 일어난다. 게다가 봤다는 사람의 기억 속으로 들어가 그의 눈을 통해 들여다볼 방법도 없다. 보고 들을 수 있는 건 그 사람에 의해 재구성된 언어, 문장뿐이다. 여기에 더해 효율성이라는 측면에서도 문서에 대한 의존도는 더욱 높아진다. 재판이 열리면 원래는 목격자들이 법정에 나와 사건에 대해 증언해야 한다. 그런데 빤한 대답을 위해 일부러 법정에 나와야 하는 경우가 많다. 이렇듯 몇 마디로 정리해도 될 일을 일일이 출석해서 말로 묻고 답하며 금쪽같은 시간만 낭비하게 될 경우 문서가 사람을 대신할 수 있다. 영화나 드라마에서 종종 형사와 범인이 마주앉아 이름은 뭐고 하는 일은 뭐냐로 시작해 사건을 저질렀는지 안 저질렀는지, 아니라면 그때 그 장소에서 무엇을 하고 있었는지, 했다고 순순히 자백하면 왜 그랬는지를 물어가며 진술서를 작성하는 장면이 나온다. 바로 이 진술서가 사람을 대신하는 대표적인 문서라고 볼 수 있다. 이렇게 만들어진 문서를 재판 전에 미리 판사, 검사, 변호사가 읽고 서로 의심스러운 부분에 대해서만 법정에서 말로 다툰다. 재판은 그래서 상당 부분 문서끼리 공방을 주고받다 판결문이라는 최종 문서로 결론을 맺는다. 법정뿐만 아니라 행정기관이나 일반 기업의 의사 결정 과정 역시 비슷하게 이루어질 때가 많다. 이렇듯 어디서나 문서로 많은 일이 이루어지기에 문서를 만드는 과정에서 거짓을 말하거나, 문서 자체를 조작하는 행위 또한 심각한 범죄행위다.

문서에 관한 죄

형법은 문서에 관한 죄, 유사한 형태로 수표 등 유가증권이나 통화 자체를 위조하는 죄를 처벌한다. 어떤 문서에 표시된 내용을 서로 믿고 그에 따라 행동해야 사회가 유지될 수 있으니 문서에 대한 사람들의 믿음을 지켜줘야 한다. 문서에 대한 신용을 보호하지 않으면 사회가 얼마나 엉망진창으로 꼬일지 겪어보지 않아도 쉽게 짐작할 수 있다. 유죄와 무죄가 뒤바뀌고, 서지도 않은 빚보증에 책임을 지거나, 믿고 투자한 재산을 모조리 허공에 날릴 수도 있다. 신분증이나 자격증에 따라 들어갈 수 있는 장소나 할 수 있는 일이 달라지기도 한다. 문서에 따라 권리와 의무가 달라진다. 그런 만큼 그런 문서를 마음대로 하고 싶은 유혹에 빠질 수 있다. 게다가 과학기술의 발전으로 인해 겉보기에 그럴듯해 보이는 문서를 만들기 쉬워졌다. 스마트폰만 몇 번 문질러도 과거에는 전문가의 손길을 거쳐야 가능했던 수준의 문서가 탄생한다.

이렇게 작정하고 남을 속이려고 가짜 문서를 만드는 경우도 있지만, 거짓말을 했다고 하기에는 조금 애매모호한 경우도 있다. 예나 지금이나 실력이나 사람의 됨됨이 못지않게 인물을 따지는 게 현실이다. 화가 다비드 역시 〈마라의 죽음〉을 그리면서 실제로는 곱슬머리에 처진 눈, 피부병 때문에 빈말로도 잘생겼다고는 할 수 없었던 마라를 또렷한 이목구비에 성스러운 분위기를 풍기도록 묘사했다.

역시 프랑스의 화가인 조제프 보즈Joseph Boze(1746~1826)가 그린 〈마라의 초상화〉를 보면 다비드의 그림 속 마라와 같은 사람이라고는 믿을 수 없을 정도이다. 하지만 다비드에게 이렇게 잘생긴 남자는 마라가 아니라고 항의하는 사람은 아마 없지 않았을까? 다비드는 마라가 얼마

조제프 보즈, 〈마라의 초상화〉, 1793, 캔버스에 유채,
59.5×48.5cm, 프랑스 카르나발레 박물관

나 민중을 위해 애쓰는 사람이었
는지를 강조하고, 혁명의 분위기
를 고취시키기 위해 그림을 그렸
다. 다비드는 아무래도 못생긴 실
제의 마라보다는 잘생기게 그리
는 편이 목적에 더 적합하다고 생
각했는지도 모른다. 오늘날 많은
취업 준비생들도 마찬가지다. '취
업'이라는 목적을 이루기 위해 모
두가 이력서에 가장 그럴듯한 얼
굴을 보여주려 노력한다. 그러다 보니 현대 기술의 힘을 빌린 사진을
이력서에 붙이기도 하는데 덕분에 웃지 못할 상황이 발생하기도 한다.
면접 장소에 온 사람과 이력서에 붙은 사진을 도저히 같은 사람으로 볼
수조차 없다면 어떻게 해야 할까? 그런 경우 문서에 관한 범죄가 될 여
지는 없을까?

형법상 문서에 관한 죄를 따지려면 우선 형법에서 말하는 문서가 과
연 무엇인지부터 봐야 한다. 법원은 세 가지 요건을 기준으로 세우고
있다. 문자처럼 사람의 눈으로 직접 읽을 수 있는 부호로 종이 같은 물
체 위에 계속해서 표시된 상태를 유지해야 하고, 법률적으로나 사회생
활에 있어서도 주요한 사항에 관한 내용이어야 하고, 마지막으로 누가
작성했고 문서의 내용을 누가 보장하는지 알 수 있어야 한다.[1] 따라서
다비드의 그림에서 마라가 아무리 미남으로 묘사되더라도 그림은 문자

◇◇◇◇
1 대법원 2004도788 판결 등

나 읽을 수 있는 부호로 되어 있지 않고, 마라의 얼굴이 법률적으로나 사회적으로 주요한 내용은 아니므로 허위 문서라고 할 수는 없다. 그러나 이력서는 어떨까? 이력서는 종이에 인쇄돼 쉽게 변하지 않으며 그 내용은 학력, 경력과 함께 고용계약을 맺고 싶다는 주요한 의사를 표시한다. 작성자가 누구인지 역시 분명하게 알 수 있다. 그러므로 이력서는 형법의 보호를 받는 문서라고 할 수 있다. 이력서 위에 붙어 있는 증명사진은 그 자체로 별도의 문서라고 할 수는 없지만 이력서의 일부로서 함께 일할 사람에 대한 정보를 회사에 전달하는 역할을 한다. 그러므로 주요한 내용이라고 할 수 있다. 그런데도 동일인인지 헷갈릴 정도의 사진을 붙였다면 이력서의 내용이 가짜라고 해야 할 듯도 싶다.

그렇다면 이력서의 내용에 일부 가짜가 있었다고 해서 이력서를 낸 사람을 문서에 관한 죄로 처벌해야 할까? 우리 형법은 원칙적으로 '문서에 어떠한 내용이 들어 있는가'보다 '누가 문서를 만들었는가'를 더 중요하게 생각한다. 어떤 문서를 만들 자격이나 권한이 있는가를 더욱 중요하게 보기 때문이다. 그렇기 때문에 만일 본인 명의로 문서를 만들었다면 그 내용이 아무리 거짓이라도 문서에 관한 죄로는 다스리지 않는다. 이력서에 포토샵으로 그럴듯하게 보정한 사진이 아니라 현직 유명 배우의 얼굴 사진을 붙였더라도 말이다. 다만 취업에 불이익을 얻을 뿐이다. 그렇다면 어떠한 경우에 '가짜 문서'로 인해 처벌을 받을까? 누군가에게 돈을 빌려줬는데 깜빡 잊고 차용증을 받지 않았다. 다행히 꿔간 사람이 돈을 빌린 사실을 인정하며 다음 달 15일까지 돈을 갚겠다고 이야기했다. 어차피 빌린 사람이 돈을 갚겠다고 말하니, 내친 김에 그 사람 이름으로 차용증을 하나 만들었다. 이럴 때 차용증은 위조일까, 아닐까? 내용에 중심을 두면 가짜가 아니다. 돈을 빌린 것도 사실이고,

돈을 갚겠다는 내용도 사실이다. 하지만 돈을 빌려준 사람이 빌린 사람 이름을 멋대로 써서 차용증을 만들었다는 점을 강조하면 가짜이다.

물론 정당한 자격이나 권한이 있는 사람이 만들었어도 내용이 잘못됐으면 문서에 관한 죄로 처벌하기도 한다. 바로 공무원이 만드는 공문서가 그렇다. 공문서는 워낙 공공성이 높고 문서의 진정성을 보호해야 할 필요가 있기 때문에 내용이 사실과 다르더라도 문서에 관한 죄를 지었다고 본다. 비슷한 이유에서 의사가 만드는 진단서 역시 가짜 내용을 쓰면 처벌한다. 일반인이 개인 자격으로 만든 문서는 처벌하지 않는다고 하니 혹시라도 조직 폭력배가 마음대로 가짜 문서를 만들어서 돈이라도 뜯고 다니면 어떻게 하냐고 걱정할 수도 있다. 그럴 때는 협박이나 사기, 공갈로 충분히 처벌할 수 있기 때문에 범죄의 수단으로 쓰인 문서에 대해서까지 별도로 처벌하지 않을 뿐이다.

사람은 죽어 이름을 남긴다는 말이 있을 정도로 어딘가에 이름을 남기는 일은 중요하고 또 무겁다. 그렇기 때문에 법에서도 문서를 만든 사람의 이름을 더욱 중요하게 살핀다. 술 몇 잔에 휘갈긴 서명으로 집을 잃었다는 일화는 흔하고 흔하다. 문서 작성은 다시 말해 나 자신이 무엇인가 법적으로 중요한 내용을 내 이름을 걸고 보장한다는 뜻이다. 이름을 쓸 때마다 영원히 남을 역사를 쓰는 것임을 잊어서는 안 된다.

Part 17

죄와 벌

형벌론

샤를 베나제크, 〈단두대로 향하는 루이 16세〉, 1793, 캔버스에 유채, 42x52cm, 프랑스 베르사유 프티 트리아농

루이 16세가 저지른 죽을죄

대개 하얀색은 순결과 결백을 상징한다. 여기 새하얀 옷차림의 사내가 군중에 둘러싸여 있다. 무언가 억울한 표정으로 뒤를 돌아보며 미련을 보이는 이 사내는 다름 아닌 프랑스의 왕 루이 16세이다. 그리고 이 장면은 프랑스 혁명의 불길이 타오르던 1792년 처형장으로 향하는 그의 마지막 모습을 그린 것이다. 그가 향하는 길의 마지막에는 그에게 죽음을 가져다줄 단두대가 기다리고 있고 고해성사를 위해 뒤를 따르는 신부는 하늘을 가리키며 미련을 버리고 이승을 떠나라고 한다. 처형식을 지휘하는 장교는 혁명을 상징하는 붉은 옷을 입고 말을 타고 있는데, 혹여 왕의 마지막 발언에 군중이 흔들릴까 봐 걱정이라도 하듯 빨리 처형을 집행하라며 재촉하고 있다. 파란색과 흰색, 붉은색으로 나부끼는 혁명의 깃발 앞에서 더 이상 왕이 아닌 루이 16세는 오직 고해 신부에게만 마지막 할 말을, 억울함을 호소할 수 있었다.

샤를 베나제크Charles Benazech(1676~1794)가 죽음의 순간을 맞은 왕을 백색과 어둠의 대비로 순교자처럼 그린 데는 그만한 이유가 있다. 루이 16세는 정치적 격동기에 왕의 자리에 올랐다. 적극적으로 무언가를 해보기에는 역사의 물결이 너무 거셌다. 일부러 그랬는지 아니면 정말로 아무것도 몰라서인지는 알 수 없지만 그는 대립하는 정치 세력에 나랏일을 맡긴 채 세상일과 정치에 무관심해졌다. 혁명이 일어났던 날조차 일기장에 '아무 일도 없음'이라고 적었을 정도다. 특권계층이 힘을 잃고 모든 인간이 평등한 권리를 갖는다는 인권선언이 선포됐지만 그는 아무 일도 하지 못했다. 그가 지은 죄라면 왕으로서의 모든 힘을 잃고 무기력하게 시대의 흐름에 떠밀렸다는 정도다. 그런 그를 과격파는 왕정을 마무리 짓는다는 명분 아래 굳이 사형에 처했다. 역사적 판단은 별개로 하고, 루이 16세 입장에서는 자신이 정말 죽을죄를 지었는지 억울했을 만도 하다.

눈에는 눈, 이에는 이

형사재판 절차의 가장 마지막에 판사는 피고인에게 할 얘기가 있으면 해보라고 한다. 검사와 변호인이 직업 법률가로서 법적 다툼을 모두 끝낸 다음이고 최종적인 판단을 내리기 직전이다. 판사가 이렇게 묻는 이유는 피고인의 목소리를 직접 듣고 결심을 굳히거나 바꾸기 위해서이다. 하지만 모처럼 자기 목소리를 낼 기회가 주어져도 대부분의 피고인은 무슨 말을 어떻게 해야 할지 모르기 십상이다. 이런 경우 변호사는 잘잘못을 떠나 법의 심판까지 받는 상황을 일으켰으니 반성하는 모습을 보이라고 조언을 한다. 억울하더라도 큰소리 내지 말고 고개 숙이고 있으라고 말이다. 그런데 일부 피고인이 '죽을죄'를 지었다며 지나치게 열심히 자기반성을 하는 경우가 있다. 그냥 넘어가주면 좋으련만 그럼 왜 그렇게 나쁜 짓을 했냐며 되묻는 판사도 있다. 과유불급이라지 않는가. 오히려 진심으로 반성하는 모습으로 보이지 않았기 때문이리라.

그렇다면 과연 우리나라 형법에서 '죽을죄'라고 정해놓은 범죄에는 어떤 것이 있을까? 우선 대한민국 자체에 반기를 드는 내란, 외환과 관련한 범죄에 관련해서는 최고 사형까지 내릴 수 있다. 내란이나 외환은 곧 전쟁을 일으킨다는 이야기니 그만큼 엄한 벌로 다스려야 하기 때문이다. 그 외에도 형법은 가정집처럼 사람이 있는 건물에 불을 질러 사람을 죽게 하거나, 살인, 강간 살인, 강도 살인 등 열여섯 가지 범죄를 저질렀을 경우 사형을 언도할 수 있도록 하고 있다. 이유가 돈이든 원한이든 다른 사람의 목숨을 빼앗았으니 똑같이 갚아주겠다는 뜻인지도 모른다. 목숨은 다른 무엇으로도 보상받을 수 없으니 어떻게 보면 당연할 수도 있다. 그러다 보면 액션 활극 속에서 부모님의 원수와 같은 하늘 아래 살 수 없다며 복수의 칼을 가는 모습이 정의로워 보일 수도 있다. 하지만 국가의 형벌은 개인의 복수심을 달래기 위해 존재해서는 안 된다. 역사상 가장 오래된 성문법으로 꼽히는 함무라비 법전에는 '눈에는 눈 이에는 이'라는 말이 나온다. 오늘날에는 당한 대로 갚아준다는 의미로 자주 쓰이지만 원래는 무분별한 복수를 막기 위해 생겨난 말이다. 함무라비 법전에는 그 외에도 '다른 사람의 가축을 훔쳤다면 그 열 배로 보상해줘야 한다', '환자를 수술하다 죽게 만들면 손을 자른다', '불효자는 한 번은 용서할 수 있으나 두 번째 걸리면 집에서 내쫓는다' 등의 형벌 규정이 있는데 기원전 1700여 년경이었다는 점을 고려하면 아주 냉혹하거나 막무가내는 아니다. 사실 함무라비 법전은 인권을 보호하는 데 그 목적이 있었다. 당시에는 만일 눈을 다치게 했다면, 눈 정도에 그치지 않고 그 이상의 가혹한 복수를 하는 일이 흔했다. 함무라비 법전은 이처럼 개인이 원한을 갚기 위해 감정적으로 무분별하게 저지르는 복수를 막고 죄에 상응하는 만큼만 국가가 처벌하기 위해 만들어졌다. 하지만 그렇다고 해서 오늘날에도 피해를 입은 만큼 그대로 돌려줘야 한다고 주장하면 곤란하다. 3천 700년 전과 지금의 형사 제도가 똑같을 수 없는 것은 당연하다.

사형제 찬반론

사형은 무엇으로도 바꿀 수 없는 단 하나뿐인 생명을 빼앗는 위중한 벌이다. 그러다 보니 찬성과 반대의 격론이 끊이질 않는다. 유럽연합은 2003년 회원국의 사형제를 전면 금지했고 미국은 대다수 주가 사형을 금지하고 있다. 우리나라 역시 사형선고는 내리지만 1997년부터 단 한 건의 사형도 집행하지 않아 사실상 사형 폐지 국가로 분류된다. 이렇게 보면 전 세계적인 분위기는 사형을 폐지하는 쪽으로 흐르는 듯하다. 사형은 인간의 존엄과 가치를 해치며, 그렇기 때문에 당연히 없어져야 한다는 것이 폐지를 주장하는 측의 주된 논리다. 대한민국 헌법 제10조는 국가로 하여금 개인이 갖는 불가침의 기본적 인권을 확인하고 이를 보장하라고 명령하고 있는데, 여기서 '확인'이라는 단어의 뜻이 매우 중요하다. 인권을 '확인'한다는 것은 인권이 국가가 준 권리가 아니며 국가보다 먼저 존재한다는 뜻이다. 따라서 국가에는 이를 지켜줘야 할 의무가 있다. 그중에서도 특히 생명권은 가장 기본적이고도 중요한 권리다. 살아 있어야 뭘 하든 하지 않겠는가. 그렇게 보면 기본권을 보호해야 할 국가가 사형이라는 제도를 두고 있다는 자체가 모순이다. 다만 우리

나라 법원은 헌법의 규정으로 기본권이라도 제한할 수 있다고 말한다. 그렇기 때문에 생명권 역시 법률로 엄격한 요건을 정해놓았다면 제한할 수 있다고 보고 있다.[1] 사형 제도를 뒀다는 자체가 헌법에 어긋나지는 않는다는 뜻이다.

그렇다면 과연 사형은 범죄를 줄이는 데 실제로 효과가 있을까? 찬성 측은 강력한 처벌로 죽음에 대한 공포를 불러일으키면 범죄를 억제하는 효과가 있다고 주장하지만, 반대 측은 공포를 조장해서 문제를 해결하는 데는 한계가 있다고 본다. 양측 모두 통계를 그 증거로 드는데, 찬성하는 쪽에서 사형을 집행했더니 수년간 강력 범죄가 줄었다고 수치를 내밀면, 반대하는 쪽에서는 조금만 시간이 지나면 어차피 마찬가지라고 다른 수치로 되받아치는 식이다. 실제 현장에서 살인을 저지른 사람들을 만나보면 죄를 지을 때 이성과는 거리가 먼, 제정신이 아니었던 경우가 아무래도 많다. 살인이라는 게 맨 정신으로 쉽게 저지를 수 있는 일은 아니니 말이다. 그렇게 보면 처벌이 두려워 자제하리라는 기대가 부적절해 보이기도 한다. 이미 제정신이 아닌 사람이 처벌이 두려워 죄를 중단할 리 없다. 하지만 계획적인 살인 범죄를 막는 데는 어느 정도 효과가 있을 듯도 싶다. 계획하는 과정에서 한 번쯤 다시 생각해볼 수 있을 테니 말이다.

사형 제도에 관해서는 이런 식의 이론적인 논쟁보다 감정에 기반을 둔 주장이 더욱 호소력을 얻을 때가 많다. 뉴스에서 잔혹한 범죄와 피해자의 억울한 사정이 알려지면 평상시에는 이성적으로 사형에 반대하던 사람도 순간적으로 '저런 놈은 그냥 사형시켜버려야 돼!'라는 생각이

◇◇◇◇
1 헌법재판소 95헌바1

들기 마련이다. 특히 끔찍한 짓을 저질러놓고 뻔뻔하게 아무런 반성도 하지 않는 범인을 보면 범인의 인권만 보호받고 피해자와 그 가족의 인권은 무시한다는 생각도 든다. 사람에 따라서는 그런 범죄자에게 세금으로 밥을 먹이는 게 법이 할 일이냐며 목청을 높이기도 한다. 하지만 개인적 의견으로는, 그런 감정이 든다는 사실이 거꾸로 사형을 반대하는 이유가 될 수도 있다고 본다. '욱' 하는 마음에 감정적으로 내리는 사형 판결은 어쩌면 범죄를 저지르는 순간과 닮았는지도 모른다. 같은 관점에서 형사 재판에서의 사형 언도와 집행은 계획 살인과 그 모습이 같을 수 있다. 아무리 나쁜 짓을 한 범죄자라도 사람이라는 사실만은 분명한데, 사형이란 결국 계획을 세우고 절차에 따라 사람의 생명을 빼앗는 일이다. 그렇기 때문에 사형을 집행하지 않는 이유는 나쁜 짓을 한자들의 생명을 보호하기 위해서가 아니라 우리 자신이 그들과 똑같은 짓을 하지 않기 위해서라고 봐야 한다. 그런 사람을, 그럼에도 불구하고 말이다.

얼마나 어떻게 벌주나

형법에 있는 벌의 종류는 사형, 징역, 금고, 자격상실, 자격정지, 벌금, 구류, 과료, 몰수 등 모두 아홉 가지다.[2] 그중에서 생명과 신체에 주는 벌로는 사형, 징역, 금고, 구류가 있는데 그중에서 사형은 모두가 알다시피 목숨을 빼앗는 벌이다. 나머지 징역과 금고, 구류는 일정 기

<hr>

2 형법 제41조

간 교도소에 가둬두고 가고 싶은 대로 가지도 못하고, 하고 싶은 일도 마음대로 못하도록 신체의 자유를 제한하는 형벌이다. 교도소에 가둬 놓는다는 점에서는 똑같지만 강제로 일을 시키면 징역, 그렇지 않으면 금고, 비교적 가벼운 범죄에 대해 30일 미만으로 가두어놓으면 구류로 나뉜다. 우리나라에서는 현재 사형이 사실상 폐지됐다고 할 수 있는 만큼 실제 이뤄지는 가장 무거운 처벌은 아무래도 징역형이다.

그에 반해서 자격상실, 자격정지는 그 사람의 명예에 대한 벌이다. 공무원이 될 자격, 선거를 할 수 있는 권리, 법인의 이사 같은 중요한 업무를 맡을 수 있는 자격을 잃거나 일정 기간 행사할 수 없도록 한다. 벌금, 과료, 몰수는 재산에 대한 벌이다. 벌금과 과료는 범죄에 대해 돈으로 물어내도록 하는 형사처벌인데 다만 과료는 경미한 범죄일 때 내는 아주 적은 금액이라는 차이가 있다. 반면 몰수는 범죄를 저지르기 위해 사용한 흉기 같은 물건이나, 범죄를 저질러서 얻은 재물 따위를 범인으로부터 빼앗는 벌이다. 국가가 갖거나 임자 있는 물건이면 되돌려준다.

그렇다면 무슨 형벌을 얼마나 줄지는 과연 어떻게 정할까. 살인죄를 예로 들어보자. 우리나라 형법 제250조를 보면 사람을 살해한 자는 사형, 무기징역 또는 5년 이상의 징역에 처한다고 정해놓았다. 죄질에 따라 세 가지 종류 중에서 어떤 형벌을 줄지를 먼저 고른다. 징역형을 주기로 했다고 치자. 다음 순서로 형량을 정한다. 법에 5년 혹은 10년이라고 적혀 있다고 그 숫자 그대로 벌주지는 않는다. 유기징역은 1개월 이상 30년 이하가 원칙이다. 특별히 더 무겁게 처벌하더라도 유기징역은 최장 50년이 한계다. 그러니까 5년 이상이라면 원칙적으로 5년에서 30년 사이라는 뜻이고, 10년 이하라면 1개월에서 10년 사이를 말한다. 똑같은 죄를 지었더라도 선고할 수 있는 형벌의 폭이 상당히 넓은 것을 알 수 있다. 하지만 그렇다고 무작정 판사 기분대로 고르게 할 수도 없는 노릇이다. 절차와 순서를 지켜서 구체적인 형량을 정해야 한다. 일단 법에는 형벌을 무겁게 하거나 거꾸로 깎을 수 있는 몇 가지 조건이 정해져 있다. 예를 들어 교도소에서 풀려난 지 3년이 지나지 않았는데 또 죄를 저지르면 법에 정해놓은 징역형 중에서도 가장 긴 기간에 두 배를 곱하도록 한다거나, 자수를 하면 반대로 절반으로 줄이는 식이다. 따라서 5년 이상 30년 이하로 정해져 있는 살인죄의 징역형에 대해 무겁게 하면 최대 50년까지(숫자상 두 배면 60년이지만 앞서 설명한 대로 징역형은 최대 50년까지만 선고할 수 있다) 늘어나고, 깎아주면 2년 6개월에서 15년 사이가 된다.

여러 개의 죄를 한꺼번에 지었을 때는 조금 더 복잡하다. 법 없이도 살 대부분의 사람들 입장에서는 어떻게 그럴 수 있겠느냐며 고개를 갸웃할 수 있다. 그런데 알고 보면 이런 일은 생각보다 흔하게 벌어진다. 식당이나 술집에서 이것저것 잔뜩 시켜 먹고 '배 째라'면서 버티는 경우가 있다. 이른바 무전취식인데 처음부터 돈 없이, 그러니까 밥값을 낼 생각도 없고 능력도 없으면서 주문했다면 형법상 사기에 해당한다. 곱게 빌어도 용서해줄까 말까 한 판에 주인과 맞서 멱살이라도 잡고 큰소리를 치면 폭행죄, 밥상을 엎어 그릇을 깨면 재물손괴라는 식으로 순식간에 서너 개의 범죄를 저지를 수 있다. 돌멩이 하나로 새 두 마리를 잡으면 일석이조니 이런 경우에는 일석이죄라고 해야 할까. 이런 범죄가 일어나면 이 사건을 담당하는 사람은 골치가 몇 배로 아파진다. 운전 중에는 이렇게 한꺼번에 여러 죄를 저지르는 일이 더욱 흔하다. 운전 중에 내 잘못으로 남의 차를 들이받아 차 안에 타고 있던 세 사람이 각각 크고 작은 상처를 입었다면 어떨까? 또는 음주 운전을 하다가 교통사고를 일으켰는데 그 자리를 모면하려고 도망쳐서 뺑소니를 저지르고 이를 보고 쫓아온 경찰관에게 잡혔는데도 술 안 마셨노라 잡아떼며 음주 측정을 거부하다 결국에는 잘한 일도 없으면서 반항하며 삿대질까지 해대는 공무집행방해죄까지 저지른다면? 이렇듯 순식간에 여러 개의 죄를 짓는 상황은 생각보다 흔하다.

한꺼번에 많은 죄를 지었을 때 어떻게 처벌할지는 국가마다 다르다. 간혹 해외 뉴스에 어떤 범죄자가 수백 년 형을 선고 받았다는 소식이 나온다. 심각한 죄를 여럿 지었을 경우 그 죄를 모두 더해서 처벌하기 때문이다. 수백 년 형을 받았으니 당연히 살아서 교도소 밖을 나갈 수 없다. 사망한 뒤에도 시신을 가둬두고 남은 형기를 채우게 하지는 않으니 사실상의 종신형이다. 그러나 대한민국 형법은 그런 선택을 하지 않았다. 일단 유기징역의 최장기형을 50년으로 해서 아무리 중한 죄를 지었더라도 그를 초과하여 처벌할 수 없도록 하고 있다. 뿐만 아니라 아무리 여러 개의 죄를 지었더라도 형벌을 모두 더하지 않는다. 가장 무거운 법정형에 그의 2분의 1을 더한 하나의 법정형으로 계산을 시작한다. 위에서 예로 들었던 운전 중 사고로 세 명을 다치게 한 경우, 사고를 낸 운전자는 한꺼번에 세 개의 업무상 과실치사상죄를 저질렀다고 볼 수 있다. 여기서 '업무'는 뭐든 반복적으로 하는 일을 가리키는 것으로 꼭 직업적 업무를 가리키진 않는다. 면허를 따서 딱 한 번만 운전할 사람은 없기에 처음이라도 운전대를 잡는 순간부터 '업무'를 시작했다고 봐야 한다. 업무상 과실치사상죄는 5년 이하의 금고에 처해질 수 있는데, 세 명을 다치게 만들었으니 각각 5년씩 계산해서 15년이 아니라, 5년에 2분의 1을 더한 7년 6개월 이하에서 형량 계산을 출발한다. 세 명이 아니라 수십, 수백 명을 다치게 만들었어도 마찬가지다. 어떻게 보면 벌을 줄 수 있는 한계가 처음부터 뚜렷한 셈이다. 세월호 사건처럼 수백 명의 목숨을 빼앗은 참사에 대해서도 마찬가지다.

아무튼 이런 과정을 거쳐 내릴 수 있는 형벌의 범위를 줄였지만 판사의 고민이 모두 사라질 정도로 폭이 줄어들지는 않았다. 같은 죄를 지어도 판사에 따라 선고되는 형량에 큰 차이가 생기면, 똑같은 죄를 지어도 얼마만큼 벌을 받을지 예상할 수 없어 국민은 불안하고 괴로울 수 있다. 아닌 게 아니라 사실 판사에 따라 유독 엄격하거나 너그러운 경우가 있다. 판사도 사람이니 당연한 일이다. 그래서 구속된 피고인들은 자기를 심판하는 판사가 누구인지 자신이 지은 죄에 대해 어떤 성향을 보이는지 끼리끼리 정보를 교환하느라 바쁘다. 이렇듯 어느 정도는 판사의 재량을 인정할 수 있지만 정도껏이어야 한다. 대법원은 이러저러한 사건에는 대체로 어느 정도 범위 내에서 결정해달라고 양형 기준을 정해놓았다. 양형 기준은 법정형처럼 어떤 죄에는 몇 년 하는 식으로 정하지 않는다. 범죄를 저지르는 과정이나 피해의 정도, 적절한 배상이 이루어졌는지 같은 여러 가지 변수를 대입해서 조금 더 구체적인 형벌의 정도를 선택하도록 도와준다. 같은 대한민국 안에서 같은 범죄를 지었는데 어느 정도 일정한 기준은 유지해야 하지 않겠는가.

아픈 만큼 성숙해질까

역사적으로 실존했던 감옥 중에 바스티유Bastille만큼 유명한 감옥이 또 있을까. 루이 16세를 왕좌에서 끌어내려 단두대로 보낸 프랑스 혁명은 분노한 시민들이 바스티유 감옥을 함락시키며 시작되었다. 바스티유는 원래 파리를 지키는 외곽의 성채 중 하나였지만 루이 13세에 이르러 주로 정치범이나 사상범을 가두는 감옥으로 바뀌었다. 사실 바스티유라는 말 자체가 '성채'나 '요새'를 뜻하는 보통명사다. 이름에 걸맞게 바스티유 감옥은 높이 30미터가량의 여덟 개 탑이 내부의 건물을 둘러싸고 있다. 이런 위압적인 건축 양식 때문인지 프랑스 혁명에 이르러 바스티유는 시민을 학대하고 짓누르는 왕정의 상징물로 여겨지다가 급기야 1787년 7월 14일 파리 시민들의 습격을 받았다. 아이러니하게

위베르 로베르, 〈바스티유 감옥의 철거〉, 1789, 77×114cm, 캔버스에 유채, 프랑스 카르나발레 박물관

도 정작 습격 당시에는 귀족들만 갇혀 있었고, 그나마 감옥이라고 생각하기 어려울 만큼 호화로운 대접을 받고 있었지만 말이다. 그럼에도 불구하고 바스티유 습격은 왕정 자체를 붕괴시키는 도화선이 됐다. 바스티유는 1789년에 철거됐고 혁명을 완수한 파리 시민은 감옥을 공원과 광장으로 바꾸었다. 프랑스의 풍경화가인 위베르 로베르Hubert Robert (1733~1808)는 그의 작품 〈바스티유 감옥의 철거〉를 통해 왕정시대와 함께 무너져가는 바스티유를 묘사했다. 먹구름인지 검은 안개인지 알 수 없지만 하늘은 검게 물들어 어둑어둑하고, 짙은 그림자 속 우뚝 선 감옥은 철거를 하기 위해 모여든 인간들을 왜소하게 만든다.

지금의 감옥은 과거 절대왕정 시대처럼 비인간적이거나 죄 없는 사람을 가두는 곳은 아니다. 그러나 아무리 교도소 담장을 고운 빛깔로 칠하고 꽃밭으로 둘러싸도 그곳을 바라보는 느낌은 위압적으로 우뚝 서 있는 그림 속 바스티유의 그것과 크게 다르지 않다. 자유를 박탈한다는 점에서는 본질적으로 같기 때문이다. 미셸 푸코Michel Foucault (1926~1984)는 『감시와 처벌』이라는 저서에 '감옥의 역사'라는 부제를 붙였다. 감옥의 본질을 권력의 도구라고 주장하면서 말이다. 푸코는 권력을 유지하기 위해 죽이고 때리는 극단적인 수단을 쓰는 대신 감옥에 가둬놓고 감시하는 제도로 바뀌었을 뿐이라고 주장한다. 굳이 목을 베어 성벽에 걸어놓지 않더라도 권력에 밉보이면 자유를 잃고 감옥에 갇혀 감시당할 수 있다는 일종의 경고를 보내는 것만으로도 충분하다는 것이다. 감옥을 바라보는 사람들 입장에서 무섭기는 마찬가지니 말이다. 푸코에 따르면 감옥은 결국 범죄자를 더 나은 내일로 이끌기 위해서가 아니라 권력 유지를 위해 국민을 길들이는 수단으로써 존재한다.

일반적으로 다른 형법학자들은 감옥을 어떻게 보고 있을까. 몇 달,

몇 년씩 인간의 자유를 박탈하는 이유에 대해서 말이다. 형벌의 이유 혹은 기능에 대해서 생각해볼 필요가 있다. 먼저 그 자체가 목적이라고 볼 수 있다. 잘못을 저질렀으면 당연히 그에 상응하는 벌을 받아야지 무슨 이유를 따로 생각해볼 필요가 있느냐는 입장이다. 개인 사이의 거래에서 상대방에게 손해를 끼치면 그만큼을 물어내는 것과 마찬가지로 개인이나 사회 또는 국가에게 끼친 해악을 미리 정해놓은 약속에 따라 벌로써 갚는다는 논리다. 이런 사고의 배경에는 인간을 스스로의 행동에 대해 책임질 줄 아는 이성적 존재로 보는 경향이 자리하고 있다. 인간은 범죄를 저지를지 말지 온전히 자유로운 의사로 정할 수 있고, 범죄를 저질렀다면 자신의 선택에 따라 한 행동이니 당연히 사회와 약속한 대로 대가를 치러야 한다. 이성을 중시했던 칸트나 헤겔 같은 철학자들이 주로 이런 입장을 취했다. 처벌은 손상된 정의를 회복하기 위한 수단이다. '눈에는 눈, 이에는 이'라는 입장과도 일맥상통한다.

하지만 이에 대해 비판적인 의견도 있다. 복수가 이뤄진다고 피해가 없어지지도 않고 곧바로 정의가 살아난다고 할 수도 없다. 복수를 한다고 죽었던 사람이 되살아나지도 않고 다쳤던 몸이 회복되지도 않는다. 그렇기 때문에 형법은 죄를 지은 사람에게 벌을 주기보다 다른 범죄가 일어나지 않게 예방하는 데 그 목적이 있다는 주장이 생겨났다. 누군가 벌을 받는 모습을 보면 자신은 그렇게 되고 싶지 않다는 생각이 들 테고, 그러다 보면 당연히 범죄도 저지르지 않게 된다는 이론이다. 어찌 보면 몽둥이로 겁을 줘 개를 쫓는 것과 비슷하다. 범죄 예방은 좋지만 사람이 꼭 그렇게 겁을 줘야만 말을 듣는 존재일까.

현대 형법은 양쪽의 측면을 어느 정도 다 가지고 있다. 지나치지 않도록 조심해야 하고, 너무 가벼우면 반성하지 않고 다시 범죄로 나아갈 수 있으니 그것도 경계해야 한다. 앞서 소개한 법정형과 선고형을 산출하는 방식, 나아가 양형 기준도 모두 이런 이론적인 바탕 위에서 만들어진다.

큰집과 범털

이렇게 복잡다단한 배경에 의해 엄격한 절차를 거쳐 벌을 주는데도 불구하고 간혹 일반적인 상식과 맞지 않는 판결이 나와 대중에게 불편한 마음을 주는 까닭은 무엇일까. 먼저 현실과 감정의 격차 때문일 수 있다. 뉴스에서 충격적으로 다룬 사건이더라도 법적으로는 그렇지 않은 경우가 있다. 고위 공직자나 소위 재벌이라고 불리는 사람들이 죄를 지으면 지은 죄보다 더 무겁게 벌하기를 원하는 감정이 생기기 마련이다. 또한 실제로 지은 죄보다 아무래도 가벼운 결론으로 맺어질 때도 있다. 그것은 당연히 잘못된 일이고 어떤 법 이론으로도 정당화될 수 없다. 잘못된 법이라면 고쳐야 한다. 지위 고하와 재산의 많고 적음을 막론하고 지은 죄에 맞는 벌은 내려져야 한다.

그런데 판사가 징역 몇 년이라고 판결했다고 끝이 아니다. 선고한 형량에 충실하도록 교도 행정이 이뤄져야 한다. 벌과 함께 미래의 교화가 목적이어야 한다. 수감 생활을 하지는 않았지만 실제 교도소의 내부를 둘러볼 기회가 몇 차례 있었다. 마음대로 오갈 수 없는 곳이다 보니 휑한 통로가 황량했다. 반면 수감자들의 생활공간은 정말 턱없이 비좁다. 영화에 나오는 시설은 실제 감옥에 비하면 호텔이다. 현실은 발이나 제대로 뻗을 수 있을지 의심스러울 정도다. 다녀온 사람들이 털어놓는 이야기에 따르면 가장 큰 고역은 바로 다른 사람들이다. 누가 괴롭혀서가 아니라 너무 비좁아 서로의 존재 자체가 괴로워지기 십상이다. 게다가 차이는 있지만 2010년 이후 대한민국 대부분의 교정 시설은 정원 초과다. 끔찍하게도 덥기로 유명한 대구 지역의 시설이 가장 밀도가 높은 곳으로 꼽히기도 했다. 그렇게 많은 인원이 있다 보니 미래를 위한 교정이 쉬울 리가 없다. 노역을 하거나 직업훈련이라도 받아야 하는데 그마저 마땅치가 않다. 급변하는 바깥세상에 맞춰 기술을 가르치기도 녹록치 않다. 불가능하지는 않지만 현재의 인식과 투자로는 어려울 수밖에 없다. 그러다 보니 속어로 '학교'로 불리듯 오히려 교정 시설이 범죄자들끼리 노하우를 주고받는 곳처럼 변질되기도 한다.

그런 와중에 사회에서의 신분 격차가 똑같이, 아니 어쩌면 더욱 크게 교도소 안에서 작용한다. 몸이 갇혀 있다는 것은 노동력을 사용할 수 없다는 뜻이다. 즉 돈을 벌 수 없다. 하루이틀도 아니고 수년을 그렇게 버텨야 한다. 교정 시설이라도 씻고 입는 데 드는 생필품이나 기본으로 주어지는 먹을거리 이외의 물건은 돈을 주고 구해야 한다. 있는 자와 없는 자의 밥상이 눈물 나게 차이 날 수밖에 없다. 빈털터리, 개털이 있고, 배부르고 가진 것 많은 호랑이털, 범털이 있다. 범털은 변호인의 도움을 받을 권리를 핑계 삼아 수시로 변호사를 불러 접견실에서 시간을 보낸다. 공용 감방보다 공간도 넓고 냉난방도 잘되니 쾌적하지 않을 수 없다. '집사 변호사'로 불리면서 말벗을 해주는 변호사와 함께 밖에 두고 온 재산 관리에 시간을 쏟는다. 그렇게 낮 시간을 보내고 방에 돌아와 잠만 자면 된다. 물론 변호인의 도움을 받을 권리는 헌법으로 보장되며 함부로 제한할 수 없다. 하지만 형이 확정돼 사실상 재판을 다시 받을 가능성이 전혀 없는 상황에서조차 예외의 예외를 찾겠노라는 핑계로 변호인을 불러들이는 행태가 언론을 통해 전해질 때마다 일반인들은 분노할 수밖에 없다. 그러나 딱히 변화의 조짐은 보이지 않는다. 그렇게 교정 시설 안에서조차 사회와 똑같다 보니 형벌의 의미가 흐트러진다.

없는 사람은 새로운 삶을 준비하지 못하고, 가진 사람은 자신의 죄를 반성하지도 않는 악순환이 반복되고 있는 건 아닐까. 그저 일정 시간 가둬놓기만 했을 뿐 변하는 것이 없다면 그 의미가 퇴색될 수밖에 없다. 사회를 개선하기 위한 제도적 장치로서의 형벌을 어떻게 집행해야 할지에 관한 고민이 필요한 때다.

Part 18

결혼과 사랑의
필요충분 공식

혼인이라는 계약관계

얀 반 에이크, 〈아르놀피니 부부의 초상〉, 1434, 패널에 유채, 82×59.5cm,
영국 국립 미술관

아르놀피니 부부의 결혼식

사내의 표정이 사뭇 엄숙하다. 결혼이라는, 평생을 지고 가는 책임을 선서하는 무게감 때문일까. 왼손으로 아내가 될 여성의 손을 받쳐 잡고 오른손은 맹세를 위해 치켜세웠다. 모자까지 눌러쓴 어두운 옷차림 탓에 곁에 선 여자가 아니면 장례식으로 보일 정도다. 하얀 두건을 두르고 풍성한 초록빛 드레스를 입은 아내가 그림에 생기를 주고 있다. 부끄러운 듯 살짝 숙인 고개엔 엷은 미소가 올라 있다. 실내는 어두워 보이지만 열린 창문으로 바깥에서 밝은 햇살이 들어오고 있다. 부유한 상인이었던 조반니 아르놀피니Giovanni Arnolfini가 신부 조반나 체나미 Giovanna Cenami를 맞이하는 결혼식이다. 그림 한복판을 자세히 보면 벽에 거울이 걸려 있고, 그 거울에는 결혼식을 올리는 부부 외에도 두 사람의 모습이 더 비치고 있다. 그중 한 사람이 바로 그림을 그린 화가이자 이 결혼식의 증인이다. 거울 위 벽에 '얀 반 에이크가 여기 있었다. 1434년'이라고 적어놓았다. 얀 반 에이크Jan van Eyck(1395~1441)는 네덜란드 출신의 궁정화가였다. 그의 작품 중에서 오늘날까지도 가장 널리 알려진 것이 바로 이 〈아르놀피니 부부의 초상〉인데, 그가 활

〈아르놀피니 부부의 초상〉 부분. 거울 속에 결혼식에 참석한 증인의 모습이 비치고 있다.

동하던 15세기에는 보기 힘들었던 전신을 다 그린 초상화라는 점 외에도 남자와 여자의 손의 위치, 충성을 뜻하는 강아지, 수정 묵주와 거울처럼 신성한 결혼을 상징하는 장치들로 유명하다. 그중 가장 중요한 것이 화가 스스로 역할을 맡은 그 자리의 증인이다. 오늘날의 결혼식 역시 그렇지 않던가. 하객들이 증인이 되어 혼인 서약을 지켜본다. 두 사람이 사랑하면 그만일 텐데 왜 그래야 할까.

결혼이라는 계약

남편을 혹은 아내를 너무 사랑해서 변호사를 찾는 일은 생각하기 어렵다. 결혼 문제로 변호사를 찾는 사람은 대부분 인륜이든 천륜이든 이젠 그만하고 싶다는 하소연을 하러 온다. 사연이야 가지가지지만 의외의 공통점이 있다. 헤어지려는 당사자 혹은 그 상대방이 애초에 결혼이 무엇인지조차 모르고 결혼한 경우가 많다는 점이다. 법이 말하는 결혼이란 무엇일까. 사랑의 결실 같은 달콤한 속삭임에 관해 법은 알지 못한다. 결혼이 이뤄지려면 결혼하겠다는 두 사람의 일치된 의사가 필요하다. 그리고 법적인 효력을 얻기 위해 국가에 신고하면 그만이다. 신고를 해서 가족관계등록부에 기재하는 이유는 다른 사람으로 하여금 두 사람이 결혼한 사이라는 사실을 알 수 있도록 하기 위해서다. 결혼이 둘만의 개인적 관계가 아니라 최소 단위의 사회인 가정을 이루는 일이기 때문이다. 법적으로도 보호해주고, 국가뿐만 아니라 주변 사람들 역시 존중해줘야 한다. 결혼식을 치르고 하객들 앞에서 약속을 하는 이유도 결국은 그런 공식적인 관계를 만들기 위해서이다. 결혼 자체, 그러니까 두 사람이 함께하기로 했다는 것보다 다른 사람이 그들이 결혼했음을 아는 것이 더욱 중요할 수도 있다는 것이다. 만일 결혼이 둘만의 일이라면 서로 결혼하겠다는 마음만 맞고, 결혼할 나이가 되었고, 다른 사람과 이미 결혼한 상태만 아니면 된다. 사실 일반적으로 결혼할 때 가장 먼저 생각하는 사랑이니 정이니 하는 것은 법에 나오는 결혼의 조건이 아니다. 생각해보면 당연하다. 결혼식 당일에야 신랑 신부가 서로의 얼굴을 봤다는 이야기는 〈전설의 고향〉에나 나오는 옛날 옛적 풍습이 아니다. 우리 시대 할아버지, 할머니의 삶이었다. 인류의 역사에 비춰볼 때 연애결혼이 등장한 지는 얼마 되지 않았다. 사실 요즘도 사랑 이전에 조건부터 따지는 사람은 여전히 많다. 행복한 결혼을 보장해준다며 광고를 하는 수많은 결혼정보 업체만 봐도 이런저런 조건으로 매긴 등급에 따라 남녀를 엮어주지 않는가. 조건에 맞춰 결혼하고, 살면서 사랑이든 정이든 쌓아간다고 해도 억지는 아닐 수 있다.

물론 이런 것들은 엄밀히 따지면 결혼을 하게 되는 이유, 동기다. 결혼이 무엇인지 그 내용은 별개의 문제다. 이유야 어떻든 자신이 무슨 행동을 하려고 하는지는 알아야 결혼한다는 의사가 일치할 것 아닌가. 서로 의사가 맞아야 한다는 법적 조건은 민법의 계약 체결에 관한 원칙에서 나왔다. 계약이 이뤄지려면 모든 부분까지는 아니더라도 중요한 내용에 대해서는 일치해야 한다. 그렇다면 결혼 역시 마찬가지여야 한다. 결혼의 내용은 무엇일까. 아는 듯 마는 듯 대충이야 짐작할 수 있으리라. 법을 몰라도 말이다. 그러나 인륜지 대사라는데 대충이라니. 법적으로 결혼이 무엇을 의미하는지조차 모르고 법적 효력이 따를 수 있는 결혼식을 치른다니 심각한 문제일 수 있다.

동거하고 부양하고 협력하라

먼저 결혼을 하면 어른이 된다. 애가 애를 낳을 수는 없는 노릇이니까. 그냥 하는 말이 아니다. 만 18세면 미성년자지만 결혼은 할 수 있고, 결혼하면 성년자의 권리를 행사할 수 있다. 부모로부터 독립하여 아이의 부모가 될 수 있다는 뜻이다. 일상생활을 영위하기 위한 거래 등을 자율적으로 할 수 있다. 기저귀, 분유 사면서 일일이 부모 허락을 받지 않아도 된다. 너무 앞서가지는 마라. 술, 담배에 관한 규제처럼 부모 노릇과 상관없는 행위는 여전히 제한을 받고, 미성년자 출입 금지 업소도 갈 수 없다.

다음으로 새로운 가족 관계, 나아가 친족 관계가 만들어진다. 부부는 서로에게 배우자다. 배우자는 '마디'를 뜻하는 촌수가 없다. 0촌이다. 그래서 세상 어느 누구보다 법적으로 가깝지만 끊어지면 그대로 남이 된다. 부모와 자녀 사이 1촌 관계와도 다르다. 위아래가 아니라 대등한 수평 관계라는 점에서도 0촌이다. 그런 부부를 중심으로 생판 남인 사람들끼리 친족이 된다. 피를 나눈, 원래부터 자기 식구들과 마찬가지의 지위에 놓인다. 형제자매처럼 피를 나눈 친족을 혈족이라고 부른다. 그런 혈족이 결혼을 하면 그 배우자는 친족이다. 나와는 직접적인 관계가 없더라도 말이다. 그 범위는 배우자의 혈족의 배우자까지 뻗친다. 남편 동생의 아내를 예로 들 수 있다. 어제까지 남남이었지만 결혼과 동시에 법적으로 언니, 동생 하는 사이가 된다. 친족이라는 지위로 생기는 법적 효과도 있다. 얼마나 멀고 가까우냐에 따라 상속을 받을 수 있거나 서로 혼인해서는 안 되는 사이일 수 있다. 벌금 이상의 형벌을 받을 수 있는 범죄를 저지른 사람을 숨겨주면 원래는 범인은닉죄로 처벌한다. 하지만 친족이라면 인정상 그럴 수밖에 없다고 봐서 용서해준다. 이는 결혼이 남녀 둘만의 결합이 아닌 가족 대 가족의 문제라는 법적 증거인 셈이다.

슬프고 극단적이지만 결혼이 얼마나 중요한지를 보여주는 사례가 있다. 어느 재력가의 일가족이 해외 여행길에 올랐는데 그만 비행기 추락 사고로 모두 목숨을 잃고 말았다. 살아남은 사람은 함께 여행을 가지 않았던 사위 딱 한 사람. 엄청난 재산을 누가 물려받을지 재력가의 형제자매와 사위가 다툼을 벌였다. 핏줄만 놓고 따진다면 사위는 재력가 본인과 피 한 방울 섞이지 않은 사이 아닌가. 그런데 법원은 사위의 손을 들어주었다.[1] 상속 순위를 결정할 때 배우자의 순위는 원래 받아야 할 가족의 순위를 따른다. 딸이 재력가와 함께 사망했으니 딸 대신 사위가 그 자리를 차지한 것이다. 상속 순위는 딸이나 아들인 직계비속, 부모나 조부모인 직계존속, 형제자매, 사촌의 순서로 정해져 있다. 선순위 상속자가 있으면 후순위자는 한 푼도 못 받는다. 재력가의 형제자매로서는 억울할 수도 있지만 법원은 법대로 할 뿐이다. 사정이 이렇다

◇◇◇◇
1 대법원 99다13157 판결

보니 누구를 며느리, 사위로 들일지 부모가 민감한 것도 그럴 만하다고 봐야 한다. 법적으로도 분명히 이해관계가 얽히게 되니까. 뿐만 아니다. 나이 들어 홀로 되신 아버지, 어머니가 새로운 사랑을 찾아 결혼을 하려고 하면 자식들 역시 고민에 빠지지 않을 수 없다. 그분들끼리, 나아가 그분들 각자의 자식들끼리도 친족 관계에 놓이고 상속 등의 자격이 생기니 말이다. 나만 물려받을 줄 알았던 재산을 이리저리 쪼개야 한다. 솔직히 반가워할 사람이 얼마나 되겠는가.

이제 부부 둘 사이에 집중해보자. 결혼을 하면 가장 기본적으로 동거하고, 부양 협조해야 한다는 권리와 의무가 생긴다. 볼 때마다 실효성이 있는지 고개를 갸웃거리게 만드는 법률 조항이 동거 의무와 관련된 것이다. 부부가 어디서 같이 살지 서로 뜻이 맞지 않으면 가정법원에서 정해준다는 조항이다.[2] 부부가 함께 살 곳을 법원이 정한다니 어이없게 보일 수도 있다. 하지만 법에서 보는 결혼은 계약과 마찬가지라서 지키지 않으면 법원이 나서 강제권을 행사할 수 있다. 물론 그렇다고 강제로 동거하도록 법에서 강요하지는 않는다. 하지만 이와 같은 동거 의무가 논란의 중심에 선 적이 있다. 바로 부부 사이에서도 강간이라는 죄를 저지를 수 있느냐를 놓고 다퉜을 때, 이 동거 의무를 근거로 부부 강간죄는 있을 수 없다는 주장이 나왔다. 그러나 성적 자기결정권은 결혼을 했다고 해서 강제할 수 없다. 결혼이 일방의 노예 상태를 뜻하는 것은 아닐 테니 말이다. 부부 사이라도 원하지 않는 성관계는 강간이다.[3]

◇◇◇◇

2 민법 제826조제2항
　② 부부의 동거 장소는 부부의 협의에 따라 정한다. 그러나 협의가 이루어지지 아니하는 경우에는 당사자의 청구에 의하여 가정법원이 이를 정한다.
3 대법원 2012도14788 전원합의체 판결

부양과 협조도 서로를 향해서다. 결혼하면서 서로의 가족 범위가 넓어지니 혼동할 수 있다. 여기서 부양은 그렇게 넓은 친족의 문제가 아니라 부부 사이의 일이다. 며느리, 사위 같은 용어는 법에 나오지 않는다. 배우자 중 어느 한쪽에만 치중하는 관계가 아니라는 뜻이다. 각자의 부모를 부양해야 할 부모 자식의 의무가 따로 있고, 서로가 그 의무를 다할 수 있도록 쌍방향으로 협조해야 한다는 뜻이다. 남자, 여자 각자 부모에 대해 부양의무가 있고, 각자의 배우자는 그걸 돕는 간접적 의무가 있을 뿐이다. 여성이 혼인을 통해 남성의 집안에 속하는 것을 뜻하는 '시집'은 호주제에서나 있었던 일이다. 2008년 「가족 관계의 등록 등에 관한 법률」이 시행된 이후부터는 각자 개인의 입장에서의 가족이 존재할 따름이다. '시월드'도 '처월드'도 법은 인정하지 않는다.

경제에 관한 규정은 부부 사이의 대등한 관계를 단적으로 보여준다. 기혼자들의 흔한 고민 중 하나가 비자금 아닐까. 뭔가 쓸 데가 있어서이기도 하고, 어쩌면 배우자 간섭 없이 심리적으로나마 자유롭기 위해 있었으면 하는 경우가 많다. 그런 고민을 알아서인지 법은 부부 별산제를 원칙으로 삼고 있다. 각자 딴 주머니 차는 게 법적으로 원칙이라는 것이다. 자기 이름으로 구입한 자동차, 주택 등은 그 사람을 주인으로 본다. 처음 결혼할 때 각자 가지고 온 물건도 여전히 '내 것'이지 '우리 것'으로 바뀌지 않는다. 그럼 함께 먹고 자는 살림살이는 어떻게 하란 말일까. 매 끼니 먹을 때마다 재료비는 누가 냈고 요리는 누가 했으니 얼마만큼 노동력을 제공해 서로 얼마만큼 부담해야 한다고 장부라도 만들어야 할까. 일상생활에서조차 엄밀하게 부부 별산제를 따지면 곤란해진다. 함께 부담하고 생활해야 한다. 경제활동을 하는 가족 중 한 사람이 만든 신용카드를 배우자가 사용할 수 있도록 한 것도 법이 부부 사이에 서로를 대리할 수 있는 권리를 주기 때문이다. 일상 가사에 관해서는 둘 중 한 사람이 쓴 돈처럼 보이더라도 다른 배우자가 책임을 져야 하기도 한다. 마트에 간 부인이 깜빡 지갑을 놓고 왔다면 함께 간 남편이 법적으로 대신 계산을 해야 한다. 물론 일상적인 범위를 넘어, 함께 살 집이라면서 둘 중 한 사람이 덜컥 고가의 주택을 사버렸다면 그건 다른 문제다. 그 정도까지 대신할 권리와 의무는 없다고 본다. 사고를 일으킨 사람이 끝까지 혼자 책임져야 한다. 그러니까 그 사람의 배우자를 믿고 물건을 팔았던 사람도 배우자에게 돈을 달라고 할수 없다. 남편이 돈을 내줄 거라는 말만 믿고 수천만 원짜리 다이아 반지를 팔면 안 된다는 뜻이다. 일상 가사에 쓸 물건도 아닐뿐더러 가격으로 봐도 부부 공동 책임을 묻기 어렵다.

물론 혼인 기간이 길어지다 보면 각자 소유의 개념도 옅어지기 마련이다. 원래 '내 것'이었더라도 유지 관리하는 데 오랫동안 다른 쪽의 도움을 받다 보면 전부 '내 것'이라고 말하기 민망해진다. 일상생활의 범위가 점점 커지는 만큼 공동 재산이라고 봐야 할 것도 점점 많아진다. 당장 함께 사는 집부터 그렇지 않을까. 결혼 생활에 문제가 없다면 상관없지만 헤어지려고 하면 나누는 것도 큰일이다.

물도 얼리면 베어진다

옛말에 부부싸움은 칼로 물 베기라고 했지만 오늘날 이혼이 얼마나 흔해졌나를 생각해보면 이 말을 속담이라고 부르기도 민망하다. 오히려 이렇게 바꿔 생각해야 되지 않을까. 아무리 베도 나눠지지 않는 물이라도 차갑게 얼어붙으면 충격에 산산이 부서지지 않던가. 법은 부부 사이를 갈라놓는 여섯 가지 이유를 정해놓았다. 물론 결혼은 당사자 사이의 약속이니 헤어질 때도 마찬가지다. 하지만 그게 잘 안 돼서 불가피하게 법원의 힘을 빌려서라도 헤어지려면 법이 정한 이유가 있어야 한다. 그냥 정 떨어져 같이 살기 싫다고 헤어질 수는 없다.

법에서 정한 가장 대표적인 이혼 사유는 배우자의 믿음을 저버리는 부정행위이다. 결혼에 따른 의무인 동거 의무의 맞은편에 정조 의무가 있다. 서로에게만 충실해야 할 의무다. 정조 의무는 혼인의 본질을 생각하면 너무나 당연하기에 이 의무를 지키지 못했을 경우에는 이혼할 수 있다고 더욱 강력하게 제재를 정해놓았다. 정조 의무 위반은 이혼 사유일 뿐만 아니라 때에 따라서는 손해배상도 해야 한다. 결혼한 사람이라는 사실을 알면서 불장난을 벌였고, 그 때문에 결혼 생활이 깨졌다면 함께 바람을 피운 사람도 상대방의 배우자에게 손해배상을 해야 한다.[4] 헌법재판소가 2015년 2월 26일 간통죄에 대하여 위헌 결정을 하면서 고삐가 풀렸다고 착각하곤 한다. 마음대로 해도 좋다고 생각하거나, 혹은 그래서 불륜을 저질러도 책임을 묻기 어려워질 거라고 우려하는 목소리도 있다. 더러는 간통죄로 처벌할 수 없는데 어떻게 불륜을 입증할 수 있느냐고 걱정하기도 한다. 이혼소송에서 명확한 불륜의 증거를 대려면 경찰이 현장을 덮쳐 기록을 남겨줘야 하는데 더 이상 간통이 범죄가 아니니 경찰이 불륜 현장을 덮칠 이유가 없기 때문이다. 하지만 사실 단순히 이혼을 하기 위해서, 또는 이혼소송에서 더 유리한 위치를 차지하기 위해서 필요한 증거와 형사처벌을 하기 위해서 필요

◇◇◇◇

4 대법원 2011므2997 전원합의체 판결

피테르 라스트만, 〈제우스와 이오를 발견한 헤라〉, 1618, 패널에 유채, 54×78cm, 영국 국립 미술관

한 증거는 그 정도에 차이가 있다.

서구 신화의 주인공 중 최고의 불륜 남을 꼽으라면 역시 제우스가 아닐까. 제우스의 바람기는 신들의 왕답게 인간으로서 범접하기 어려운 수준이다. 아이톨리아Aitolía의 왕녀 레다Leda와 관계를 맺어 헬레네가 태어났고, 그 유명한 헤라클레스는 다른 남자의 아내였던 알크메네Alcmene와의 사이에서 얻은 아들이며, 영웅 페르세우스Perseus도 아르고스Argos의 왕녀가 낳은 제우스의 혼외자였다. 제우스의 이런 멈출 줄 모르는 불륜 행각에 헤라는 시커멓게 속이 타들어갔다. 제우스는 헤라 몰래 바람을 피우며 수많은 사건을 벌였는데, 독일 화가 피테르 라스트만Pieter Pietersz Lastman(1583~1633)이 1618년경 선보인 그림 속 헤라와 제우스의 일화도 그중 하나다. 오른쪽 하단에 벌거벗은 채 주요 부위만 살짝 가린 남성이 제우스고, 그를 구름 속에서 내려다보고 있는

갖춰 입은 여성이 부인 헤라다. 그리고 제우스가 사랑스러운 손길로 머리를 쓰다듬고 있는 하얀 암소는 사실 소가 아니라 그의 새로운 연인 이오Io다. 갑자기 들이닥친 헤라 때문에 놀란 제우스는 급한 김에 애인을 소로 변신시켰다. 헤라와 제우스 사이에서 사랑을 상징하는 에로스와 배신을 상징하는 가면 쓴 사내가 극적인 상황을 더욱 증폭시키고 있다. 헤라는 눈치는 챘어도 증거를 얻지는 못했다. 하지만 붉어진 얼굴로 겁을 먹고 무엇인가 감추려는 표정의 제우스를 보면 물증이 없어도 어떤 상황인지 분명했다.

만약 제우스가 21세기 대한민국에 있었다면 부정행위의 책임을 물을 수 있을까? 아직 우리 사회에 간통죄가 남아 있다 해도 간통죄로 처벌하려면 육체관계가 있었다는 직접적인 증거가 필요하다. 하지만 단지 이혼과 손해배상 청구를 할 뿐이라면 상대방에게 충실하지 않았다는 증거만으로 충분하다. 기혼자가 특별한 이유도 없이 다른 이성과 함께 출퇴근을 하고 외박을 하거나, 전화나 문자 메시지를 수시로 주고받는다면 누가 봐도 의심할 만하다. 이런 경우 육체적인 관계가 있었는지 없었는지는 알 수 없어도 어쨌거나 부정한 행위라고 인정한다.[5] 따라서 헤라가 비록 결정적인 순간을 덮치지는 못했지만 제우스의 행실은 21세기 대한민국에서라면 이혼을 당할 만하다. 더군다나 이미 여러 번 다른 여성과 불륜 행각을 벌여 혼외자까지 있는 상황에 수상쩍은 행동을 또 들켰으니 제우스로서도 할 말이 있을 리 없다. 나중에 밝혀지지만 제우스는 암소로 변한 이오와의 사이에서 이집트인의 기원인 에파포스Epaphus라는 아들까지 얻는다. 혼외자라는 명백한 증거를 만든 셈이

◇◇◇◇
5 서울가정법원 97드4672 판결

다. '이혼을 당한다'고 쓴 이유는 우리 법은 원칙적으로 잘못한 사람은 이혼 청구를 할 수 없게 되어 있기 때문이다. 방귀 뀐 놈이 성내지 말라는 의도다.

부정행위 이외에 법이 정해놓은 이혼 사유는 정당한 이유 없이 동거, 부양, 협조하지 않았을 때, 배우자나 배우자의 직계존속으로부터 심하게 부당한 대우를 받았을 때(시어머니, 장인 등의 단어는 법적으로 쓰지 않는다. 남편 또는 아내 각자의 부모가 있을 뿐이다. 친딸, 친아들 같다면 좋겠지만 법은 그렇게 보지 않는다), 자신의 직계존속이 배우자로부터 심하게 부당한 대우를 받았을 때, 생사를 3년 넘게 알 수 없을 때, 그 밖에 혼인을 계속하기 어려운 중대한 사유가 있을 때이다. 연예인들이 이혼 사유로 흔히 말하는 성격 차이가 바로 '그 밖에 중대한 사유'에 해당한다. 법적으로 정해놓은 이런 여섯 가지 사유 중 하나라도 있으면 재판상 이혼을 청구할 수 있다. 다만 청구할 수 있을 뿐이지 바로 이혼할 수 있는 것은 아니다. 그런 이유로 인해서 원만한 부부 관계를 회복하기 어려울 정도로 파탄에 이르러 혼인을 강제하는 것이 가혹한 정도에 이르러야 한다. 그래야 판사가 '이혼하라'는 판결을 내린다. 그냥 싫다는 정도로는 부족하다. 이를테면 불치의 정신병에 걸려 가족들에게 끊임없는 정신적, 육체적 희생을 주거나[6], 아내가 이유 없이 남편과의 잠자리를 거부하면서 다른 남자와 전화 통화를 하거나[7], 이혼을 요구하면서 직장에 비방하는 편지를 보내거나 불륜을 의심해 불륜의 상대방으로 의심되는 사람의 가족에게 항의를 하는 등 사회생활을 계속하기 어렵도록 만

◇◇◇◇

6 대법원 2004므740 판결
7 대법원 2002므74 판결

들었을 때[8]를 그렇게 보았다. 한편 이혼에 합의하고 위자료를 지급하고 재산 분배까지 했더라도 마음을 바꿔 이혼하지 않기로 했다면 법원이 이혼시켜줄 수는 없다고도 했다.[9] 말이 부부지 법으로 보호해줄 만한 공동체라고 보기 어려울 정도에 이르러야 이혼할 수 있다고 보면 된다.

그나저나 그리스 로마 신화는 어쩌면 그렇게도 많은 불륜으로 채워져 있을까. 어쩌면 신들이 영생을 누리는 존재이기 때문일지도 모른다. 일단 혼인 관계를 맺으면 늙지도 죽지도 않고 평생을 상대방과 함께 살아야 하지 않는가. 천생연분이라면 더없이 좋겠지만 그렇지 않다면 참으로 곤란한 일이 아닐 수 없다. 만일 그리스 로마 신화의 신들이 대한민국 법에 따라 살아야 했다면 어땠을까? 단순히 살기 싫어졌다는 이유만으로는 이혼할 수 없으니 영생을 누리는 신들로서는 이러지도 저러지도 못하는 상황에 놓일 수 있다. 영생까지는 아니라도 인간의 삶 역시 많이 변했다. 수명이 늘면서 오래도록 건강을 유지하는 사람이 많아지고 있다. 어느 생명공학 회사가 인간의 수명을 500살까지 늘리겠다는 사업 계획을 발표했다는 뉴스도 있었다. 그러다 보니 기존 결혼 제도로는 감당하기 어려운 일이 생길 수 있다. 이미 황혼 이혼이 늘고, 재혼, 삼혼까지 이뤄지면서 상속이나 재산 분할과 관련한 다툼을 심심치 않게 볼 수 있다. 이대로 수십 년 흐르면 결혼 제도 자체도 위헌이라고 할 날이 올지도 모를 일이다. 사랑에 관하여 법은 무엇을 말하고 어디에 선을 그어야 할까.

◇◇◇◇
8 대법원 85므72 판결
9 대법원 96므226 판결

미래를 향한 이혼

윌리엄 호가스, 〈유행에 따른 결혼 : 결혼 계약〉, 1743~1745, 캔버스에 유채, 영국 국립 미술관

영국의 풍자화가 윌리엄 호가스William Hogarth(1697~1764)는 영국 상류층의 결혼상을 비꼬아 〈유행에 따른 결혼〉이라는 작품을 선보였다. 총 여섯 개의 작품이 이어진 연작 중 첫 번째 작품에는 〈결혼 계약〉이라는 제목이 붙어 있다. 맨 오른쪽 거만한 자세를 취하고 있는 백작은 맞은편에 앉은 부유한 상인으로부터 거액의 지참금을 받고 자신의 아들을 결혼시키려 하고 있다. 백작이 자랑스럽게 펼쳐 보이는 그림은 다름 아닌 가계도다. 거액의 숫자가 적힌 서류를 들여다보고 있는 상인은 돈으로 귀족의 지위를 사려는 욕심을 보이고, 둘 사이의 중개인은 거래를 성사시키기 위해 부지런히 서류를 들이밀고 있다. 뒤에는 새

로운 부부가 될 한 쌍이 나란히 앉아 있는데 정작 서로에게 전혀 관심이 없어 보인다. 신부 곁에 들러붙어 무엇인가 속삭이는 남자는 변호사다. 얼핏 봐서는 법적인 조언을 하는 중으로 보일 수도 있지만 이어지는 다른 그림을 보면 결국 변호사는 신부를 유혹하기에 이른다. 신부 곁에 앉아 있기는 하지만 그녀는 쳐다보지도 않는 사내가 바로 백작의 아들이다. 한껏 멋을 부린 차림으로 결혼에는 관심도 없이 거울에 비친 자신의 얼굴에 빠져 있다. 그리고 그의 발치에 쇠사슬로 묶인 두 마리의 개는 억지로 맺어지는 불행한 결혼을 상징하고 있다.

호가스는 이렇듯 계약을 통한 결혼을 냉소적으로 그렸지만 사실 결혼은 오랜 시간에 걸쳐 이어지는 계약이 맞다. 그러다 보니 최근에는 약속을 지키기 위해 혼전 계약서를 쓰는 부부도 늘어나고 있다. 무슨 일이 생길지 모르니 만약을 생각해 결혼 전 각자의 재산은 얼마인지, 결혼 생활 중에는 무엇을 지켜야 하는지 기준을 정해놓는 것이다. 가사 분담이나 자녀 양육에 대해 정해놓을 수도 있다. 사랑하는 사이에 무슨 계약서냐고 할 수 있지만 사랑을 지키기 위해 오히려 문서를 남길 필요도 있다. 불필요한 싸움과 갈등을 줄일 수 있기 때문이다. 사실 법정에서는 이런 계약서가 100퍼센트 인정받기는 어렵다. 하지만 그 내용이 중요한 참고 자료는 될 수 있다. 결혼이라는 약속은 오랜 시간에 걸쳐 지켜져야 하기 때문에 시작할 때 어떤 일이 있었는지 계약서라도 있어야 증명하기 쉽다.

불가피하게 결혼 생활을 끝내더라도 모든 게 없었던 일이 되지는 않는다. 환불하듯 서로 돌려주고 처음으로 돌아갈 수 있다면 좋겠지만 현실은 그렇지 못하다. 예를 들어 이혼과 동시에 결혼으로 맺어진 친족 관계도 사라지지만 남남이 된 후에도 과거 배우자였던 사람의 가족과는 결혼할 수 없는 것만 봐도 그렇다. 더구나 살아온 세월이 길면 길수록 해결해야 할 문제도 그만큼 많아진다. 특히 재산과 자녀의 미래에 관한 논의는 반드시 필요하다. 이혼할 때 가장 고민되는 것이 둘 사이의 결실인 자녀의 미래일 것이다. 부모는 친권과 양육권을 갖고 공동으로 행사한다. 그런 부와 모가 갈라서니 이제 누가 그런 권리를 행사할지 정해야 한다. 친권은 말이 권리지 사실상 의무에 가깝다. 자녀의 복리와 관련해서도 여간 중요한 문제가 아닐 수 없다. 당사자들 사이의 합의를 존중하지만 법원은 어느 쪽이 경제적, 사회적으로 아이에게 더 적합한지 판단하고, 아이의 현재 상태를 가능한 비슷하게 유지해줘야 하기에 아이의 의견도 충분히 들어봐야 한다. 직접 아이를 맡지 않는 쪽이라면 전화를 하거나 만날 수 있는 면접 교섭권을 갖는다. 부모가 서로 헤어지는 것이지 부모 자식이 갈라지는 것은 아니니 말이다.

이혼하면서 가장 치열하게 다투는 부분은 아마도 돈이 아닐까. 한때나마 서로 사랑했으니 헤어질 때도 가능하면 깔끔하면 좋겠지만 현실은 그렇지 못하다. 재산 관계는 크게 손해배상과 재산 분할로 나뉜다. 특히 어느 한쪽이 잘못을 저질러서 헤어진다면 손해배상을 청구할 수 있다. 물질적인 피해가 아니라 정신적인 피해에 대한 위자료이기 때문에 정확한 액수를 산정하기 어려운 측면은 있다. 혼인 기간이 얼마나 길었는지, 어떤 잘못을 했는지에 따라 법원이 상당한 재량권을 가지고 적정한 금액을 산정해준다. 십수 년 가정 폭력에 시달렸다던가, 부정행위를 하느라 집안에 소홀했다던가 하는 등이 아무래도 위자료 액수를 높게 매기는 사유가 된다. 그런데 혼동하지 말아야 할 부분이 있다. 위자료를 계산할 때와 달리 재산 분할에서는 잘잘못을 따지지 않는다. 재산 분할은 부부가 공동생활을 하면서 마련한 재산 중 각자의 몫으로 얼마씩을 나눠 가질 것이냐의 문제다. 아무리 나쁜 짓을 해 혼인 관계를 파탄 냈다 해도 자기가 기여해서 마련한 재산에 대한 권리까지 빼앗을 수는 없다. 결혼 직후라면 냉장고, 세탁기, TV 같은 살림살이는 가지고 온 사람이, 주택자금도 마련한 사람이 그대로 가져가면 그만이다. 혼인 관계가 길어졌을 때가 문제다. 두 사람이 함께 장만하고 썼던 재산도 그만큼 많아질 수밖에 없다. 결혼할 때 누군가 한 사람이 가지고 왔더라도 그걸 유지하기 위해 함께 비용을 들였을 수도 있다. 전업주부처럼 둘 중 한 사람만 경제활동을 했을 때도 어디서부터 어디까지를 나눠 가질지 모호하다. 분명히 바깥에서 돈을 벌어온 사람은 한 사람이지만, 그 사람의 경제활동은 집안일을 돌봐주는 다른 사람이 있었기에 가능했다. 집안일 자체에 대한 경제적인 평가도 무시할 수 없다. 그러다 보니 재판으로 진짜 치열하게 싸우는 문제는 이혼을 하느냐 마느냐가 아니라 누가 얼마를 가져갈 것인가일 때가 많다. 인연이 길면 길수록 돈을 나누는 일마저 쉽지 않다.

오랫동안 이혼소송을 하다 보니 오만 잔정까지 다 떨어졌다는 이야기를 듣곤 한다. 그렇게나마 정리됐으니 좋은 일이라고 해야 할까. 법적으로 중요하게 따져봐야 할 결혼이지만 법만으로는 안 되는 것이 결혼이기도 하다. 복잡다단한 감정부터 자녀에 대한 문제, 게다가 돈까지, 무엇 하나 가벼울 수 없다. 그러니 그나마 확실하게 정해져 있는 법적 문제라도 알고 시작해야 하지 않을까.

Part 19

너에게 나를 맡기다

위임, 의료 행위, 국가 사무

미켈란젤로 부오나로티, 〈아담의 창조〉, 1511~1512, 프레스코화, 바티칸 미술관

미켈란젤로에게 맡겨진 달갑지 않은 임무

손가락과 손가락의 만남. 인류라는 대서사시가 이제 이어지려는 그 접점으로부터 흘러넘치려 한다. 이탈리아 시스티나 성당Sistine Chapel 의 천장화인 〈천지창조〉 가운데 가장 유명한 〈아담의 창조〉다. 갓 태어나 기운이 부족한 탓일까. 가까스로 들어 올린 아담의 손을 향해 천사들의 호위를 받으며 하늘에서 내려온 신이 폭발할 듯한 에너지를 손끝에 모아 뻗어나가고 있다. 신은 아직 육체의 형상을 갖추지 못한 이브를 왼팔에 안고 있다. 아담에게 생기를 불어넣은 다음 이브와 짝을 짓도록 해 인류의 조상으로 삼을 심산이다. 신의 속내를 그림으로 그려 낸 인간은 르네상스를 대표하는 조각가이자 화가인 미켈란젤로 부오나로티Michelangelo Buonarroti(1475~1564)다.

사실 미켈란젤로는 〈천지창조〉 이전까지 조각가로서는 명성을 떨치고 있었지만 화가로서는 그다지 알려지지 않았다. 그런데 경쟁자였던 도나토 브라만테Donato Bramante(1444~1514)가 교황을 부추겨 미켈란젤로에게 신축하는 성당의 천장화를 맡기도록 시켰다. 억지로 그림을 맡겨 실패하도록 만들 꿍꿍이였다고 한다. 천장에 그림을 그리자면 높다란 작업대에서 목을 뒤로 꺾은 채 수시로 얼굴과 눈으로 떨어지는 물감을 맞으며 작업해야 한다. 미켈란젤로는 무려 4년에 걸쳐 원하지도 않았던 중노동을 했고, 목과 눈에 심각한 병을 얻고 말았다. 그러나 그 대가는 기대 이상이었다. 전체 길이 36미터, 폭 13미터에 등장인물만 300여 명에 이르는 대작을 본 사람들은 칭송을 아끼지 않았다. 미켈란젤로의 천장화 속 등장인물 하나하나는 아름답고 완벽한 자세로 『구약성서』의 주요 장면을 생생하게 보여준다. 같은 시대 건축가이자 조각가였던 조르조 바사리는 "이제부터 미술가들이 해야 할 일은 미켈란젤로의 발자취를 따르는 것뿐"이라고 존경을 표하기도 했다. 브라만테는 실패를 낳으려고 억지로 일을 맡겼는데 오히려 인류의 가장 위대한 유산 중 하나를 탄생시켰다.

전문가의 손길

자급자족 원시시대를 벗어난 이후, 특히 현대 사회에서는 아마 아무도 다른 사람 없이 살 수 없을 것이다. 한 끼니의 밥상, 걸치고 있는 옷가지, 머무르고 있는 공간……. 어디를 둘러봐도 내 손만으로 가능한 일은 찾기 어렵다. 결국 사람들은 주변의 많은 일을 누군가에게 맡기면서 자신은 잘할 수 있는 일에만 매달리고, 그렇게 얻은 대가로 다른 사람들의 도움을 사고 있다.

사람들은 여럿이 모이면 손과 발이 여럿이 된 듯 다양한 일을 동시에 할 수 있고, 많은 사람들을 동원해 한 사람으로서는 도저히 상상하기 힘든 일을 해내기도 한다. 그러다 보면 필연적으로 '누군가를 대신하는 사람'이 필요해진다. 누군가를 대신하는 것도 몇 가지 형태로 나뉜다. 이미 무슨 일을 어떻게 할지는 정해졌고 시간과 공간을 절약하기 위해 단순히 심부름을 하는 경우가 있다. '~라고 전해라' 하면 다른 사람의 말과 의견을 고스란히 전달하는 역할이다. 마음대로 더하거나 빼서는 안 된다. 통신수단이 발달하지 않았던 시절 심부름꾼을 보내 '벼 한 석을 줄게, 베 한 필을 달라'고 전하는 것이다. 거절하면 거절하는 대로, 새로운 조건을 제시하면 그 조건을 다시 이쪽으로 전달만 하면 된다. 정확할 수 있지만 번거롭다. 그러다 보니 이번에는 어느 정도 흥정할 수 있는 재량을 주고 알아서 거래를 성사시키라고 맡길 수도 있다. 다른 사람에게 일정한 권한을 주면서 대신 일을 하도록 시키는 것이다. 갑자기 해외 근무를 떠나게 되는 바람에 부동산 중개업소에 살던 집을 1억 원 이상에만 팔아달라고 맡기면 매매는 중개업소가 알아서 하지만 그 결과 생긴 법적 효력, 그러니까 집을 팔아 생긴 돈은 내가 갖는다.

맡기는 일의 성격에 따라서도 분류해볼 수 있다. 직접 할 수 없을 때가 아니라도 자신보다 잘하는 사람에게 맡기는 편이 나은 일이 있다. 시스티나 성당의 예를 봐도 알 수 있다. 성당을 지은 것은 당시 교황이었던 율리오 2세Julius Ⅱ(1443~1513)다. 그때나 지금이나 건축 공사가 전문가의 손길을 필요로 하는 특수한 영역이기는 마찬가지다. 당연히 교황도 건설 인력을 고용해 직접 공사를 하기보다는 영역별로 나누어 전문가에게 성당을 완성하도록 지시했다. 미켈란젤로의 최대 걸작은 바로 그렇게 탄생했다. 이처럼 물건의 제작을 맡기는 등 어떤 일을 맡기고 정해진 결과를 기대하는 계약이 바로 도급이다. 도급계약은 흔히 건설 공사 현장에서 쓰이는 용어인데 아파트 전체 공사 중 문호와 창틀 공사를 전문적으로 하는 별도의 업체에 맡기면서 도급을 준다고 하는 식으로 쓰인다. 누구에게나 보편적으로 판매하는 게 아니라 주문한 사람을 위해서만 제품을 만드는 경우에도 도급이라고 부른다. 누가 살지 모르지만 일단 물건을 만들어놓고 기다리는 매매와는 개념이 다르다. 그런데 미켈란젤로가 일을 기가 막히게 해냈으니 다행인데 그렇지 않았다면 어떨까. 율리오 2세가 보기에 어느 정도 만족할 만큼 해주어야 약속한 보수 같은 걸 받을 수 있을까. 막연하지만 일반적인, 중간 이상의 수준이면 족하다고 할 것이다.

보수를 주기는 하는데, 결과를 떠나 일정한 사무를 다른 사람에게 처리하도록 맡기는 경우가 있다. 이를 가리켜 위임이라고 하는데, 대표적으로 소송을 맡은 변호사의 업무 등이 여기에 해당한다. 그런데 현실적으로 재판의 승패까지 좌우하겠노라고 장담할 수 있는 변호사는 없다. 오히려 지나치게 자신만만하다면 사건을 맡기 위한 허세가 아닌지 의심해봐야 한다. 사실 아무리 능력 있는 변호사라 하더라도 그 의무는 최선을 다하는 것까지다. 변호사의 일 자체가 결과를 책임질 수 없을 때가 많기 때문이다. 물론 변호사가 일을 소홀히 하는 바람에 의뢰인으로부터 감정적인 불만을 사거나, 평판이 나빠지는 등의 불이익을 입을 수는 있다. 하지만 아무리 최선을 다해도 재판에서는 패소할 수 있고, 변호사는 단순히 재판에서 졌다는 사실만으로는 책임을 지지 않는다. 법은 변호사에게 그런 의무까지는 지우지 않는다. 아니, 그럴 수가 없다. 그렇기 때문에 얼마나 믿을 수 있는 상대방인가가 참으로 중요하다. 그렇게 보면 믿고 일을 맡겨준다는 자체를 영광으로 여겨야 하는지도 모른다. 실제로 그런 전통 때문에 법률상 위임은 원칙적으로는 보수를 받지 않는다. 물론 현실적으로 공짜로 위임계약이 이루어지는 일은 거의 없다. 실생활에서는 당사자 간의 약정을 통해서 유상으로 위임이 이루어지지만, 이 법률 조항은 어떻게 보면 남의 일을 대신하는 무게를 상징적으로 시사하는지도 모른다.

　개업 초기 변호사들은 대부분 맡은 사건을 생각하다가 밤잠을 이루지 못할 정도의 무게감을 느낀다. 자리에 누워도 마치 유령처럼 의뢰인의 얼굴이 베개 주변을 떠돈다는 하소연을 할 정도다. 한 사람의 일에 대해 허공에 대화를 나누고 나면 기다렸다는 듯 다음 상담자의 차례가 온다. 떠오르는 생각을 그때그때 적어놓아야 할 필기도구가 잠자리 필수품이다. 하지만 시간이 흐르면 그런 현상은 줄어든다. 익숙해져서가 아니다. 그렇게 매달리는 것이 맡은 일을 하는 데 결코 도움이 되지 않는다는 사실을 몸과 마음으로 깨닫게 되기 때문이다. 객관적인 시각으로, 의뢰인 편에서가 아니라 냉정하게 사건을 바라볼 수 있어야 승소 가능성이 높아진다. 객관적으로 바라본다는 것은 법적 가능성을 따진다는 뜻이다. 하지만 그러다 보면 원성도 따른다. 의뢰인이 왜 자기 말을 들어주지 않느냐며, 변호사마저 자기 말을 믿어주지 않는다고 서운해할 수 있기 때문이다. 게다가 아무래도 법이라는 낯선 언어로 시도하는 소통이다 보니 더욱 믿고 맡기기 어려운 일이기도 하다. 일을 맡을 때도 일을 진행하는 동안에도 신뢰가 절대적인 덕목일 수밖에 없다.

뼈와 살을 맡기다

　절대적인 신뢰를 바탕으로 하는 또 하나의 전문 영역으로 의료 행위를 꼽을 수 있다. 법원 안 가보고 사는 사람은 있어도 병원 근처 안 가본 사람은 찾기 힘들다. 그런데 사람들은 너무나 일상적으로 병원에 몸을 맡겨서인지 의료 행위가 얼마나 중요한 일인지를 쉽게 느끼지 못하고 산다. 병원은 삶의 시작과 끝이 이루어지는 곳인 동시에 가족들조차 볼 수 없는 내밀한 모습을 드러내야 하는 곳이기도 하다. 사람들은 때로 무슨 병인지도 모르면서 막연하게 의사를 만나 의사가 시키는 대로 움직이기도 한다. 휘갈겨 쓴 처방전을 훔쳐봐도, 처방 받은 약 봉지에 인쇄된 글씨를 봐도 무슨 약을 먹는지조차 모르기 십상이다. 먹으면 졸린다거나 어떤 음식은 피하라는 정도만 알 수 있는 게 보통이다. 크고 작은 수술이라도 받을라치면 더욱 그렇다. 글자 그대로 배를 째는 일인데, 마취돼 눈을 감고 무슨 일이 벌어지는지 알 수 없다. 원래 배를 쨌다는 것은 몸을 훼손해서 그 기능을 해치는 행위고, 법적으로는 상해라는 범죄에 해당한다. 다만 그 목적이 치료를 위한 것이기에 나쁜 행동이 되지 않을 뿐이다. 게다가 의사의 치료 역시 결과를 묻기 어려운 일이다. 감기약을 먹었는데 낫지 않았다고, 주사를 맞은 엉덩이만 아프고 병은 차도가 없다고 쉽게 의사를 나무랄 수 없다. 물론 법은 의사에게

장 오귀스트 도미니크 앵그르, 〈그랑 오달리스크〉, 1814, 캔버스에 유채, 91×162cm, 프랑스 루브르 박물관

질병의 치료를 위해 필요한 모든 의료 지식, 의료 기술을 동원해 환자를 진찰하고 치료하라고 한다. 다만 이때의 최선은 현대 의학의 일반적인 수준이다. 모든 의사가 신의 손을 가질 수는 없으니까.

그런데 어디서부터 어디까지를 의료 행위로 보아야 할지 모호한 경우가 있다. 특히 성형수술 등에서는 그 기준이 더욱 모호해진다. 앵그르Jean Auguste Dominique Ingres(1780~1867)의 작품, 〈그랑 오달리스크〉를 보자. 오달리스크Odalisque란 이슬람 황제를 위해 봉사하는 여인, 할렘에 머물렀던 후궁을 가리키는 말이다. 할렘은 한 남자, 절대자를 둘러싼 수많은 미모의 여인들이라는 구도로 끊임없는 성적 상상력의 소재가 됐다. 할렘을 묘사한 그림 역시 수없이 그려졌지만 앵그르의 이 작품은 그 절정을 찍었다고 해도 과언이 아니다. 21세기 대한민국의 기준으로 보더라도 섹시함을 한껏 강조한 그림이다. 늘씬하고 가늘게 뻗은 팔, 곡선미가 도드라지는 어깨와 둔부까지, 풍만한 듯 날렵한 듯 이의를 제기하기 어려운 미모처럼 보인다. 언뜻 보기에는 말이다. 하지만 조금만 자세히 보면 무언가 이상한 느낌을 받기 시작할 것이다. 고운 얼굴을 볼 수 있는 건 좋은데 목이 저렇게까지 돌아간다는 게 신기하다. 마치 공포 영화의 한 장면 같지 않은가. 가늘고 길어 보이는 허리는 실제로 꼿꼿이 펴면 지나치게 길지 않을까. 해부학적으로 평균적인 여성보다 척추가 몇 개는 더 있어 보인다. 아마도 저 여인이 자리에서 일어서는 순간 미모는 사라지고 두려움이 밀려오지 않을까? 오른 다리에 왼쪽 다리를 꼬아 올려놓은 자세도 그렇다. 전문적으로 요가를 수련하기라도 했다면 모를까 저런 자세로 자연스레 누워 있는 척하는 게 심히 부자연스럽다. 균형이 맞지 않는다. 앵그르는 화가였다. 그렇기 때문에 우아한 신체의 아름다움을 강조하기 위해 척추가 두세 개쯤 더 있어도 상관없다고 생각했을지도 모른다. 하지만 만일 앵그르가 화가가 아닌 의사였다면 어떨까? 만일 고객이 원하고 겉으로 예뻐 보인다고 비정상적으로 긴 허리로 만드는 수술을 했다면 과연 그는 제대로 일을 했다고 할 수 있을까? 아니면 몸을 심하게 망가뜨렸으니 의료 사고로 법정으로 가야 할까. 앵그르가 한 수술에 대해 문제 삼기 전에 먼저 생각해봐야 할 문제가 있다. 애초에 성형수술이나 미용 시술이 의료 행위에 해당하는지 여부다.

논란의 여지가 있기는 하지만 법원은 일찌감치 성형 시술도 엄연히 의료 행위에 해당한다고 보고 있다. 사람의 몸에 직접 칼을 대야 하는데다 그 과정에서 감염 예방을 위한 조치처럼 명백한 의료 행위도 해야 하기 때문이다. 그러다 보니 이런 위험한 일은 의사에게만 허용하는 것이 낫겠다고 정책적 판단을 내렸다. 의료 행위 역시 변호사의 법률 행위처럼 의사에게 최선을 다할 책임은 있지만 병을 낫게 할 절대적인 의무는 없다. 그런데 미용을 목적으로 한 성형수술은 애초에 외모를 아름답게 만들기 위한 것이지 병을 고친다고 볼 수는 없다. 그러다 보니 받는 사람은 결과에 지대한 관심을 갖고 의사가 최선을 다했다는 사실만으로 만족하지 않는 경우가 많다. 물론 아무리 의료 행위로서 최선을 다하는 것이 의사의 의무라고 할지라도 어느 정도는 결과에 대해 책임을 져야 한다. 물론 이때 결과는 예뻐졌느냐 그렇지 않느냐 하는 주관적인 영역이 아니다. 쌍꺼풀 수술을 했다면 최소한 쌍꺼풀이 생기기는 해야 한다는 뜻이다.

이처럼 성형수술이 의료 행위라는 사실을 알고 다시 〈그랑 오달리스크〉를 보자. 만일 환자가 뭐가 어떻게 되든 좋으니 기대어 누워 있을 때 최대한 우아해 보이도록 고쳐달라고 했다고 가정했을 때, 앵그르가 의

사로서 이 수술을 집도했다면 의사로서의 의무를 다하지 않았다고 봐야 한다. 침대에 기대어 누워 있는 모습이 당장은 우아해 보이더라도 허리가 길어지고 몸이 균형을 잃게 되는 시술이라면 설령 환자의 요구가 있어도 들어줘서는 안 되기 때문이다. 건강을 잃는다면 진정한 아름다움이라고 할 수 없다. 그렇다면 일종의 의료 사고로 보고 법적으로 다툴 수 있다.

의료 사고를 법적으로 다투는 방법은 크게 둘로 나뉜다. 먼저 의료 행위를 하는 과정에서 의사가 실수를 저질러 환자를 다치게 하거나 생명까지 잃게 만들었을 때이다. 일정한 시술을 했는데 당시의 의료 수준에 비추어 상당한 정도의 주의를 기울이지 않았다면 의사의 실수라고 봐야 한다. 실수로 환자에게 손해를 입혔다면 의사에게는 이를 배상할 책임이 있다. 문제는 그 실수를 증명하기가 어렵다는 점이다. 오른팔을 수술해야 했는데 실수로 왼팔을 수술하는 극단적인 사례는 의사가 일부러 그랬다면 모를까 웬만해서는 없을 것이다. 어쩌다 의사의 실수를 밝혀내더라도 그로 인해 손해가 발생했다는 인과관계는 별도로 따져야 한다. 원인과 결과의 관계, 그것이 의료 영역에서는 다른 어떤 부분보다 더욱 어렵다. 아프니까 환자 아닌가. 원래 아팠는데 심해졌을 뿐인지 아니면 의사가 잘못된 처치를 해서 더 악화됐는지 밝히기는 어려운 일이다. 더군다나 나이를 먹으면 허리나 관절은 노화하기 마련이다. 원래 자연스럽게 노화된 부분 말고 의사의 잘못 때문에 악화된 정도는 도대체 어떻게 계량해야 할까? 게다가 상대는 전문가인 의사다. 변호사의 도움을 받아도 아무래도 환자 쪽이 약자일 수밖에 없다.

그런 점을 고려해 법은 일단 진료 기록부 등 의료 행위에서 만들어지는 모든 서류들을 환자가 확보할 수 있도록 하고 있다. 조금이라도 의사의 과실을 찾기 쉽도록 말이다. 그렇게 일단 과실을 찾아내면 환자는 의사의 의료 행위 이전에는 별 탈이 없었다는 것만 증명하면 된다. 그러면 환자의 악화된 상태를 의사의 잘못 때문이라고 일단 추정하겠다는 것이다. 만약 의사가 억울하다면 의사 스스로 결백을 밝혀야 한다.[1] 원래 손해배상을 청구하려면 손해를 입었다고 주장하는 쪽에서 모든 것을 증명해야 하는데 그런 원칙의 예외인 셈이다.

두 번째로 제기할 수 있는 의료 소송은 의사의 설명 의무 위반이다. 원칙적으로 결과에 책임을 지지 않는 것이 의료 행위의 특징이라고 설명했다. 법은 그 대신 그에 상응하는 의무를 준다. 의사는 환자에게 병의 증상, 치료 방법, 치료 행위의 내용이나 부작용, 위험성 등을 충분히 설명해줘야 한다. 결과를 따질 수 없다면 최소한 내 몸에 무슨 일을 어떻게 하는지는 알아야 믿고 맡길 수 있지 않은가. 만약 의사가 이를 게을리 했으면 의료 행위 자체를 잘했건 못했건 손해를 배상해줘야 할 수 있다.[2] 다만 손해배상의 범위는 설명을 제대로 듣지 못해 생긴 정신적 피해에 대해서이지 의료 행위로 발생한 모든 손해를 배상하는 것은 아니다.[3] 이런 설명 의무는 특히 성형수술의 경우에 더욱 중요하다. 아무래도 다른 의료 행위보다 시술을 받는 사람이 결과에 대해 관심이 크고, 대부분 시급하게 필요한 시술이 아닌 경우가 많다. 그런 만큼 대안은 없는지, 어떤 부작용이 생길 수 있는지 등 상세하고 정확하며 충분한 설명이 있어야 한다. 예를 들어 성형수술에는 실리콘 같은 보형물이 쓰이는 경우가 많다. 이런 보형물을 썼을 경우 부작용으로 출혈이나 염

◇◇◇◇

1 대법원 99다48221 판결
2 대법원 2009다17417 전원합의체 판결
3 대법원 2005다5867 판결

증이 생길 수 있다고 설명했더라도 몸속에서 움직일 수 있다는 점에 대해 충분히 설명하지 않았다면 여전히 정신적 손해가 발생했다고 봐야 한다.[4]

국가라는 사무의 위임

믿고 맡겨야 하는 일의 최고봉은 국가의 일이다. 국민이 단잠을 이룰 수 있게 하는 국방과 치안부터 철도나 도로를 비롯한 기간산업, 화폐의 발행과 유통으로 경제의 피가 흐르도록 하는 일까지 모두 국민 전체를 위한 공적인 업무고 국민 전체의 위임을 받아서 하는 일이다. 위임은 일단 사무 처리를 맡긴 다음에는 믿고 알아서 하도록 기다려야 한다. 국가의 일은 이와 같은 위임의 본질이 여실히 드러나는 영역이다. 이렇게 국가에 맡긴 사무 처리는 공무원을 통해 이루어지는데, 국민들은 몇 년에 한 번 선거를 통해 직접 실무 담당자를 뽑는다. 헌법에는 이렇듯 선거를 통해 뽑힌 공무원은 물론 모든 공무원이 국민 전체의 봉사자라고 되어 있다.[5] 그런데 선거철에는 둘도 없는 국민의 봉사자가 될 것처럼 행동하다가도 뽑히자마자 위아래가 역전되는 이상한 모습이 보이기도 한다. 헌법이 무색해지는 순간이다. 이는 아마도 뽑힌 공무원들이 다른 사람의 일을 대신 맡는다는 위임의 본질을 마치 권력처럼 여기고 있기 때문일 것이다. 이를 극복하기 위해서는 법률과 제도를 통한 오랜

◇◇◇◇

4 대법원 2002다48443 판결
5 대한민국 헌법 제7조 제1항
  공무원은 국민전체에 대한 봉사자이며, 국민에 대하여 책임을 진다.

노력이 필요하다. 우리나라의 제도 역시 다양한 안전장치를 만들어놓았다. 가장 기본적으로 삼권분립을 들 수 있다. 다수 국민의 다양한 의견을 반영하는 국회의원으로 국회를 꾸렸고, 국가의 운영은 그 국회에서 만드는 법률로 하도록 했다. 만들어진 법률로 실제 살림을 꾸리는 것은 행정부다. 법에 따라 제대로 하고 있는지는 다시 사법부가 관장한다. 법 자체를 잘못 만들 수도 있으니 헌법재판소도 두었다. 믿고 맡긴다고 하지만 워낙 중요한 일이니 그 믿음에도 안전장치를 둔 것이다.

그러나 이와 같은 삼권분립에도 여전히 아쉬운 점이 있다. 삼권분립은 어디까지나 '그들끼리' 서로를 견제하는 데 그치기 때문이다. 뿐만 아니라 4년이나 5년에 한 번 열리는 선거 이외에는 딱히 책임을 물을 방법도 없다. 그러다 보니 권력분립의 취지를 망각하고 비슷한 성향의 이들이 삼권을 모두 장악할 위험성이 있는데, 특히 우리나라와 같이 대통령제를 채택한 나라에서는 그런 상황이 벌어질 가능성이 높다. 세 분야로 나눠놓기는 했지만 정점에 최상위 권력이 군림하듯 운영될 수 있기 때문이다. 대통령은 행정부의 수반인 동시에 국가원수라는 지위를 갖다 보니 행정부 수반일 때는 국회와 대등한 지위여야 한다. 그러나 현실적으로는 그렇지 않을 수 있다. 대표적인 사례로 이른바 행정입법을 둘러싼 갈등을 들 수 있다.

행정입법이란 법률을 만드는 과정에서 일어나는 위임이다. 간단히 말해서 행정입법이란 행정부가 입법부처럼 법을 만드는 것을 가리킨다. 보통 대통령령, 총리령, 각종 부령 등이 여기에 해당한다. 대한민국의 커다란 틀은 헌법에 나타나 있다. 헌법 제3조에서 우리나라의 영토를 한반도와 그 부속 도서로 정한 것이 대표적인 예이다. 하지만 그 영토 안에서 실제로 벌어지는 일을 처리하고 헌법이 밝히고 있는 이상을 실현하기 위해서는 보다 자세한 계획과 질서가 필요하다. 그래서 법률이 만들어졌다. 국민들은 통치 권력을 맡기면서 법이라는 형태로 미리 규칙을 정하고, 법을 만드는 과정에서 다시 한 번 국민의 뜻을 파악하도록 했다. 그런 역할을 헌법은 국회에 맡기고 있다.[6] 예를 들어 정부가 일자리 정책을 펴기 위해서는 국회에 부탁해 노동 관련 법을 만들거나 고쳐야 한다. 그 과정에서 두 번, 세 번 신중한 검토가 이뤄질 수 있다. 밀어붙이려는 행정부를 국회가 견제하기도 하고 부족한 부분을 보충하며 민심을 반영한다. 하지만 그렇게 정해놓은 법으로도 막상 일을 해나가려면 부족할 때가 있다. 사회가 점점 복잡해지다 보니 전문적이고 기술적 내용까지 법률에 전부 넣기는 힘들기 때문이다. 시시때때로 변화하는 환경에 발맞춰 일하기 어려울 수도 있다. 그래서 국회가 법률을 만들 때부터 이러저러한 범위에서는 행정부가 더욱 자세한 내용을 만들어 법을 보충할 수 있다고 위임해놓는 경우도 있다.[7] 이런 식으로 법을 만드는 것을 가리켜 행정입법이라 한다. 근로조건 보장을 위해 최저임금법을 만들고, 구체적인 계산 방법은 최저임금법 시행령에 따로 만들어놓는 식이다. 법은 국회가 만들지만 그 법을 실행에 옮기는 것은 대통령이나 고용노동부 장관이니 그들이 직접 필요한 규칙을 정할 수 있게 한 것이다.

법을 배울 때는 헌법, 법률, 시행령, 시행규칙의 순서로 법을 줄 세우는 방법을 가장 먼저 공부한다. 그런데 문제는 시행령을 대통령이 만들

◇◇◇◇

6 대한민국헌법 제40조
　입법권은 국회에 속한다.

7 대한민국헌법 제75조
　대통령은 법률에서 구체적으로 범위를 정하여 위임받은 사항과 법률을 집행하기 위하여 필요한 사항에 관하여 대통령령을 발할 수 있다.

다 보니 국회의 법률보다 힘이 센 물구나무서기 현상이 벌어지곤 한다. 법률에서 원래 하려던 방향과 다른 방향으로 시행령이 만들어져도 견제가 어려운 경우가 벌어진다. 그런 문제를 해결하기 위한 방안이 여러모로 논의되고 있지만 제도나 원칙이 아닌 힘의 논리로 무산되는 일이 많다. 그러다 보면 결국 질서 정연한 법의 위임 구조가 아니라 비뚤어지고 어긋난, 균형이 맞지 않는 법률과 시행령으로 대한민국의 법이 만들어지는 일이 벌어진다. 결국 피해는 그런 못생긴 법령을 따라야 하는 국민들에게 고스란히 돌아가니 아이러니가 아닐 수 없다. 국가는 국민을 위해 존재하고, 통치 권력은 국가의 일을 국민으로부터 위임받아 처리하는 것뿐인데 말이다. 삐뚤삐뚤 엉망진창으로 실패한 성형수술처럼 못생긴 법이 생기는 걸 막으려면 대한민국의 큰 틀에 대한 수정이 필요한 상황이다.

Part 20

악법은 법이 아니다

헌법의 의미

외젠 들라크루아, 〈민중을 이끄는 자유의 여신〉, 1830, 캔버스에 유채, 260×325cm, 프랑스 루브르 박물관

대한민국의 헌법이 이야기하는 것

유구한 역사와 전통에 빛나는 우리 대한민국은
3·1 운동으로 건립된 대한민국 임시정부의 법통과
불의에 항거한 4·19 민주이념을 계승하고……

우리나라 헌법은 이렇게 시작한다. 구체적인 법조문을 시작하기 전에 이렇듯 전문前文을 두고 어떻게 우리가 헌법을 갖게 됐는지, 대한민국은 무엇을 추구하는지를 밝히고 있다. 헌법이란 한 나라의 이념과 그 이념을 구체적으로 구현해놓은 제도이며, 다른 법을 만드는 원리를 정하는 뿌리이다. 그런 헌법의 전문이니 핵심 중의 핵심이라고 할 수 있다. 그것이 바로 일본의 식민주의에 맞서 싸웠던 3·1 운동 정신이고, 독재정권을 무너뜨린 4·19의 뜨거움이라는 것이다. 들라크루아Eugène Delacroix(1798~1863)의 〈민중을 이끄는 자유의 여신〉과 너무나 잘 맞아떨어지지 않는가.

이 그림은 1830년에 벌어진 프랑스의 7월 혁명을 배경으로 하고 있다. 당시 프랑스 왕이었던 샤를 10세Charles X(1757~1836)는 다름 아닌 프랑스 혁명 때 단두대에서 목숨을 잃었던 루이 16세의 동생이다. 그러니 혁명 이후 등장한 입헌군주제를 반기지 않는 것이 당연했다. 샤를 10세는 자유와 선거권을 제한하며 혁명 이전의 절대왕정 시대로 돌아가려 했다. 그러나 피땀 흘려 얻어낸 자유를 시민들이 순순히 내줄리 없었다. 시민들은 왕정복고에 반대해 파리 시내에 바리케이드를 치고 격렬하게 저항했다. 그리고 결국 부르봉 왕가를 무너뜨리는 데 성공했다. 들라크루아의 이 그림 속에는 독재에 맞서 싸우는 파리 시민들의 모습이 잘 나타나 있다. 하늘을 뒤덮은 매캐한 연기를 뚫고 자유의 여신은 깃발을 높여 군중을 이끌고 있다. 여신이 들고 있는 삼색기는 자유, 평등, 박애를 상징한다. 앞장선 것은 여신이지만 역사의 주인공은 누가 뭐래도 시민이다. 길바닥에 처참하게 쓰러진 시신들의 희생을 딛고 수많은 군중이 앞길을 향해 전진하고 있다. 화가는 역사의 한 페이지를 후세에 전달하면서 자신 역시 그 장면에 참가했음을 보여준다. 정장 차림에 모자까지 갖춰 쓰고 총을 든 신사는 다름 아닌 들라크루아 자신이다. 불의와 폭력에 저항하는 장엄한 행진에는 남녀노소가 없었다. 여신 바로 곁의 어린 소년은 자유로운 프랑스의 미래를 상징한다. 이처럼 소수 권력에 의한 오랜 어둠의 지배를 끝내고 국민이 주인인 나라를 세웠던 역사는 프랑스에서도, 우리 대한민국에서도, 인류 전체에 있어서도 소중하다. 그래서 우리나라 헌법은 가장 중요한 맨 앞자리에 그 정신을 계승하였노라고 선언하고 있다.

일반적으로 법은 당연히 지키고 따라야 한다고 생각하기 마련이다. 하지만 그걸 엉뚱한 방향으로 강조하면 마치 무조건 시키는 대로 하지 않으면 안 되는 복종의 대상으로 여겨질 수도 있다. 법이 절대적인 진리라도 되는 것처럼 말이다. 특히 권력에 의해 그린 주장이 종종 만들어진다. 법이니까 일단 따르고 보라는 식으로 말이다. 일본이 식민주의 통치를 펼 때도, 이승만 대통령이 독재를 계속하려 할 때도 형식적으로는 법을 통했다. 하지만 잘못된 법이라면 진정한 법이 아니다. 따르는 것이 아니라 오히려 저항해야 함을 법 중의 법인 헌법이 밝히고 있다. 그래서 헌법의 첫머리에 3·1 운동과 4·19가 등장하는 것이다.

국가라는 커다란 집단을 이끌고 나가려면 권력은 필수 불가결하다. 하지만 여기서 권력이란 한 줌도 안 됐던 소수의 왕, 귀족이 자신들의 이익을 위해 마음대로 휘두르던 칼이 아니다. 국민이 원하는 바를 가장 잘 실현시키기 위해 국민 앞에서 방향을 안내하는 깃발이다. 따라서 국가의 나아갈 방향 역시 권력자 마음대로가 아니라 국민의 뜻을 받아들여 만든 법으로 정해서 움직여야 한다. 법이란 위에서 아래로 일방적으로 내려오는 명령이 아니라, 아래에서부터 뜻을 모아 전체의 의사로 정한 것이다. 법은 권력으로부터 독립되어 만들어지고 권력은 그렇게 모아진 국민의 뜻에 따르도록 되어 있다. 법이라는 이름만 붙여놓았다고 무조건 옳다고 할 수 없을 뿐만 아니라 무조건 따라야 하는 것도 아니다. 법이 어느 시대 보통 사람들의 눈에 이상해 보이고, 법으로 인해 부당한 일이 일어난다면 그 법은 잘못된 법이다. 이렇듯 잘못된 법이 있다면 이를 고치기 위한 제도적 장치를 동원해야 하고, 그래도 고쳐지지 않는다면 적극적으로 저항할 수도 있다. 바로 이것이 자유의 여신과 대한민국 헌법 전문이 입을 모아 가르치고 있는 내용이다.

존재의 이유

고故 노무현 전 대통령을 소재로 했던 영화 〈변호인〉에는 학생에게 잔혹한 고문을 저질렀던 정보기관원이 자신의 행동은 국가를 위한 것이었다며 오히려 큰소리를 치는 장면이 나온다. 그에게 변호인은 묻는다. 국가란 도대체 무엇이냐고. 그러면서 대한민국 헌법 본문 제1조를 외친다. 대한민국은 민주공화국이며, 주권은 국민에게 있어서 모든 권력이 국민으로부터 나온다고 말이다. 잘못된 권력에 항의하며 민주주의를 일깨우기 위해 정치적 지도자나 평범한 시민들은 이 조문을 외쳤고 국민들은 그때마다 '맞다, 내가 주인이었지' 하는 당연한 사실에 새삼스레 낯설어하곤 한다.

민주주의 시대에 살고 있다고 하지만 인류의 긴 역사 속에 국민이 주인이었던 기간이 얼마나 되겠는가. 반만년이라는 한반도의 역사에서 3·1 운동이나 4·19는 불과 100년 안쪽에 벌어진 일이다. 현대사도 어두운 그림자 투성이다. 전두환이 쿠데타로 정권을 잡고, 광주에서 공수부대가 시민을 향해 총칼을 휘둘렀던 시절은 먼 과거가 아니라 불과 얼마 전의 현재다. 그러니 국민이 주인이라는 선언에 대해 아직은 낯선 기분이 드는 것이 당연할지도 모른다. 개인의 입장에서 볼 때 일상생활에서 내가 국가의 주인이라는 권리를 느낄 만한 일도 딱히 없다. 여유로울 만큼 가진 것도 없는데, 느닷없이 나라의 주인이라니 별로 현실감도 안 든다. 민주주의는 권력을 맡기는 국민의 입장에서도, 때로는 권력을 잡은 사람의 입장에서도 낯설다. 모든 권력이 국민에게서 나온다는 것은 청와대나 국회, 법원 같은 모든 국가기관이 국민에 의해 생겨났고, 국민을 위해 존재한다는 뜻이다. 그런데 아직도 많은 이들이 그

곳에 있는 사람들을 여전히 높은 분으로, 모셔야 할 대상처럼 여기곤 한다. 간단하지만 희한하게도 잊기 쉬운 사실이다. 그들이 권력을 행사할 수 있는 것은 우리가 허락했기 때문이지 그들이 나라의 주인이라서가 아니다. 대한민국이라는 나라와 그 나라를 움직이는 권력을 맡은 정부는 동일한 개념이 아니다. 대통령의 정책에 대한 비판이 대한민국에 대한 반기는 아니다. 선거를 통해 대통령과 국회를 만들지만 그런 국가 기관이 곧 대한민국 자체는 아니다. 정권이 교체된다고 나라가 바뀌지는 않는다. 그들은 대한민국이라는 커다란 배를 움직이기 위해 필요한 선장과 선원에 불과할 뿐 배의 주인은 아니다. 배가 가야 할 목적지는 주인인 국민이 정하고, 그 목적지로 운항하는 데 능숙한 사람들을 골라 선장과 선원으로 삼았을 뿐이다. 대한민국의 주인은 어느 정부가 아니라 언제나 국민이다. 그래서 헌법의 본문은 대한민국이 민주공화국이고, 권력은 국민에게 있다는 선언으로 시작한다.

그런데 왜 우리는 현대 국가 대한민국의 국민으로 살아야 할까. 태어났으니까 어쩔 수 없다고 생각하지 말자. 우리에게는 어느 나라의 국민으로 살아갈 것인지도 자유롭게 정할 수 있는 권리가 있다. 대한민국 헌법도 그렇게 밝히고 있다.[1] 대한민국의 존재 이유는 헌법 제10조에서 찾을 수 있다. 모든 국민은 인간으로서의 존엄과 가치를 가지고 행복을 추구할 권리를 가지고, 국가는 그런 개인이 가진 기본적 안전을 확인하고 보장할 의무를 가진다고 정리하고 있다. 국민과 국가의 존재 이유에 대한 깔끔한 정리이지만 너무나 함축적이어서 해석이 필요하다. 자세히 보면 국민의 존엄과 가치는 '인간으로서' 갖는 것이

◇◇◇◇
1 헌법 제14조에서 말하는 거주, 이전의 자유에는 일반적으로 국적이탈의 자유도 포함돼 있다고 본다.

다. 대한민국이라는 나라의 구성원이기 이전에 사람이라는 사실 그 자체로서 갖는 권리라는 뜻이다. 그렇기에 국가에는 그 권리를 '확인'하고 '보장'할 의무가 있다. 대한민국이라는 나라가 국민의 권리를 만들거나 나눠 준 게 아니라, 국가보다도 먼저 그 권리가 있어왔기 때문에 '확인'이라는 단어를 쓴다. 미국의 전 대통령인 에이브러햄 링컨Abraham Lincoln(1809~1865)의 연설 중에 등장한 그 유명한 '국민의, 국민에 의한, 국민을 위한'이라는 말도 바로 이런 의미를 갖고 있다. 나라는 그 나라의 국민을 위해 존재하는 것이지 그 반대가 아니다.

　헌법은 인간으로서 누려야 할 기본적인 권리의 시작을 행복추구권으로 보고 있다. 행복이란 도대체 무엇일까. 행복의 정의는 너무나 어려운 일이다. 무엇보다 사람마다 그 기준이 제각각이기 때문이다. 하지만 대표적인 예를 몇 가지 들자면 동성동본끼리도 결혼할 수 있는 자유, 몸과 마음을 위해 충분히 잠을 잘 수면권이나 햇볕을 마음껏 쬘 수 있는 일조권, 종교의 자유, 먹고 싶은 음식을 먹을 수 있는 선택권 등이 우리 헌법에서 보장하는 행복추구권에 해당한다. 국가는 이렇게 다양하고 제각각인 권리조차 모두 충족시켜주기 위해 노력해야 한다. 행복추구권에 이어 특별히 중요하거나 강조해야 할 권리는 헌법에 따로 적어놓았다. 크게 나누어 각종 자유권, 평등권, 정치에 참여할 수 있는 권리, 국가에 청구할 수 있는 권리 등인데, 이 권리는 하고 싶은 일을 할 수 있도록 하는 자유에 관한 권리에서부터 시작된다. 그런 기회를 구성원 모두 골고루 누릴 수 있어야 하기에 평등을 보장하는 것이고, 자유와 평등을 위한 나라를 만드는 일에 적극적으로 참여할 수 있도록 정치에 관한 권리, 청구할 수 있는 권리까지 보장한다. 그렇게 자세하게 늘어놓았으면서도 기본권에 관한 헌법의 마지막 문장은 다음과 같다. "국민의 자유와 권리는 헌법에 열거되지 아니한 이유로 경시되지 않는다."

헌법이 보장하는 권리는 인간이라는 이유만으로 하늘이 준 권리, 즉 천부인권이다. 그러므로 하늘 아래 땅 위에 만들어진 국가는 그런 국민의 권리를 지켜줘야 한다. 그것이 국민과 국가의 관계다. 이러한 관계는 대한민국뿐만 아니라 이제는 인류가 공통적으로 당연하게 여기고 있다. 국가와 법은 국민의 행복을 위해 존재한다. 국가의 주인이 국민이라는 사실을 생각해보면 당연하다. 그렇기 때문에 대통령제와 총리제 중 어떤 쪽을 택할지, 국회의원은 몇 명으로 하고 사법부는 어떤 식으로 구성할지 등 국가를 꾸려나가는 방법에 관해 논의하는 것도 결국 국가의 존재 이유인 국민의 행복을 위해서이다. 그래서 헌법에서는 국민의 권리라는 큰 이유 다음에 어떤 형태로 정부를 구성할지에 대해 밝히고 있다.

현재의 헌법은 1987년에 만들어졌다. 그로부터 어느덧 30년이라는 세월이 흐르다 보니 헌법을 손질할 때가 되지 않았냐는 목소리가 종종 들린다. 뿐만 아니라 국회가 새롭게 열리면 항상 개헌론이 화두가 되곤 한다. 그런데 항상 논의의 중심은 대통령이 한 번의 임기로는 일하기가 힘드니 연임이 가능하게 만들자거나, 권위적인 대통령제 대신 내각제를 택하자는 이야기뿐이다. 결국 이런 문제는 통치 구조를 어떻게 할 것이냐 하는 데 불과하다. 정작 무엇을 위해, 국민의 어떤 권리를 위해 어떤 부분을 고치자는 지적은 찾기 어렵다. 있는 헌법도 제대로 이해하지 못하는 것은 아닌지 걱정스러울 뿐이다.

액셀과 브레이크

국민을 위한 국가라는 관념은 현대 문명국가의 공통적 인식이다. 북한은 전 세계적으로 자국민 보호에 있어 가장 뒤처진 곳이라 할 만하지만 그럼에도 불구하고 북한의 헌법에서도 이념상으로는 북한을 "인민의 자유와 행복을 실현하기 위한 국가"라고 한다. 북한의 뉴스를 보면 김정은이 인민을 위해 얼마나 열심히 일하는 척하던가. 그러나 이와 같은 이념이 실제 국가의 운영과 얼마나 동떨어져 있는지는 굳이 말하지 않아도 모두가 알고 있다. 헌법에 적어놓은 이념이 실제로 얼마나 이뤄졌느냐에 따라 그 국가의 수준을 알 수 있다고 해도 과언이 아니다. 그저 장식에 불과한 것인지 아니면 정말 그 국가에서 지켜지고 있는 규범인지 말이다.

대한민국의 현실은 어떨까. 국민으로서 무엇을 누릴 수 있는지, 실제로 지켜지고 있는지 알기 위해서라도 최소한 헌법의 구조 정도는 알아야 하지 않을까. 우리 헌법이 전문으로 시작된다는 것은 앞서 본 바와 같다. 헌법 전문에는 대한민국이라는 나라가 어떻게 만들어졌는지, 무엇을 목적으로 삼는지 밝히고 있다. 평화 통일, 자유민주적 기본 질서, 자유와 권리부터 세계 평화에 관한 핵심적인 사항을 선언하고 있다. 구체적인 내용은 본문에서 다룬다. 가장 먼저 대한민국은 국민이 주인인 민주주의 국가라는 점을 밝히고, 누가 국민인 구성원인지를 설명한다. 다음으로 대한민국의 영토가 한반도 전체와 그 부속 도서를 아우르는 범위라고 선언하고 있다. 북한까지 우리 땅인 것이다. 그런 만큼 자연스레 평화로운 방법으로 통일을 이뤄야 한다고 지향하는 바를 밝히고 있다. 주인인 국민으로부터 권력을 위임받아 국가의 일을 하는 공무원에 대한 규정과 국민의 의사를 보다 적극적으로 듣고 반영하기 위한 제도로써 헌법이 정당제도를 인정하고 있음을 밝힌다. 여기까지가 헌법 본문의 앞부분에 해당한다.

그렇게 국가를 어떻게 만들었는지 큰 틀을 설명하고 나면 그다음에는 앞서 살펴봤던 국민의 권리, 그리고 의무에 관한 장이 이어진다. 그리고 국민의 권리를 실현시키기 위해, 이른바 삼권분립의 정신에 따라 입법, 행정, 사법으로 나눠놓은 국회, 정부, 법원에 관한 내용이 나온다. 삼권분립은 효율을 위한 구조가 아니다. 오히려 현대 국가는 불편하고 복잡한 절차로 만들어져 있다. '짐이 곧 국가'라고 했을 때와 비교하면 그렇지 않은가. 왕이 곧 국가이던 시절에는 왕이 원하고 필요한 곳에 권력을 행사하면 그만이었다. 국민이 무엇을 원하는지 살필 필요도 없고 국민의 눈치를 볼 필요도 없다. 의사 결정만 하면 신속하게 실행에 옮길 수 있다. 그러나 역사를 통해 인류는 권력을 그처럼 뭉쳐놓으면 부패한다는 것을 배웠다. 현대의 정치제도는 그런 가르침 끝에 탄생했다. 권력을 믿지 못하겠다는 불신에 기초해 만들어졌기에 권력의 입장에서는 불편할 수밖에 없다. 효율적이지 않고 복잡한 절차를 거쳐야 하는 제도를 만들고 권력을 가진 자들끼리 역할을 나누어 서로 믿지 못하고 감시하도록 만든 것이 민주주의이다. 행정부가 어떤 식으로 나라를 운영하겠다고 방향을 잡아도, 국회가 이를 승인하고 뒷받침할 수 있는 법을 만들어주지 않으면 움직일 수 없다. 대통령이 핸들을 돌리고 액셀러레이터를 밟아도 국회라는 엔진이 힘을 실어주지 않으면 앞으로 나갈 수 없다. 게다가 힘이 너무 넘치거나 길이 아닌 곳으로 가려 하면 사법부라는 브레이크까지 나선다. 손발이 맞지 않으면 차가 아예 움직이지 않는 일조차 벌어진다. 승객인 국민조차 답답하고 불편하다고 느낄 수 있다. 진짜 뛰어난 누군가에게 확실하게 운전대를 맡기는 게 낫지 않겠느냐는 감정이 들 수 있다. 하지만 그런 시도를 할 때마다 반드시 차는 과속으로 폭주하거나 길이 아닌 곳으로 추락했다는 것이 역사적 진실이다.

법대로 하지 마라

자크 루이 다비드, 〈소크라테스의 죽음〉, 1787, 캔버스에 유채, 130×196cm, 미국 메트로폴리탄 미술관

자크 루이 다비드는 그의 작품 〈소크라테스의 죽음〉에서 그리스 철학자 소크라테스Socrates(BC 470~BC 399)가 사형선고를 받고 독약을 받아 죽으려는 순간을 묘사했다. 소크라테스는 신을 부정하고 젊은이들을 타락시켰다는 명목으로 고소당해 유죄판결을 받았다. 그런데 죽음을 맞은 그의 모습은 강건하기 짝이 없어 보인다. 오히려 슬픔에 빠

져 있는 주변 사람들의 모습이 어색해 보일 정도다. 소크라테스의 무릎을 감싸고 있는 사람은 가장 가까운 동료였던 크리톤Crito이다. 그는 소크라테스를 탈옥시키려 했지만 소크라테스는 오히려 크리톤을 설득하며 탈옥을 거부했다. 침대 가장자리에서 상심을 감추지 못하고 있는 이는 소크라테스의 애제자인 플라톤이다. 슬퍼하는 제자들을 향해 소크라테스는 죽음은 끝이 아니고, 영혼은 불멸하기에 두려워할 필요가 없다는 마지막 가르침을 내리고 있다. 하늘을 가리킨 왼손은 진심을 위해 싸우는 자신의 뜻을 강조하고 있다. 화가는 소크라테스의 주장을 돋보이도록 주위의 어둠 속에서 소크라테스의 모습이 빛나도록 그려놓았다.

많은 사람들이 이 그림을 보며 "악법도 법이다"라는 말을 떠올릴 것이다. 이 말은 일단 법으로 정해놓았으면 무조건 따라야 한다는 뜻으로 권위주의자들에 의해 악용되기도 했다. 하지만 널리 알려진 바와 달리 정작 소크라테스는 그런 말을 한 적이 없다. 소크라테스는 재판 과정에서 적당히 타협하자는 제의를 받았다. 잘못을 인정하면 벌금형 정도로 끝내주겠다는 것이었다. 하지만 소크라테스는 그런 불의를 행하는 것은 법과 제도일 수 없다며 받아들이지 않았다. 악법도 법이라며 따른 것이 아니라 악법을 따르느니 죽음을 택하겠다고 한 것이다.

법은 국민을 대신하는 국회의원들이 국회에서 만든다. 하지만 국회의원들도 사람이다 보니 실수할 때도 있게 마련이다. 게다가 국민의 뜻을 제대로 반영하지 못할 수도 있고, 국민의 뜻이 변할 수도 있다. 국가를 설립하고 경제 개발을 강조했던 시기에는 절도죄를 강력하게 처벌해야 한다는 여론이 강했다. 남의 돈을 훔쳐도 크게 벌을 받지 않으면 오히려 열심히 일하는 사람들의 의욕이 떨어지기 때문이다. 그래서 원래 절도죄는 6년 이하의 징역형으로 처벌하는데, 특별법을 만들어 상습절도에 대해 3년 이상으로, 조금 더 심한 경우 6년 이상으로 처벌하는 법을 만들었다. 그러다 보니 피해 액수를 전부 합해도 얼마 되지 않는 푼돈인데 처벌은 아주 무겁게 받는 경우가 생겼다. 얼마나 비싼 물건을 훔쳤느냐가 아니라 죄를 저지른 횟수에 따라 처벌하도록 했기 때문이다. 심지어는 사람을 죽여도 5년 이상의 형을 받는데 도둑질 몇 번 하면 6년 이상, 심지어는 무기징역까지 받을 수 있었기에 이 법을 가리켜 일명 '장발장법'이라고 부르기도 했다. 법조계 안팎에서는 이 법이 헌법이 밝히고 있는 기본 정신이나 헌법으로 보장하고 있는 국민의 기본권을 해치고 있지는 않은지 심각한 의문을 제기하는 목소리가 끊이지 않았다. 그리고 결국 2016년 2월, 헌법재판소의 결정을 통해 '장발장법'은 효력을 잃고 사라졌다. 물론 헌법재판소까지 가지 않더라도 잘못된 법은 국회에서 빨리빨리 고쳐주면 좋겠지만 현실은 그렇지 못하다. 잘못된 법률을 그대로 적용해서 당장 억울한 재판을 받을 지경이라면 어쩌겠는가. 막연히 국회의원들을 바라보면서 재판이 끝나기 전에 법을 고쳐주길 기대할 수야 없는 노릇이다. 그렇기에 잘못된 법은 잘못되었다고 법원에 직접 호소할 수 있어야 한다. 법원이 들어보고 뭔가 문제가 있을 가능성이 있으면 헌법재판소가 위헌인지 아닌지를 결정한다. 헌법재판소가 고민하는 동안에는 법을 적용하지 않고 재판을 중단시켜놓는다. 올바른 법에 의한 재판을 받아야 하기 때문이다. 법이라는 형식만 갖췄다고 해서 법대로 재판했다고 할 수 없다. 그 내용 역시 올발라야 하고, 재판의 절차 역시 올바른 법의 절차여야 한다.

옳고 그른 법

법이 항상 옳기만 한 것은 아니다. 법도 틀릴 수 있다. 그렇다면 법이 옳은지 그른지 무엇을 기준으로 판단해야 할까. 대부분의 문제는 국가가 국민의 기본권을 제한하면서 벌어진다. 국가는 국민의 기본권을 지켜줘야 하지만 그것이 국민으로 하여금 뭐든지 다 할 수 있도록 해줘야 한다는 뜻은 아니다. '자유란 다른 사람의 코앞까지 주먹을 휘두를 수 있는 권리'라는 법언이 있다. 한계가 있다는 것이다. 자기 권리만 내세워 남의 권리를 해쳐서는 안 된다. 코앞까지는 얼마든지 주먹을 휘둘러도 되지만, 코를 때려서는 안 되고 때렸다면 국가가 처벌해야 한다.

더 큰 목적을 위해 개인의 희생이 필요한 상황도 있다. 국가 안보나 질서유지, 공공복리와 같은 목적을 위해 통신이나 교통의 자유를 불가피하게 제한하는 경우가 대표적이다. 헌법은 법률에 근거를 마련해두고 기본권을 제한할 수 있다고 정해놓았지만, 법률이라는 이름만으로 국민의 자유를 마음대로 제한할 수는 없다. 따라서 국가가 이와 같은 권한을 함부로 남용하지 않도록 안전장치가 필요했고 대한민국은 헌법재판 제도를 택했다. 일반 법원과 별개로 헌법재판소를 두고 국회에서 만든 법률이 헌법에 어긋나지는 않는지, 국가가 국민의 헌법상 권리를 해치지는 않는지 살펴보도록 했다. 헌법재판소가 어떤 법률을 위헌이라고 결정하면 즉시 효력을 잃고 국회는 대신할 다른 법률을 만들어야 한다. 이런 문제를 해결하는 방법은 나라마다 각기 다르다. 우리나라와 마찬가지로 헌법재판소를 둔 곳이 있는가 하면 대법원이 헌법 사건을 같이 처리하기도 하고, 법률에 관한 문제인 만큼 위헌이 의심스러워도 여전히 국회에서 해결하도록 하기도 한다.

헌법재판에서 구체적으로 옳고 그름을 판단할 때는 과잉 금지의 원칙이 가장 흔히 쓰인다. 코를 때렸는데 사형에 처한다고 하면 어떻겠는가. 이처럼 무엇 때문에 기본권을 제한해야 하는지, 목적과 그에 맞는 수단인지를 저울질하는 것이 과잉 금지의 원칙이다. 목적은 적합한지, 수단은 그에 맞는지, 혹시 피해를 최소화할 수 있는 다른 방법은 없는지, 법을 통해 얻으려는 공익과 그 때문에 제한을 받는 사익을 비교할 때 균형은 맞는지를 본다. 한마디로 닭 잡는데 소 잡는 칼 쓰지 말라는 셈이다. 이런 원칙은 헌법재판뿐만 아니라 국가가 하는 많은 일에 적용된다. 법률을 통하지 않더라도 행정부가 공적인 사무를 추진하는 과정에서 개인의 기본권을 제한하는 경우가 왕왕 발생하기 때문이다. 새로운 도로를 만든다면 그 땅에 살고 있거나 농사를 짓고 있는 사람의 손실을 보상해줘야 하는데, 그 보상이 적절한지 여부를 판단할 때도 과잉 금지의 원칙을 사용할 수 있다.

보다 간단한 다른 기준도 있다. 기본권과 기본권을 비교해서 보다 중요한 기본권을 위해 다른 기본권이 양보해야 할 때도 있다. 성인이 자기 돈으로 담배를 사서 피우는 것은 개인의 자유다. 그러나 최근에는 대부분의 공공장소를 금연구역으로 지정해 흡연자의 담배 피울 권리를 제한하고 있다. 담배를 피울 권리가 존재하는 만큼 담배 냄새를 맡지 않을 권리 역시 존재하기 때문이다. 담배 연기는 단순히 냄새를 좋아하고 싫어하는 데서 그치지 않고 생명권과도 이어져 있기 때문에 담배를 피우는 사람의 흡연권과 담배 연기를 싫어하는 사람의 혐연권이 충돌하면 아무래도 담배 피우는 쪽이 양보하는 것이 맞다.[2]

◇◇◇◇
2 2003헌마457 전원재판부

그런데 가만히 보면 담배를 둘러싼 다툼은 복합적이다. 단순히 국가가 담배 피우는 사람들의 권리를 일방적으로 제한하는 게 아니다. 담배를 피우고자 하는 쪽과 담배 연기를 싫어하는 쪽이 갈등을 일으켜 둘 사이에 국가가 끼었던 것이다. 흡연은 행복추구권, 사생활의 자유라는 권리에 근거를 두고 있고, 분명히 헌법이 보장하는 기본권에 해당한다. 당연히 국가에 보호해달라고 요청할 수 있다. 그런가 하면 연기가 싫다는 쪽은 건강권, 생명권을 내세워 국가에 나서달라고 할 수 있다. 국가 대 개인의 문제가 아니라 개인 대 개인 사이에 헌법을 둘러싼 문제가 생긴 것이다. 이런 때는 어찌해야 할까. 담배처럼 어느 쪽을 우선해야 할지 기준이 비교적 명확한 경우에는 그쪽 손을 들어주면 된다. 그렇지 않은 경우엔 조금씩 양보한다거나 하는 식으로 그때그때 가장 적절한 해결 방법을 찾아야 한다. 어떤 방법이 가장 적당한지 판단할 때는 앞서와 마찬가지로 과잉 금지의 원칙을 쓴다. 어떤 사람에 대한 보도가 그 사람의 명예를 해친다면 언론의 자유와 개인의 인격권이 충돌한다. 우리 법은 명예훼손을 범죄로 보지만 개인의 명예를 해칠지라도 공공의 이익을 위해 진실을 보도했다면 처벌하지 않도록 타협하고 있다.

그런데 더러는 헌법을 근거로 개인이 직접 어떤 명령을 내릴 수 있을지 없을지 생각할 거리를 던져주는 경우도 있다. 헌법은 국가로 하여금 개인의 기본권을 지켜주라고 정해놓았다. 그렇다면 개인으로 하여금 다른 개인의 기본권을 지켜주도록 할 수는 없을까. 이를테면 모든 국민은 정치에 참여할 수 있고, 투표할 권리를 갖는다. 그런데 사장님이 직원에게 시간을 주지 않아 투표를 못하게 되면 헌법을 위반했다고 할 수 있을까? 물론 사장님 때문에 투표를 못했다면 공직선거법에 따라 사장이 과태료를 내야 하기는 한다. 하지만 공직선거법이 없다면 어떻게 해야 할까. 실제로 2014년 공직선거법이 개정되기 전에는 투표할 시간을 주지 않는 고용주를 제재할 아무런 방법이 없었다. 그런 경우, 참정권과 투표할 권리를 침해했다고 사장을 직접 헌법 위반으로 제재할 수 있을지를 생각해 보자는 것이다. 일반적으로 학자들의 의견은 국가기관을 상대로 할 때 쓰이는 법과 개인들 사이의 일을 해결하는 법은 다르기 때문에 안 된다고 본다. 개인의 기본권이 침해되었다고 할 때, 그 침해하는 대상은 원칙적으로 공권력을 이야기하는데 여기서 사장은 민간인이기 때문이다. 하지만 마땅히 내세울 직접적인 법률이 없다면 나라의 큰 원칙인 헌법을 직접적으로 적용하지 못할 이유가 없다. 이를테면 대기업은 평범한 사람들의 입장에서 어마어마한 권력이라고 볼 수 있지 않은가. 공적 관계와 사적 관계의 구별도 중요하지만 헌법의 원칙이 있는데 그 밑에 하위 규범이 마련돼 있지 않다는 이유로 갈등 상황을 해결할 수 없다고 보는 게 과연 옳을까? 만약 그렇다면 헌법에서 정하고 있는 커다란 원칙과 제도는 강제력이 없는, 그저 '공자님 말씀'처럼 좋은 말 이상으로는 여겨지지 않을 수도 있다.

강제력이 없다는 측면에서 우리의 헌법 시스템이 해결해야 할 문제가 또 하나 있다. 만약 위임받은 통치 권력이 헌법에서 시키는 대로 위임받은 일을 하지 않는다면 어떻게 해야 할까. 헌법대로 하라고 요구해야 하지 않을까. 그런데 강제력을 두고 있지 않다는 점이 문제다. 단적인 예로 선거로 한번 뽑히면 임기 동안에는 아무리 엉망으로 일을 해도 현실적으로 제재할 방법이 없다. 이런 이유 때문에 말로만 헌법이 최고법이고 힘은 없는 허수아비처럼 여겨지기도 한다. 최고 법답게 지켜질수 있도록 힘을 주고, 그래서 살아 있는 헌법이 되면 '국민이 주인'이라는 당연한 말에 더 이상 뭉클해하지 않을 수 있지 않을까.